HISTORIA DE ESCOCIA

DURANTE 400 AÑOS, ESCOCIA *ha sido un país desgarrado por la religión y la política, codiciado por un vecino más rico y poderoso, y cortejado y castigado en su condición de aliado en las luchas de poder entre Inglaterra, Francia y España. A través de la historia ha tenido momentos de apogeo y de crisis y ha convertido la tragedia en romanticismo, creando genios de la pobreza y demostrando su espíritu irreprimible.*

En un texto de alrededor de 1500 se dice de los escoceses: "Pasan todo el tiempo en la guerra, y cuando no hay guerra, luchan entre ellos". Para el visitante, el principal atractivo de la historia turbulenta de Escocia es que gran parte aún está presente.

Se cree que los primeros habitantes del país fueron los celtíberos, que avanzaron hacia la costa norte desde el Mediterráneo y llegaron a Escocia hace unos 8.000 años. Hacia el 2000 a.C. sus descendientes levantaron majestuosos monumentos megalíticos por todo el país. La disposición de las piedras de Callanish (en las islas occidentales) revela un conocimiento avanzado de astronomía; la construcción de casas redondas subterráneas y de numerosos fuertes indica que estaban acostumbrados a la guerra y a las invasiones.

En el año 82 los romanos llegaron hasta Caledonia, como llamaban al país, y Tácito dejó constancia de sus victorias contra los pictos ("el pueblo pintado") y contra otras tribus. Sin embargo, nunca llegaron a conquistarla; sus recursos resultaron insuficientes. En su lugar, con el propósito de encerrar a los caledonios, construyeron la muralla de Adriano, desde Wallsend, en la costa este, hasta Bowness-on-Solway, en el oeste; y más tarde la muralla de Antonino, más corta y algo más al norte. A pesar del relativo aislamiento del país con respecto a Gran Bretaña, se cree que la forma original del *kilt* (falda escocesa) deriva de la toga romana.

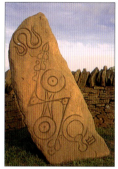

Elaborada piedra tallada picta en Aberlemno, Angus

Hacia el año 400 los romanos habían abandonado sus puestos septentrionales. Escocia se encontraba dividida en cuatro pueblos predominantes, cada uno con su propio rey: los britanos, los pictos y los anglos, en el sur, y los escoceses, una tribu más pequeña procedente de Irlanda que ocupaba el suroeste del país.

A finales del siglo IV el escocés san Ninian viajó a Roma, a su regreso construyó una iglesia en Whithorn e introdujo el cristianismo en "Dalriada", el reino de los escoceses.

CRONOLOGÍA

Skara Brae, aldea neolítica

300 a.C. Edad del hierro; mejora la fabricación de armas

82-84 Los romanos invaden "Caledonia" sin conquistarla

121 Se levanta la muralla de Adriano

4000 a.C.	2500 a.C.	1000 a.C.	500

3100 a.C. La aldea de Skara Brae, en las Orcadas, es enterrada por una tormenta

2900-2600 a.C. Se construyen monumentos megalíticos como los de Callanish, que muestran conocimientos avanzados de astronomía

Moneda romana

400 Los romanos abandonan Caledonia. Los pictos, britanos, escoceses y anglos tienen reinos separados

◁ *Regreso de la reina María de Escocia a Edimburgo* en 1561, obra de James Drummond (1816-1877)

EL CRISTIANISMO Y LA UNIFICACIÓN

El cristianismo permaneció aislado en un rincón de Escocia hasta que, en el año 563, el gran guerrero y misionero san Columba llegó desde Irlanda y fundó un monasterio en la pequeña isla de Iona, en las Hébridas. Impulsada por su fervor, la nueva religión se extendió con rapidez; hacia el año 800 Iona, la "cuna de la cristiandad", era un lugar de gran influencia. Los misioneros de Columba trabajaban por toda Europa. La Iglesia celta se desarrolló siguiendo la línea monástica, permaneciendo recluida en sí misma y dedicándose al estudio y a la oración. Entre los manuscritos iluminados de la época destaca el *Libro de Kells,* de los siglos VIII-IX; se cree que este magnífico ejemplar fue comenzado en Iona y más tarde trasladado a Irlanda para su mejor conservación.

La consolidación de una religión común ayudó a facilitar la fusión de las tribus. En el año 843, los pictos y los escoceses se unieron bajo el reinado de Kenneth MacAlpin. Curiosamente, los otrora poderosos pictos fueron quienes perdieron su identidad; de ellos sólo han quedado sus piedras, talladas con bellos grabados de formas entretejidas con guerreros y con una maravillosa mitología.

En el 890 comenzó una época terrible de incursiones vikingas que dio como resultado la ocupación nórdica de las islas Occidentales (durante 370 años) y de las Shetland y las Orcadas, durante casi 600. Posiblemente, la amenaza nórdica animó a los britanos a unirse a "Escocia"; en 1018, los anglos fueron vencidos y el país se unió por primera vez en un solo reino.

EL FEUDALISMO Y LOS CLANES

Durante el reinado de Malcolm III (1057-1093), y bajo la influencia poderosa de su esposa inglesa Margaret, se impuso la cultura de habla inglesa del sur sobre la cultura y la lengua gaélicas de la mayoría de los escoceses. Esta división se amplió bajo el reinado del "buen rey" David I (1124-1153), creador de los Burgos Reales, pueblos construidos en tierras del rey a los que se concedían privilegios mercantiles a cambio de pagos anuales al soberano. También introdujo un sistema nacional de justicia y de pesos y medidas, así como un sistema feudal en las Lowlands basado en el anglonormando.

El poder pasó a manos de la aristocracia, con una estructura basada en la propiedad de las tierras. David I intentó imponer este sistema en el norte, pero la región seguía fuera de su control y tenía sus propios "reyes", los Señores de las

Página del *Libro de Kells,* manuscrito iluminado conservado en el Trinity College de Dublín

Hacha vikinga

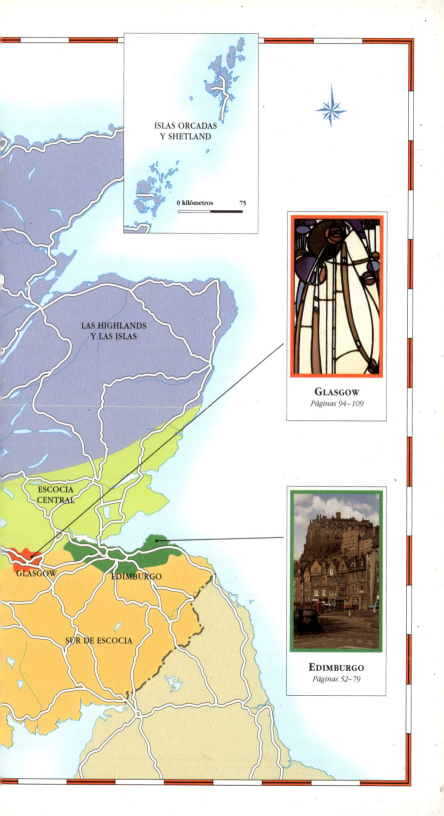

ISLAS ORCADAS
Y SHETLAND

0 kilómetros   75

LAS HIGHLANDS
Y LAS ISLAS

ESCOCIA
CENTRAL

GLASGOW   EDIMBURGO

SUR DE ESCOCIA

GLASGOW
Páginas 94–109

EDIMBURGO
Páginas 52–79

GUÍAS *VISUALES* PEUGEOT

ESCOCIA

GUÍAS *VISUALES* PEUGEOT

ESCOCIA

EL PAIS
AGUILAR

VIAJES Y TURISMO

Traducción: Clara Villanueva
Edición de textos: Andrés Molina
Adaptación: Guillermo Esain
Maquetación: Mercedes García

Mapas
Ben Bowles, Rob Clynes
(Colourmap Scanning, London)

Fotografías
Joe Cornish, Paul Harris, Stephen Whitehorn

Ilustraciones
Richard Bonson, Gary Cross, Jared Gilby,
Paul Guest, Kevin Jones Associates, Claire Littlejohn,
Chris Orr & Associates, Ann Winterbotham
•
Primera edición, 2000

Título original: **Eyewitness Travel Guide, Scotland**
© 1999 Dorling Kindersley Limited, Londres
http://www.dk.com
© Ediciones El País, S.A./ Grupo Santillana de Ediciones, S.A.
2000 para la presente edición
Torrelaguna, 60. 28043 Madrid.
Tel. 91 744 90 60. Fax 91 744 90 93.

ISBN español: 84-03-59544-1

•Aguilar, Altea, Taurus, Alfaguara S. A.
Beazley 3860.1437 Buenos Aires

ISBN argentino: 950-511-502-4

•Aguilar, Altea, Taurus, Alfaguara S. A. de C. V.
Avda. Universidad, 767, Col. del Valle, México DF,. CP 03100

Impreso en China

Todos los derechos reservados.
Esta publicación no puede ser reproducida,
ni en todo ni en parte, ni registrada en, o transmitida por,
un sistema de recuperación de información,
en ninguna forma ni por ningún medio, sea mecánico,
fotoquímico, electrónico, magnético, electroóptico,
por fotocopia, o cualquier otro,
sin permiso previo por escrito de la editorial.

Las impresionantes ruinas del castillo de

CONTENIDOS

APROXIMACIÓN A ESCOCIA

ESCOCIA EN EL MAPA *8*

RETRATOS DE ESCOCIA *10*

ESCOCIA MES A MES *36*

HISTORIA DE ESCOCIA *40*

María, de la Casa de los Estuardo, reina de Escocia (1542-1587)

ITINERARIOS POR ESCOCIA

ESCOCIA DE UN VISTAZO *50*

El río tranquilo, la frondosa vegetación y los picos nevados de Glencoe, en las Highlands

...on, en la costa sureste

Monumento a los escoceses que lucharon en la guerra de los Boers

Skirlie, plato tradicional elaborado con avena, cebollas y tomillo

Detalle de la bóveda decorada de Roslin Chapel, en Pentland Hills

Practicando senderismo en Glen Etive durante el verano

Desde un promontorio de basalto, el castillo de Edimburgo domina el centro de la ciudad

Aproximación a Escocia

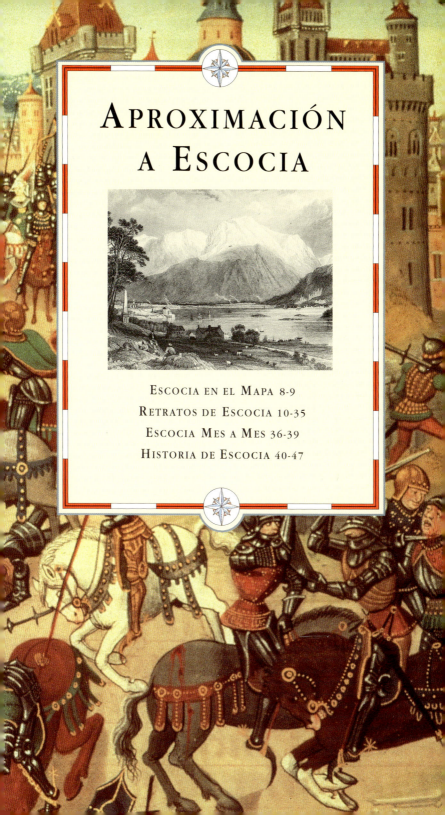

Escocia en el mapa

ESCOCIA SE ENCUENTRA SITUADA AL NORTE de Gran Bretaña, separada del continente por el mar del Norte. Es una tierra escasamente poblada y muy montañosa: Ben Nevis, el pico más alto, se eleva a 1.344 m de altura. La costa está rodeada de cientos de islas; las más alejadas son las Shetland, a seis grados al sur del Círculo Ártico. Edimburgo es la capital histórica y Glasgow la ciudad más grande, con 750.000 habitantes. El país posee una buena red de carreteras, vías férreas y líneas de transbordador.

Escocia desde el satélite

Las montañas altas y rocosas de las Highlands y las abundantes islas de la costa son apreciables en esta imagen de satélite.

Situación en Europa

Escocia está situada en el extremo noroeste de Europa, bordeando Inglaterra. Sus vecinos más próximos son Irlanda, al oeste, y los Países Bajos, Alemania, Dinamarca y Noruega al este.

◁ **Este manuscrito del siglo XIX muestra al rey David de Escocia en la batalla de Neville's Cross (1346)**

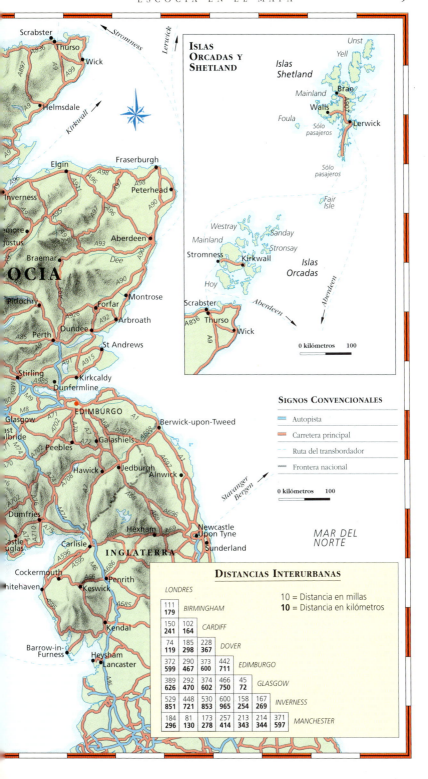

ISLAS ORCADAS Y SHETLAND

Islas Shetland

Unst
Yell
Mainland
Brae
Walls
Foula
Sólo pasajeros
Lerwick
Sólo pasajeros
Fair Isle

Westray
Mainland
Sanday
Stromness
Kirkwall
Stronsay
Hoy
Islas Orcadas

Scrabster
Thurso
Wick

0 kilómetros 100

SIGNOS CONVENCIONALES

Autopista
Carretera principal
Ruta del transbordador
Frontera nacional

0 kilómetros 100

MAR DEL NORTE

DISTANCIAS INTERURBANAS

10 = Distancia en millas
10 = Distancia en kilómetros

LONDRES							
111 / **179**	BIRMINGHAM						
150 / **241**	102 / **164**	CARDIFF					
74 / **119**	185 / **298**	228 / **367**	DOVER				
372 / **599**	290 / **467**	373 / **600**	442 / **711**	EDIMBURGO			
389 / **626**	292 / **470**	374 / **602**	466 / **750**	45 / **72**	GLASGOW		
529 / **851**	448 / **721**	530 / **853**	600 / **965**	158 / **254**	167 / **269**	INVERNESS	
184 / **296**	81 / **130**	173 / **278**	257 / **414**	213 / **343**	214 / **344**	371 / **597**	MANCHESTER

Scrabster
Thurso
Wick
Helmsdale
Elgin
Fraserburgh
Peterhead
Inverness
more
Justus
Braemar
Aberdeen
Dee
OCIA
Pitlochry
Forfar
Montrose
Arbroath
Perth
Dundee
St Andrews
Stirling
Kirkcaldy
Dunfermline
Glasgow
st lbride
EDIMBURGO
Berwick-upon-Tweed
Peebles
Galashiels
Hawick
Jedburgh
Alnwick
Dumfries
astle uglas
Hexham
Newcastle Upon Tyne
Sunderland
Carlisle
INGLATERRA
Cockermouth
Penrith
hitehaven
Keswick
Kendal
Barrow-in-Furness
Heysham
Lancaster

Stromness
Lerwick
Kirkwall
Stavanger Bergen
Aberdeen

RETRATOS DE ESCOCIA

L AS SEÑAS DE IDENTIDAD DE ESCOCIA, *su traje regional, su whisky, su paisaje, su música y su folclor son conocidos en todo el mundo. Es una tierra de sorprendentes contrastes, dotada de un cierto halo de magia que surge de sus parajes brumosos, alzándose majestuoso sobre la superficie de los lagos.*

En línea recta, desde el extremo más septentrional al más meridional, Escocia mide alrededor de 440 km; sin embargo, su litoral mide casi 10.000 km. Cuenta además con 787 islas principales, casi todas situadas en las costas septentrional y occidental. La topografía es por lo común extremadamente montañosa, con páramos cubiertos de brezo al norte y al oeste, bosques de pinos y pastos en el centro, fértiles tierras de cultivo en el este y las suaves colinas cubiertas de hierba de las Lowlands en el sur; los lagos pintorescos y los ríos surgen por todas partes. La mayoría de los cinco millones de habitantes del país viven en el cinturón central. Los escoceses aman todo aquello que les diferencia de sus vecinos los ingleses, aferrándose con tenacidad a las cualidades que distinguen una región de otra, a sus costumbres y dialectos y a la lengua gaélica. Es quizá más fácil definir a los escoceses por sus diferencias que por sus semejanzas, pero es un pueblo orgulloso de su nación y de sus instituciones autónomas. Los escoceses pueden resultar adustos, pero al mismo tiempo pueden brillar con ráfagas de inspiración; les encanta el humor basado en la autocrítica, y siguen haciendo gala de su tradicional hospitalidad.

Ciervo rojo de las Highlands

Vista desde el castillo de Edimburgo sobre los tejados de la ciudad, hacia Calton Hill

◁ **Casa aislada entre las montañas de Skye, la isla más grande de las Hébridas interiores**

La Política y la Economía

Desde la firma en 1707 del Tratado de Unión, por el que se fusionaban los Parlamentos de Escocia e Inglaterra en un solo órgano de gobierno que actuaba desde Westminster, en Londres, Escocia se ha sentido desplazada de los mecanismos de gobierno y en desventaja por el escaso interés concedido a los temas escoceses. Hoy en día, los partidos políticos más importantes del Reino Unido tienen un apoyo en Escocia; el Partido Nacional Escocés, que propugna la independencia total, ha ganado mucha popularidad últimamente. En 1997 los escoceses votaron por el restablecimiento de un Parlamento propio a partir de 1999. Este Parlamento cuenta con

Lanzador de martillo en los Braemar Games

una amplia competencia administrativa, aunque los controles más importantes y las decisiones de interés nacional siguen tomándose en Westminster.

La economía ha fluctuado en los últimos 100 años, en constante lucha tras la pérdida de sus grandes industrias naviera, minera y siderúrgica. Hoy en día la economía se basa principalmente en el petróleo del mar del Norte, en el turismo y en los servicios, apoyados por una gran variedad de industrias menores. Entre ellas destaca la fabricación de componentes electrónicos, que se ha visto amenazada en los últimos años por el mercado global.

Aunque emplea a poco personal, la producción de whisky llena las arcas del Tesoro Público, mientras que la agricultura sigue manteniendo su importancia aun a pesar de las transacciones desastrosas que ha sufrido. La pesca es también una industria importante, aunque la competencia por unos recursos cada vez más limitados crece día a día. El nivel de paro en Escocia es semejante al del resto del Reino Unido, aunque en zonas más afectadas, como las islas Occidentales, llega a alcanzar el 15%.

Sociedad

Los escoceses son sociables y disfrutan de la compañía de sus semejantes, ya sea en un pequeño *ceilidh* (literalmente, "una visita") en las Highlands, en un bar atiborrado o en uno de los pintorescos y generalmente pacíficos partidos de fútbol de los sábados. A veces tienen que recorrer largas distancias para encontrar compañía; la región de las Highlands tiene una densidad de población de ocho personas por kilómetro cuadrado, y la falta de transporte público hace del coche un elemento esencial.

Gaitero de Edimburgo

La asistencia a la iglesia está decayendo, excepto en las zonas donde se habla el gaélico y donde el domingo es día de descanso obligatorio. En la mayoría de ciudades y pueblos grandes existe una amplia gama de actividades y espectáculos que funcionan hasta muy tarde, pero en las zonas rurales los horarios de apertura son más cortos y los restaurantes pueden dejar de servir más temprano.

Escocia es conocida como la cuna del golf, pero el fútbol es sin duda la pasión nacional (e Inglaterra el adversario favorito). Entre otros deportes populares se

Festival vikingo Up Helly Aa, en Shetland

Pequeña granja en las islas Occidentales

muchos otros más pequeños). La industria cinematográfica está en pleno auge tras el éxito de *Trainspotting* (1993). La escena musical también ha gozado de una gran temporada: desde la ópera, la canción gaélica y el *pibroch* (la música clásica de las gaitas) hasta la gran variedad de grupos internacionales como Simple Minds, Runrig, Texas y Wet Wet Wet. En la última década, la música tradicional ha renacido gracias al empleo de ritmos e instrumentos de todo el mundo, una influencia comprensible si se tiene en cuenta que por cada escocés residente en Escocia cuatro viven en el extranjero.

incluyen el senderismo, el esquí, el rugby, el *shinty* y el *curling*. También hay Juegos anuales en las Highlands, con grandes concentraciones acompañadas con whisky, música, artesanía y pruebas de fuerza y resistencia *(ver p. 29)*.

Grupos de música como Macumba combinan las gaitas con la percusión brasileña con resultados maravillosos. En el terreno de la danza resultan deliciosos los bailes rurales escoceses, los *ceilidh* de las Highlands y el *step dancing,* una tradición importada desde cabo Bretón.

LA CULTURA Y LAS ARTES

Escocia ofrece una programa excelente en el terreno de las artes escénicas, muchas de ellas subvencionadas por el Gobierno. El Festival de Edimburgo y el Festival Alternativo *(ver pp. 78-79)* son los mayores festivales teatrales del mundo (hay

Detalle de la oficina del Festival de Edimburgo

Aunque sólo unas 50.000 personas hablan gaélico, el idioma ha experimentado un gran impulso gracias a su empleo en radio y televisión. Debido al gran número de escritores y poetas escoceses *(ver pp. 24-25)*, la literatura también goza de gran popularidad.

Las aguas azules de Loch Achray, en el corazón de las Trossachs, al norte de Glasgow

Geología de Escocia

EN ESCOCIA, UN PARAÍSO para los geólogos, algunas rocas alcanzan los tres billones de años de antigüedad. Empezando por el duro granito gneis de las islas Occidentales, anterior a cualquier forma de vida en la tierra, las rocas narran una historia de ríos de lava, formaciones de montañas, glaciaciones e incluso de una época en la que Escocia estaba separada de Inglaterra por el antiguo océano Iapetus. Las principales zonas geológicas están definidas por cuatro fallas y por líneas de empuje que recorren Escocia de noreste a

FALLAS Y LÍNEAS DE EMPUJE

— — Línea Moine

— — Falla Great Glen *(ver pp. 148-149)*

— — Falla Highland Boundary

— — Falla Southern Uplands

El gabbro *(roca oscura) de las Cuillin Hills, en Skye, fue creado por el magma subterráneo en el periodo terciario, cuando los dinosaurios se habían extinguido y florecían los mamíferos.*

Capas de rocas en escalón

La acción de mareas y olas erosiona continuamente la línea costera.

CAMBIOS EN LA TIERRA

Escocia — Ecuador — Océano Iapetus — Inglaterra

☐ Antiguas masas terrestres

Hace unos 500 millones de años Escocia estaba unida a América del Norte, mientras que Inglaterra formaba parte de Gondwana. Tras 75 millones de años de desplazamientos continentales, los dos países "chocaron" no lejos de la actual frontera política.

Escandinavia — Escocia

☐ Glaciación (última edad del hielo)

• • • Fronteras nacionales actuales

La última edad del hielo, que terminó hace 10.000 años, es el capítulo más reciente de la historia geológica de Escocia; como Escandinavia, la isla se cubrió de hielo.

Las colinas de cimas aplanadas están expuestas a los restos del flujo de lava basáltica.

El gneis de Lewis *es una de las sustancias más antiguas. Se creó en la corteza inferior hace tres billones de años y salió más tarde a la superficie a causa de los movimientos de empuje. Es duro, gris y yermo, y forma mesetas bajas con miles de lagunas en las islas Occidentales.*

Los valles en forma de U *de las Highlands son un legado de la última época glaciar. El peso y los movimientos de los glaciares rompieron los salientes, redondeando y profundizando los valles fluviales.*

Los picos de cuarcita se alzan sobre una base de arenisca a lo largo de la cordillera de Torridon. Desde lejos, la cuarcita puede parecer nieve.

Lago de agua dulce

Lago de agua de mar

Las columnas de basalto *de la isla de Staffa (ver p. 133) se formaron hace 60 millones de años. Un río de lava se fue enfriando poco a poco, contrayéndose y fracturándose en una forma hexagonal parecida a Giant's Causeway, en Irlanda.*

La falla Highlands Boundary se extiende desde Stonehaven, en la costa este, hasta Arran, en el oeste, como una obvia formación de colinas.

Serpentina

Antiguo río de lava

CARACTERÍSTICAS GEOLÓGICAS

El diagrama es una representación ilusoria de algunos de los elementos más característicos de la geología de las Highlands y de las islas del noroeste. La tortuosa línea costera de esta parte de Escocia es el resultado de las grandes precipitaciones que durante la última época glaciar erosionaron en gran medida las capas de rocas antiguas, dando lugar a un bello paisaje lleno de contrastes.

La arenisca devoniana *es frecuente en las islas Orcadas (ver p. 158). En algunos lugares el mar ha erosionado las capas horizontales, dando lugar a acantilados y riscos, como el de Old Man of Hoy (137 m).*

El paisaje y la naturaleza de Escocia

En ESTA TIERRA DE CONTRASTES se combinan la austera majestuosidad de las montañas con las sutiles ondulaciones de los valles de las Lowlands (tierras bajas), así como los impresionantes acantilados costeros con los densos bosques. En las Highlands (tierras altas) y en las islas se encuentra lo mejor de la rica naturaleza escocesa. Muchas especies se hallan en vía de extinción; su conservación y el cuidado del hábitat son primordiales.

Reyezuelo diminuto

EL LITORAL

El inmenso litoral es uno de los mejores lugares para contemplar la naturaleza del país. En islas como la de Skye *(ver pp. 152-153)*, en la fotografía superior, anidan miles de aves marinas (frailecillos, araos y gaviotas tridáctilas), mientras que en **Frailecillo** Bass Rock, cerca de North Berwick, en la costa este, se cría una colonia de alcatraces. En la costa escocesa también hay focas, ballenas y delfines.

Las focas grises habitan desde antaño en las rocosas costas escocesas, en lugares como Shetland o North Rona.

Las gaviotas tridáctilas de plumaje blanco y gris se extienden por los acantilados desde St Abb's Head, en la costa este, hasta la isla de Handa, en la costa noroeste (ver p. 157).

LAGOS Y RÍOS

En Escocia abundan los ríos y los lagos de agua dulce y salada, lo que favorece la existencia de una gran variedad de animales e insectos. En los lagos de agua marina –como los de la fotografía, en la isla occidental de North Uist– pueden vivir salmones y nutrias, aunque estas últimas son más fáciles de ver en refugios artificiales como el de Kylerhea, en Skye. Muchos ríos escoceses, como el Tay, ofrecen excelentes oportunidades para la pesca de la trucha y del salmón.

Libélula

Las nutrias salvajes crían en muchos lugares del litoral y en lagos de agua marina. Al contrario que las asiáticas, tienen pies palmeados para cazar y devorar a sus presas.

El salmón nada cada año en ríos y lagos para criar. Río arriba, recorren largas distancias a través de empinadas cascadas para desovar.

Los ponis de Shetland *proceden de las islas septentrionales, azotadas por el viento, pero pueden encontrarse también en tierra firme. Son pequeños y su pelaje es espeso e hirsuto.*

Las vacas de las Highlands, *criadas desde el siglo XVI, se reconocen por sus cuernos extensos y por su pelaje largo.*

El águila real *es uno de los emblemas más legendarios de Escocia. Vive en las alturas y caza a sus presas con un silencioso descenso en picado.*

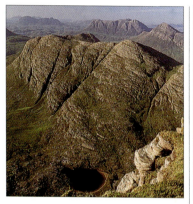

MONTAÑAS Y PÁRAMOS

Las colinas y montañas de Escocia son refugio de extrañas plantas árticas y alpinas, mientras que el brezo y la hierba florecen en los páramos y en las Lowlands. Este contraste de paisajes puede verse a lo largo de las Highlands y en las islas escocesas, como en esta imagen de Mull. Las aves de presa –como las águilas y los cernícalos– viven en estas zonas, mientras que los ciervos rojos pacen en los páramos.

Cernícalo

Las ovejas *pacen en los páramos y colinas de Escocia. Por lo general, están marcadas para poder ser identificadas.*

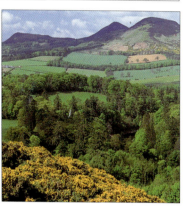

LOS BOSQUES

Marta

Algunos bosques de Escocia pertenecen a algún parque nacional protegido. En estos refugios, como el de los Borders (fotografía superior) viven las ardillas rojas y los reyezuelos, mientras que las martas y los gatos salvajes prefieren los bosques de las Highlands. Por todo el país hay bosques de abedules y robles.

Los gatos salvajes *pueden hallarse todavía en algunas zonas boscosas. Se distinguen de los gatos domésticos por su robustez y por su pelaje corto y espeso.*

Los ciervos rojos, *los más comunes de Europa, pueden verse a menudo en las Highlands. Su pelaje es más brillante en verano, y los machos mudan la cornamenta en primavera.*

Las ardillas rojas *están dotadas de una cola peluda y prensil para ganar agilidad y para comunicarse, y de unas garras afiladas para aferrarse a los árboles.*

Evolución del castillo escocés

OCAS IMÁGENES pueden compararse al romanticismo de un castillo escocés enraizado en una pequeña isla, en medio de un lago tranquilo. Estos formidables refugios situados a menudo en lugares remotos fueron construidos en las Highlands, donde las incursiones y las luchas entre los clanes eran frecuentes. La evolución de los primeros *brochs* pictos (torres de la edad del hierro) y de los castillos de mota y aldea de influencia normanda dio lugar en el siglo XIV a la típica torre fortificada escocesa. A mediados del siglo XVII, cuando la estética contaba más que la defensa, se construyeron numerosos y enormes palacios.

Detalle de la fachada barroca, Drumlanrig

MOTA Y ALDEA

Estos castillos aparecieron por primera vez en el siglo XII. Se emplazaban sobre dos montículos cerrados por una muralla o empalizada y por zanjas defensivas. El montículo más alto, la mota, era el más defendido por albergar la torre y la casa del señor. En la aldea inferior vivían los vasallos.

La torre contenía la casa del señor, la atalaya y la defensa principal.

Duffus Castle, en Morayshire

Duffus Castle (c. 1150) estaba hecho de piedra más que de madera, lo que no era habitual; desde su emplazamiento se dominaban los llanos del norte de Elgin.

La mota de tierra o roca era a veces artificial.

La aldea, con sus casas y almacenes.

TORRES PRIMITIVAS

Ideadas para repeler escaramuzas más que ataques masivos, las primeras torres fortificadas aparecieron en el siglo XIII, aunque su diseño perduró otros 400 años. Originalmente tenían planta rectangular, con una sola torre dividida en tres o cuatro plantas. Los muros carecían de adornos, y la construcción de torres anejas proporcionaba espacio adicional. Las ampliaciones eran lo más verticales posible para reducir al mínimo la zona expuesta al ataque.

Parapeto almenado para la guardia

Claypotts Castle (c. 1570), con buhardillas en voladizo sobre las torres

Braemar Castle (c.1630), un conglomerado de torres

Neidpath Castle, alzado sobre un risco junto al río Tweed, es una torre con forma de L de finales del siglo XV. Antigua fortaleza de Carlos II, en sus muros aún son visibles los daños causados por el asedio de Oliver Cromwell.

Muros rectos, con aspilleras en lugar de ventanas.

TORRES TARDÍAS

Aunque la comodidad se impuso a las necesidades defensivas, el estilo de las torres primitivas no perdió popularidad. En el siglo XVII se añadieron alrededor de la torre alas para aposentos que a menudo formaban un patio. En las almenas y torrecillas el carácter decorativo primaba sobre el defensivo.

Drum Castle, cerca de Aberdeen, una torre del siglo XIII con una mansión añadida en 1619

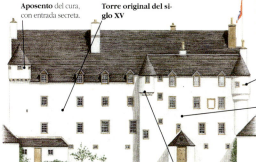

Aposento del cura, con entrada secreta.

Torre original del siglo XV

La torre angular contiene una escalera.

Ampliación horizontal del siglo XVI

Torrecilla decorativa con ménsulas

Traquair House (ver p. 87), junto al Tweed, tiene fama de ser la casa habitada en continuidad más antigua de Escocia. El tosco y sobrio exterior data del siglo XVI, cuando se construyeron una serie de ampliaciones en torno a la torre original del siglo XV.

Blair Castle *(ver p. 139)* incorpora una torre medieval

PALACIO CLÁSICO

En el siglo XVIII, cuando ya no había necesidad de defenderse, se construyeron castillos al estilo de las casas de campo, rechazando la torre vertical en favor de la horizontalidad; aun así, la imitación de las fortalezas se mantuvo hasta el siglo XIX. Se aprecian influencias de toda Europa, entre ellas neogóticas y neorrenacentistas, así como ecos de los *châteaux* franceses.

Dunrobin Castle (c. 1840), en Perthshire

Las ventanas aumentan al perder el carácter defensivo.

Las balaustradas sustituyen a las almenas.

Cúpula decorativa

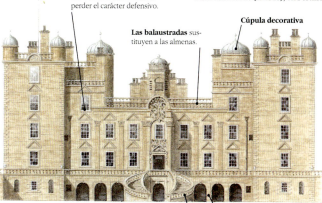

Drumlanrig Castle (ver p. 88), construido en el siglo XVII, posee muchos detalles tradicionales escoceses y rasgos renacentistas, como la escalera decorada y la fachada.

Columnata renacentista

Escalera barroca de herradura

Jardines escoceses

E SCOCIA POSEE una gran variedad de jardines de gran belleza. Algunos destacan por su diseño, como el de Pitmedden, o por la particularidad de sus plantas. Los rododendros florecen en el ácido suelo de turba, y el jardín botánico de Edimburgo es famoso por su espectacular despliegue de colores. Algunos jardines tienen como fondo lagos y montañas impresionantes, mientras que otros pertenecen a alguna mansión señorial. Los de la Corriente del Golfo, como el de Inverewe, ofrecen al visitante el lujo de contemplar la exótica flora subtropical en una zona de altitud septentrional.

Inverewe Gardens (ver p. 156) *son famosos por su exuberante y exótica flora subtropical. Entre las 2.500 especies que florecen en su clima suave hay helechos, nenúfares, nomeolvides gigantes y palmeras insólitas.*

Crarae Gardens (ver p. 130) *están situados en una ladera sobre el lago Fyne, rodeados de bosques antiguos. Hay numerosos senderos, todos ellos diseñados para cruzar el pintoresco arroyo central. Los jardines se inundan de color en verano con los espectaculares rododendros; en otoño parecen arder con las hojas rojas y doradas.*

Los Botanic Gardens de Glasgow (ver p. 103) *cuentan con una maravillosa colección de orquídeas, begonias y cactus. En Kibble Palace, un invernadero abovedado de hierro, hay helechos arborícolas tropicales de todo el mundo.*

Inverewe Gardens

Angus' Garden

Crarae Gardens

Arduaine Garden

Younger Botanic Garden

Botanic Gardens Glasgow

El Logan Botanic Garden pertenece al Royal Botanic Garden de Edimburgo. *Está dividido en dos áreas principales, un jardín amurallado con palmas reales y una zona boscosa. La Corriente del Golfo favorece el crecimiento de plantas subtropicales.*

Logan Botanic Garden

EL RODODENDRO

Las fotografías muestran tres de las 900 variedades de rododendro. El primero, tropical, crece en invernadero en Escocia; el segundo es de hoja perenne y el tercero es una azalea que solía considerarse como especie diferente. Los rododendros se dividen en grupos, según tengan o no escamas .

Macgregoriae

Augustini

Medway

Los jardines de Drummond Castle están diseñados con grandes setos de boj en forma de cruz de San Andrés. El toque de color lo ponen las rosas y las bocas de dragón; el centro está formado por un reloj de sol.

LA CORRIENTE DEL GOLFO

En la costa oeste hay varios jardines en los que, curiosamente, florecen plantas tropicales y subtropicales. Aun situada en la misma latitud que Siberia, esta zona de Escocia se encuentra en la trayectoria de una corriente cálida del Atlántico; en Inverewe --el más famoso de ellos-- crecen plantas de Suramérica, Suráfrica y el Pacífico Sur. Otros jardines son Achamore (isla de Gigha) y el Logan Botanic Garden, cerca de Stranraer.

Eucaliptos caldeados por la Corriente del Golfo, Logan Botanic Garden

Pitmedden Garden fue creado en 1675 y más tarde restaurado como jardín formalista por la organización National Trust for Scotland. Se divide en dos niveles con cuatro arriates, dos belvederes, setos de boj y una espléndida fuente central.

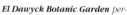

En los Crathes Gardens los arriates perfumados se centran en torno a la hermosa torre de Crathes Castle (ver p. 145). Consta de ocho jardines diseñados por temas, como el Golden Garden, al estilo de Gertrude Jeckyll.

El Dawyck Botanic Garden pertenece también al de Edimburgo. Está especializado en árboles raros (como la haya de Dawyck), arbustos floreados y mantos de narcisos. La capilla fue diseñada por William Burn.

El Royal Botanic Garden de Edimburgo (ver p. 68), conocido en todo el mundo como centro de investigación científica, cuenta con una maravillosa variedad de plantas. Entre sus bien mantenidos céspedes hay casi 17.000 especies, y sus invernaderos albergan plantas exóticas.

Pitmedden Garden

Crathes Gardens

Drummond Castle Gardens

Royal Botanic Garden, Edinburgh

Kailzie Gardens

Dawyck Botanic Garden

Priorwood Gardens

0 kilómetros 50

Grandes inventos escoceses

Mermelada

A PESAR DE SER UN PAÍS relativamente pequeño y escasamente poblado, Escocia ha sido a lo largo de los siglos cuna de notables inventores. A finales de la década de 1700 y en la de 1800 hubo un periodo de intensa creatividad (conocido como la Ilustración escocesa) en el que se produjeron numerosos descubrimientos tecnológicos, médicos y mecánicos, entre ellos la máquina de vapor, la bicicleta, los antisépticos o el teléfono. De las fábricas, universidades y laboratorios del país surgió una raza de hombres intrépidos y de pensamiento avanzado, cuyos experimentos e ideas revolucionarias dieron lugar a inventos que han modelado nuestra sociedad moderna.

Las tablas logarítmicas (1594) fueron ideadas por John Napier como una manera práctica de multiplicar y dividir números grandes. Aunque fáciles de usar, tardaron 20 años en ser creadas.

La luz eléctrica continua (1834) fue inventada por James Bowman Lindsay gracias al empleo revolucionario de células galvánicas.

El movimiento paralelo operaba todas las válvulas a un tiempo.

Un volante almacenaba la energía para que el motor funcionase con suavidad.

El neumático (John Dunlop, 1887), patentado en su origen por R.W. Thomson, fue desarrollado por Dunlop para su uso en bicicletas y más tarde en automóviles.

Vara del émbolo

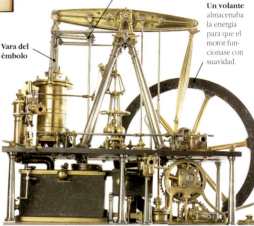

Los palos de golf, fabricados a mano por carpinteros como Old Tom Morris, eran al principio de madera. Las cabezas de aluminio fueron creadas hacia 1890.

La máquina de vapor rotativa (James Watt, 1782) mejoró el motor a vapor ya existente. Este nuevo modelo, pronto utilizado en todo tipo de maquinaria, se convirtió en la fuerza motora de la revolución industrial. Watt tuvo tanto éxito que una unidad eléctrica —el vatio— fue bautizada en su honor.

La bicicleta de Kirkpatrick Macmillan –conocida en su origen como velocípedo– se creó en 1839, pero no fue comercializada a gran escala hasta la década de 1860.

La fotografía en color (1861) fue inventada por el físico escocés James C. Maxwell. En el primer experimento, realizado en tres colores, se fotografió este lazo. Como filtro se empleó agua coloreada.

Atomizador
Generador de vapor
Depósito de ácido carbólico

El antiséptico (Joseph Lister, 1865), en forma de ácido carbólico, fue un hallazgo de gran importancia para la cirugía. Lister descubrió que, aplicado a las heridas y rociado en el quirófano ayudaba a prevenir los gérmenes y las infecciones.

El termo (sir James Dewar, 1892) fue en un principio diseñado como contenedor al vacío para almacenar gases de baja temperatura. Más tarde se fabricó en masa para conservar bebidas frías y calientes.

El teléfono (Alexander Graham Bell, 1876), el invento que revolucionó las comunicaciones mundiales, introdujo la transmisión del sonido por medio de la electricidad.

La penicilina (Alexander Fleming, 1928) transformó el curso de la medicina. El primer antibiótico utilizado para tratar enfermedades salvó la vida de miles de soldados heridos hacia 1940.

El receptor de radar (Robert Watson-Watt, 1935) ya se utilizaba antes de la II Guerra Mundial, desde la construcción en 1935 del primer sistema de defensa por radar. "Radar" es el acrónimo en inglés de "detección por radio y cálculo de la distancia".

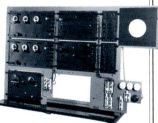

El primer televisor (John Logie Baird, 1926) funcionaba en blanco y negro y no podía producir sonido e imagen a la vez; no obstante, fue aclamado como un gran invento. En 1928, Baird demostró la posibilidad de crear imágenes en color.

Dolly, la oveja clónica, fue creada en 1996 por un equipo de científicos en el Instituto Roslin de Edimburgo. Dolly, el primer clon de animal adulto del mundo, dio a luz en 1998.

Escritores e intelectuales

DESDE LOS POETAS MEDIEVALES, pasando por Robert Burns e Irvine Welsh, los escritores en las tres lenguas de Escocia (escocés, inglés y gaélico) han creado un cuerpo literario bien establecido en la corriente europea sin dejar de mostrar la diversidad escocesa. Tres siglos después de la disolución de su Parlamento, Escocia se encuentra en el umbral de poseer uno nuevo. La autonomía política llega como consecuencia de tres agitadas décadas en las que la literatura ha alcanzado nuevas cumbres de éxito.

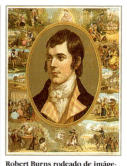

Robert Burns rodeado de imágenes de sus creaciones literarias

EL SIGLO DE ORO ANTERIOR A LA ILUSTRACIÓN

DURANTE EL SIGLO que condujo a la Reforma de 1560, considerado a menudo como el Siglo de Oro de la literatura escocesa, se crearon fuertes lazos con el continente europeo y se estableció una rica tradición poética que culminaría en las obras de William Dunbar y Robert Henryson. John Barbour fue el creador del mítico héroe nacional en *The Bruce* (c. 1375). Otras obras primitivas fueron *Kingis Quair,* de Jacobo I (c. 1424) y *Wallace,* de Blind Harry (c. 1478).

Dunbar destaca por lo pulido de su trabajo, desde *Lament for the Makars* (1508), una elegía a los poetas, hasta su sarcástica poesía conocida como *"flyting".* La perspicacia de la obra de Henryson se aprecia en *The testament of Cresseid* (c. 1480), que narra una leyenda desde el punto de vista de la mujer. Gavin Douglas tradujo *La Eneida* de Virgilio al escocés en 1513. El Siglo de Oro terminó con la obra de sir David Lindsay *A satire of the three states,* en 1540. La tradición de la balada sigue influyendo en la literatura escocesa.

El filósofo David Hume

LA ILUSTRACIÓN Y EL ROMANTICISMO

LOS TRIUNFOS INTELECTUALES de la Ilustración escocesa fueron impulsados por el extenso sistema educativo. Entre los grandes pensadores de su tiempo se contaban Adam Smith (1723-1790), que teorizó sobre economía política, y Adam Ferguson (1723-1816), fundador de la sociología moderna. Otras figuras importantes fueron William Robertson (1721-1793) y David Hume (1711-1776), quienes contribuyeron a definir la historia moderna. El mayor legado de Hume fue filosófico; su riguroso empirismo ofendió al cristianismo ortodoxo y predijo las crisis de la fe contra el conocimiento científico. En 1760 James Macpherson publicó *Ossian Chronicles,* la supuesta documentación del hallazgo de una antigua tradición celta en las Hébridas. Esta obra ficticia estaba enraizada en la nostalgia por las antiguas civilizaciones que, junto al temor al progreso, dio lugar al romanticismo. Allan Ramsay escribió poemas en escocés, así como Robert Ferguson, que murió trágicamente sumido en la pobreza a los 25 años.

Robert Burns (1759-1796), la figura literaria más celebrada del país, fue un hombre de su tiempo que contó con una sólida educación. Sus obras van de los poemas de amor a las sátiras despiadadas *(Holy Willie's Prayer),* y del nacionalismo a los ideales radicales *(A man's a man for a' that).*

EL SIGLO XIX

A PESAR DE LA importancia de Edimburgo en la cultura británica, en las décadas victorianas predominó la costumbre (iniciada en el siglo XVIII por James Boswell y Tobias Smollett) de salir de Escocia para alcanzar la fama en Londres.

La poesía de Walter Scott (1771-1832) obtuvo un enorme éxito, y sus novelas –en especial *Waverley* (1814)– alcanzaron la gloria literaria. La revista de tendencia liberal de Francis Jeffrey *Edinburgh Review,* muy influyente en el pensamiento social, se enfrentó a la alternativa conservadora que ofrecía *Blackwood's,* en la que escribió

Mapa de *La isla del tesoro* de Robert L. Stevenson, basado en una isla en el Firth of Forth

James Hogg antes de publicar su asombrosa obra gótica *Private memoirs and confessions of a justified sinner* (1824). Tras Susan Ferrier y John Galt, y a pesar de la prodigiosa carrera de Margaret Oliphant, el nivel literario no era muy alto. Thomas Carlyle describió el provincialismo de Edimburgo en la década de 1830.

Robert Louis Stevenson (1850-1894) respondió a las ansiedades de la época en *Dr. Jekyll y Mr. Hyde*, que contrastaba con el sentimentalismo local de la literatura de J.M. Barrie (sus obras de teatro estaban dirigidas a un público burgués) y S.R. Crockett. Las historias de *Sherlock Holmes* de Arthur Conan Doyle (1859-1930) no han perdido su actualidad.

Ilustración de una de las novelas de Sherlock Holmes, de Arthur Conan Doyle

Cartel de *Rob Roy* (1995), basada en la novela de Walter Scott (1817)

EL RENACIMIENTO DE PRINCIPIOS DEL SIGLO XX

L A NOVELA DE GEORGE DOUGLAS BROWN *The house with the green shutters* (1901) inauguró el siglo y marcó el inicio del renacimiento de la literatura seria. La poesía de Hugh MacDiarmid de los años 20 abrió paso a las corrientes modernistas; *A drunk man looks at the thistle* (1926) combina diversos dialectos escoceses con comentarios políticos y sociológicos. Edwin Muir obtuvo el reconocimiento internacional; entre sus sucesores destacan Sidney Goodsir Smith y William Soutar. La novela alcanzó proporciones épicas e innovadoras con Neil Gunn *(Butcher's broom,* 1933) y Lewis Grassic Gibbon *(A scots quair,* 1932-1934). Otros autores son Willa Muir, Nan Sheperd y Fionn MacColla. John Buchan escribió obras serias y *thrillers* populares. El ímpetu nacionalista se disipó con la llegada de la II Guerra Mundial.

A PARTIR DE 1945

S ORLEY MACLEAN escribió en gaélico sobre las dificultades de las antiguas culturas del norte. La obra de Norman MacCaig se caracterizó por su extravagancia metafísica, y George Bruce y Robert Garioch evocaron las enseñanzas morales de la naturaleza y de las clases sociales.

Edwin Morgan celebra el arte y la modernidad *(Sonnets from Scotland,* 1984); Liz Lochhead continúa produciendo con frescura poesía y teatro, y entre las nuevas generaciones Jackie Kay explora su experiencia como ciudadano escocés negro. Si James Bridie, Bill Bryden y John Byrne tuvieron un impacto en el teatro, Muriel Spark alcanzó fama internacional con sus irónicas novelas negras *(The prime of miss Jean Brodie,* 1961). El realismo urbano se desarrolló lentamente antes de que William MacIlvanney alcanzara la fama con *The big man* (1985).

Tras la extraña *Lanark* (1981), de Alasdair Gray, la novela fue impulsada hacia un presente muy productivo, con Iain Banks como uno de los autores más vendidos *(The Crow Road,* 1992). La poesía de Tom Leonard inició una tradición en el empleo del habla popular urbana que James Kelman elevó a cotas nuevas; la galardonada *How late it was, how late* (1994) es una afirmación de la vida cotidiana.

El retrato de la cultura de la droga de Irvine Welsh ha alcanzado fama mundial, aunque la energía y profundidad de *Trainspotting* (1993) está ausente en sus sucesores. Los dramas privados de Al Kennedy *(So I am glad,* 1995) están llenos de dolor y misterio.

Cartel de la película basada en la obra de Welsh

Clanes y tartanes

EL SISTEMA DE CLANES que dividía la sociedad de las Highlands en tribus al mando de un jefe autocrático se remonta al siglo XII, época en que, por lo que se sabe, los clanes ya usaban los tejidos de lana a cuadros que después se llamaron tartanes. Cada uno de los miembros del clan llevaba el nombre del jefe, pero no todos tenían lazos de sangre. Aunque se regían por nobles reglas de hospitalidad, los miembros del clan debían ser guerreros para proteger los rebaños, como se desprende de sus lemas. Tras la batalla de Culloden *(ver p. 146)*, todas las tierras de los clanes pasaron a la Corona, y los tartanes quedaron prohibidos durante casi cien años.

Los MacKay, conocidos como clan Morgan, lograron renombre en la guerra de los Treinta Años.

Los MacLeod son de origen nórdico; el jefe del clan vive aún en el castillo de Dunvegan, en Skye.

Los MacDonald, el clan más poderoso, ostentaban el título de Lores de las Islas.

Los Mackenzie recibieron parte de las tierras de Kintail (ver p. 151), de David II, en 1362.

JEFE DEL CLAN

El jefe era el patriarca del clan, juez y señor de la guerra, y a cambio de su protección exigía de los suyos lealtad absoluta y servidumbre militar. A la hora de la batalla, el jefe convocaba al clan enviando a un corredor que portaba una cruz en llamas.

Gorro con plumas de águila, penacho y planta del clan.

Daga

Escarcela, bolsa hecha de piel de tejón.

Feileadh-mor, tela a cuadros que se lleva en bandolera sobre el hombro y la cintura.

Espada con empuñadura de taza

Los Campbell fueron un clan muy temido que combatió a los jacobitas en 1746 (ver p. 147).

El Black Watch, surgido en 1729 para mantener la paz en las Highlands, fue uno de los regimientos en que se mantuvo el uso del tartán. Después de 1746, todo civil que llevara el tartán podía sufrir siete años de exilio como castigo.

Los Sinclair llegaron de Francia en el siglo XI y se convirtieron en condes de Caithness en 1455.

Los Fraser llegaron de Francia en 1066 con las tropas de Guillermo el Conquistador.

Jorge IV, vestido de highlander, visitó Edimburgo en 1822, año en que volvió el tartán; de esta época datan los diseños de muchos tartanes, pues los originales se habían perdido.

Los Gordon tenían fama de buenos soldados; el lema del clan era: "Por valor, no por astucia".

Los Estuardo eran la dinastía reinante en Escocia. Su lema: "Nadie me hiere impunemente".

TIERRAS DE LOS CLANES

Aquí figuran los territorios de los diez clanes más importantes, junto con sus penachos y sus tartanes, que son versiones actuales de los diseños originales.

Los Douglas tuvieron un papel destacado en la historia escocesa, aunque se desconoce su origen.

PLANTAS DE CLANES

Cada clan tenía una planta asociada a su territorio; se llevaba en el gorro, en especial el día de la batalla.

El pino escocés lo llevaban los MacGregor de Argyll.

La serba era el emblema del clan Malcolm.

La hiedra fue adoptada por el clan Gordon de Aberdeenshire.

El cardo, hoy emblema nacional, era la insignia Estuardo.

La flor del algodón correspondía al clan Henderson.

LOS CLANES EN LA ACTUALIDAD

Antes atuendo diario, la falda *(kilt)* se reserva hoy para las ocasiones especiales. El *feileadh-mor,* que consta de una sola pieza, ha sido sustituido por el *feileadh-beag,* que se hace con unos siete metros de tela para formar un doble mandil ajustado por delante con un alfiler de plata. Aunque su existencia es hoy puramente nominal, los clanes siguen siendo motivo de orgullo para los escoceses. Muchos de los visitantes que llegan al Reino Unido pueden trazar su origen escocés en las Highlands.

Atuendo formal de las Highlands

Música y Juegos en las Highlands

DURANTE CIENTOS DE AÑOS, las Highlands y las islas de Escocia han sido el centro de la cultura gaélica. Aunque en la actualidad la lengua se habla poco, el legado y estilo de vida gaélicos perduran en la música y en las actividades populares. La gaita, instrumento tradicional de las Highlands, es parte integrante de la identidad escocesa en todo el mundo. Los Juegos, una combinación de las tradiciones gaélicas, incluyen música, danza y pruebas de fuerza.

La boquilla es un tubo delgado por el que se sopla el aire que llena el fuelle.

Sombrero del gaitero, hecho con plumas de avestruz.

Pibroch es la denominación de la música clásica de gaita. Ejecutadas por un solo gaitero, las melodías lentas y melancólicas suenan mejor que el sonido casi discordante que produce un conjunto de gaitas.

Caramillo con los 6 agujeros para tocar la melodía.

Los roncones son tres tubos unidos al cuero que dan el tono. Tienen una nota fija, una baja y dos más altas, a intervalos de una quinta.

El fuelle es un odre que se hincha con el aire soplado por la boquilla. Se expulsa con la presión del codo.

LA GAITAS

El sonido tradicional de las gaitas ha recorrido las Highlands durante siglos. Tras la batalla de Culloden (1746), estos instrumentos (que al parecer llegaron a Gran Bretaña en manos de los romanos) fueron prohibidos junto al traje tradicional por inspirar en los *highlanders* la rebelión contra los ingleses. La gaita es en la actualidad uno de los emblemas más representativos de Escocia.

MÚSICA TRADICIONAL GAÉLICA

La música ha sido siempre muy importante para las comunidades gaélicas. El arpa y el acordeón son comunes en las bandas tradicionales de *ceilidh*.

El acordeón ha acompañado a las ceilidhs desde que se originaron las danzas en las comunidades rurales de las Highlands y las islas.

El arpa, de origen irlandés, fue introducida en Escocia hacia 1800. Este instrumento conocido como clarsach se ha revalorizado recientemente.

Las bandas de música escocesa acompañan al acordeón en las ceilidhs modernas, en las que la gente se reúne para bailar la danza tradicional. Se suelen emplear violines, acordeones y flautas.

La representación de antiguas batallas es celebrada entre los clanes para recordar la lucha de sus antepasados por la libertad. La de la fotografía conmemora el 250 aniversario de la batalla de Culloden, en la que perecieron más de 2.000 guerreros.

JUEGOS Y ACTIVIDADES

Tanto como por la música, las Highlands son famosas por sus Juegos, que se remontan varios siglos atrás. En su origen pudieron haber tenido propósitos militares, pues permitían a los jefes de los clanes escoger a los más fornidos de entre los hombres que competían en los concursos de fuerza. Los Juegos de las Highlands se celebran cada año en Braemar *(ver p. 38)*, Oban y Dunoon, entre otros. También se celebran representaciones de antiguas batallas y rebeliones.

Los Juegos de las Highlands, tal y como se celebran actualmente, datan de 1820. Los eventos más comunes son el lanzamiento de tronco, pesas y martillo y la música de gaita, los cantos y las danzas. El conjunto puede resultar abrumador cuando se presencia por primera vez.

El lanzamiento de tronco requiere fuerza y destreza. El atleta debe correr sosteniendo el tronco y lanzarlo por el aire para que dé una vuelta de 180º, antes de caer en vertical delante de él.

En el lanzamiento de martillo el competidor da vueltas sobre sí mismo, para darse impulso, mientras gira el martillo (un peso al final de un palo largo) sobre su cabeza antes de soltarlo. El ganador es aquél que lo lanza más lejos.

El levantamiento de pesas requiere fuerza y resistencia. El participante está de espaldas a una barra sobre la que debe lanzar la enorme pesa. La barra va subiendo tras cada intento hasta que queda un solo competidor.

Las danzas tienen a menudo un significado simbólico. Por ejemplo, en el *reel,* un baile muy rápido, el círculo representa el ciclo vital. En la danza de la espada, los pies se desplazan con agilidad sobre las espadas sin tocarlas.

El whisky escocés

EL WHISKY ES PARA LOS ESCOCESES lo que el champán para los franceses; una visita a Escocia no será completa sin su degustación. Todos los whiskys de malta siguen fundamentalmente el mismo procedimiento de elaboración, pero la zona, el envejecimiento y el almacenamiento tienen tanta importancia en su carácter que cada whisky resulta una experiencia diferente. Entre los whiskys de malta no existe "el mejor": algunos son buenos para antes de acostarse, otros lo son como aperitivo. Las destilerías nombradas a continuación producen whiskys de malta pura excelentes, muy apreciados por los expertos.

Transporte en vagón del whisky Glenlivet hasta el ferrocarril (años 20)

Talisker es una malta particular con un sabor fuerte y picante que calienta hasta los huesos.

Glenmorangie, el whisky de malta pura más vendido de Escocia, de sabor ligero y florido y perfume fuerte.

Lochnagar es famoso porque era el favorito de la reina Victoria, quien visitó la destilería cercana a Balmoral. Es un whisky dulzón, algo añejezado.

Lagavulin, un whisky clásico con paladar seco y ahumado. Proviene de Islay, la mejor de las islas productoras de whisky.

WHISKYS DE SPEYSIDE

En la región de Speyside *(ver p. 144)*, donde se cultiva la cebada, se sitúan más de la mitad de las destilerías de Escocia.

Mapa:
Highland Park
Pulteney
Glen Ord
Glenmorangie
Glen Albyn
Balmenach
See inset SPEYSIDE
Talisker
CENTRAL HIGHLANDS
Lochnager
Glenury
Dalwhinnie
Edradour
Fettercairn
Blair Athol
Aberfeldy
North Point
Tobermory
Glenturret
Littlemill
Tullibardine
Rosebank
Auchentoshan
Glenkinchie
Lagavulin
Springbank
Glen Scotia
Bladnoch
LOWLANDS
NORTHERN HIGHLANDS
EASTERN HIGHLANDS
WESTERN HIGHLANDS
ISLAY

Glen Moray
Linkwood
Dallas Dhu
Glenlossie
Glen Elgin
Glen Rothes
Speyburn
Macallan
Glenfiddich
Glenfarclas
Cragganmore
Mortlach
The Glenlivet
Tamnavulin

Edradour es la destilería más pequeña de Escocia, pero produce un delicioso whisky cremoso y mentolado.

Macallan, reconocido como el "Rolls Royce de las maltas puras", envejece en barriles de jerez y ofrece un sabor pleno.

Glenlivet, el más famoso de los whiskys de Speyside, se destila desde 1880.

REGIONES DE MALTA

Las maltas puras varían según las diferencias regionales en la turba y en el agua de manantial utilizada. El mapa muestra las regiones destileras tradicionales del país. Cada whisky tiene características regionales sutiles pero reconocibles.

SIGNOS CONVENCIONALES

• Destilerías de malta pura

CÓMO SE ELABORA EL WHISKY

Elaborado tradicionalmente con cebada, lúpulo y agua de manantial, se tarda poco más de
tres semanas en produ-
cir el whisky escocés
(del gaélico *usque-
baugh*, "agua de vi-
da"), aunque su envejeci-
miento requiere al menos tres
años; éste se lleva a cabo en
barricas de roble que a menudo
han contenido jerez. El arte de la
mezcla, o *blending*, nació en
Edimburgo en la década de 1860.

Espiga de cebada

1 La primera fase
es el malteado.
*Los granos de
cebada se empapan en
agua y se esparcen por el
suelo. Al germinar el grano se
produce una "malta verde".
La germinación estimula la
producción de enzimas, que
convierten los almidones en
azúcares fermentados.*

2 El secado de la cebada
interrumpe la germinación,
*después de 12 días de malteado
sobre fuego de turba en un horno
de malta. El humo de la turbera
da sabor a la malta y más tarde
al whisky envejecido. Luego se
espigan las raíces germinadas de
la malta y se muelen.*

3 La malta molida, o grist,
se convierte en pasta en
*una gran cuba de agua
caliente. La malta se empapa
y empieza a disolverse,
produciendo una solución
azucarada llamada* wort *que
luego se extrae para su
fermentación.*

4 La fermentación se produce
al añadir el lúpulo al wort
*en cubas de madera. La mezcla
se remueve durante horas
mientras el lúpulo convierte el
azúcar en alcohol, dando un
líquido claro llamado* wash.

5 La destilación exige hervir
dos veces el *wash para que el
alcohol se evapore y se condense.
El* wash *se destila en dos
alambiques de cobre: primero en
el* wash still, *después en el* spirit
still. *Ya purificado, y con un
contenido de alcohol del 57%,
el resultado es un whisky joven.*

6 El envejecimiento es el proceso
final. El whisky se añeja en
*barricas de roble durante un
mínimo legal de tres años. Las
grandes marcas envejecen el
whisky entre 10 y 15 años, aunque
pueden llegar hasta 50.*

**Quaichs, vasos tradicionales
de plata**

**Los whiskys de mal-
ta pura** *varían en las
regiones según la turba
y el agua empleadas.*

**Los whiskys blen-
ded** *se elaboran mez-
clando hasta 50 mal-
tas diferentes.*

Gastronomía escocesa

L A DESPENSA ESCOCESA abunda en carnes y pescados, servidos por lo general en guisos sencillos, sin salsas pesadas. El urogallo, el ciervo, la ternera de Aberdeen Angus, el salmón, la trucha y los muchos quesos escoceses gozan de merecida fama. A causa del frío, la humedad y la poca profundidad del suelo el trigo se da en Escocia menos que la avena, presente en platos tradicionales como el *porridge,* las galletas y, por supuesto, el *haggis.*

Porridge

***Los* kippers** son arenques frescos abiertos, salteados y ahumados a la parrilla. Se suelen tomar para desayunar.

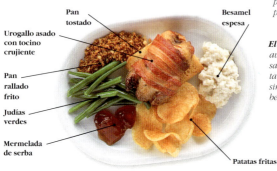

Pan tostado

Urogallo asado con tocino crujiente

Pan rallado frito

Judías verdes

Mermelada de serba

Besamel espesa

Patatas fritas

El urogallo es una de las aves de caza más famosas; su carne tierna resulta deliciosa al horno. Se sirve con patatas fritas, bechamel y verduras.

El caldo escocés es una sopa ligera a base de cogote de cordero o ternera con cebada y verduras como puerros y zanahorias.

***La sopa* cock-a-leekie** es un famoso plato escocés elaborado con trozos de pollo, puerros, arroz y ciruelas, todo ello cocido en el caldo del pollo.

Cullen skink es una deliciosa sopa elaborada a base de abadejo ahumado (finnan), leche y puré de patatas. Es originaria de Cullen, en el Moray Firth.

EL 'HAGGIS'

El *haggis* es sin lugar a dudas el plato escocés más famoso; junto a la *kilt* (falda) de tartán y las gaitas, es uno de los símbolos más reconocibles de Escocia. El 25 de enero se conmemora a Robert Burns *(ver p. 89)* comiendo *haggis* durante la Burns Night, la noche dedicada al poeta. Es costumbre leer en voz alta su poema dedicado a este extraordinario plato mientras se clava el cuchillo en el momento apropiado. El *haggis* está preparado con vísceras de cordero especiadas, y se suele servir con colinabo y patatas.

La ternera de Aberdeen Angus es uno de los platos favoritos de los amantes de la carne. Está mejor poco hecho y servido con salsa de champiñones con vino, patatas fritas y verduras.

El venado se cuelga durante diez días y se sazona con especias, vino y vinagre. Después se asa y se corta en rodajas.

Los stovies, mezcla de cebollas y patatas, se solían freir con la grasa sobrante de la ternera del domingo.

El Skirlie es una mezcla de avena y cebollas que se sazona con tomillo, una hierba silvestre que crece en Escocia.

Criffel

Lanark azul

Galletas

Isla de Mull

Seater de las Orcadas

Crannog

El salmón sabe mejor si se cuece entero en un caldo de agua, vino y verduras hasta que su piel roja oscura se vuelve de un delicado color rosa; se pesca en los ríos de la costa este de Escocia.

Los quesos escoceses se cuentan entre los mejores de Europa. Las variedad va desde los curados, como los cheddar, hasta los blandos y cremosos o los quesos con hierbas y ajo. Se comen con galletas de avena.

Mermelada de naranja

Mermelada de pomelo y jengibre

Los pancakes escoceses son deliciosas tortitas calientes servidas a la hora del té con mantequilla, mermelada, miel o un dulce líquido llamado golden syrup.

La tarta butterscotch, rellena de caramelo de azúcar con mantequilla y recubierta de merengue, es un postre delicioso para los muy golosos.

La mermelada nació en Dundee hacia 1700, cuando el tendero James Keiller recibió un gran cargamento de naranjas amargas invendibles. Su esposa Janet las convirtió en una conserva que hoy está presente en las mesas de todo el mundo.

Pastel de Dundee

Vino de jengibre Crabbie's

Licor Glayva

Cerveza *stout*

Cerveza amarga

Gaseosa Irn-bru

El pastel de Dundee y las galletas de mantequilla son dos dulces tradicionales. El pastel contiene frutos secos y especias y está cubierto de almendras. Las galletas resultan excelentes con yogur.

Entre las bebidas que se pueden encontrar en Escocia hay vinos, cervezas, licores y refrescos. En los bares se suelen tomar pintas de cerveza amarga (heavy), y hay muchos licores a base de whisky, como el Glayva. Irn-bru es un refresco sin alcohol.

Escocia en coche

Estas diez rutas son opciones excelentes para recorrer Escocia en coche. Algunas de ellas son circulares y utilizan como base una ciudad grande; otras pueden combinarse para formar itinerarios más largos. En las Highlands, las carreteras principales son escasas y están alejadas unas de otras, pero las condiciones son por lo general buenas y el tráfico –fuera de la temporada alta– es ligero. La duración de los trayectos se ha calculado contando con unas buenas condiciones climáticas. En las páginas 214-215 encontrará más información.

El extremo noroeste. Esta ruta circular empieza en el cruce de Braemore, cerca de Ullapool, y se dirige hacia el oeste por carreteras de un solo carril, pasando por pequeños asentamientos rurales y por algunas de las rocas más antiguas de Gran Bretaña. La carretera de dos carriles se retoma cerca de Unapool.

Desde Kyle of Lochalsh, esta carretera que recorre la costa occidental combina magníficas montañas con el litoral de Wester Ross, pasando por Loch Carron, Torridon, Loch Maree, Gairloch y los Inverewe Gardens.

LOS RECORRIDOS

Las Border Abbeys y Scott's View
195 km, 3-4 horas

La patria de Walter Scott
185 km, 3-4 horas

Pueblos pesqueros de Fife y St Andrews
195 km, 3-4 horas

Grampianos orientales y Royal Deeside
180 km, 4 horas

Montañas altas de Breadalbane
180 km, 4 horas

Loch Lomond y las Trossachs
225 km, 5 horas

Inveraray y las montañas de Lorne
225 km, 4 horas

Glencoe y la carretera a las islas
160 km, 3 horas

Lagos marinos de la costa oeste
195 km, 4 horas

El extremo noroeste
160 km, 3-4 horas

Loch Lomond es el primer atractivo del recorrido por Inveraray y las montañas de Lorne. Tras pasar Tarbet hay un puerto de montaña; después se llega a la ciudad dieciochesca de Inveraray (ver p. 130) y se pasa por el castillo de Kilchurn.

La carretera a las islas (ver pp. 136-137) comienza en Crianlarich, cruza el páramo desolado de Rannoch Moor hasta Glencoe (ver p. 134) y pasa por Fort William. Este paraje escarpado se halla cerca del final del recorrido.

0 kilómetros   50

Unapool
Lochinver
Ullapool
Poolewe   Braer
Gairloch
A832
Torridon
Shieldaig   Achnashe
A896
Kyle of
Lochalsh
A87
Mallaig
A830
A82
Fort
Will
A876
A819   A8
Crainla
A83
Inveraray
Tarb
A77

ALGUNOS CONSEJOS

Peligros *Cuidado con las curvas pronunciadas y con los animales que cruzan en las Highlands. Los ruidos de los aviones pueden distraer al conductor. Muchas carreteras son de un solo carril; con nieve pueden ser cortadas.*
Gasolina *Llene su depósito en las ciudades; existen muy pocas gasolineras en las zonas rurales.*

Pasando por Royal Deeside, *en los Grampianos orientales, esta ruta une Perth con Aberdeen y cruza un puerto de 700 m antes de descender hacia el castillo de Balmoral. El recorrido desde Braemar figura en las páginas 144-145.*

A St Andrews *(ver p. 123) y a los históricos pueblos pesqueros de East Fife se llega desde Edimburgo, pasando por Forth Bridge. Se puede volver por el palacio de caza de los Estuardo, en Falkland (ver p. 124).*

La excursión por la patria de Walter Scott pasa por el valle del río Tweed, con sus atractivas colinas, sus ciudades y el arboreto de Dawyck.

Melrose Abbey *es una de las mejores abadías de esta excursión por los pueblos y abadías de los Borders. Scott's View es uno de los miradores más interesantes del sur. En la página 85 hallará más detalles sobre esta ruta.*

Stirling, *con su castillo, es la base desde donde explorar las altas montañas de Breadalbane. El recorrido pasa por Callander, la tumba de Rob Roy y Loch Earn. Después asciende una montaña, baja a Glen Lyon, una de las cañadas más bellas, y continúa hasta Crieff.*

Desde Glasgow, esta ruta pasa por Loch Lomond, Lochearnhead y Balquhidder. Justo al norte de Callander gira hacia el oeste y se adentra en las Trossachs. Si la vuelta se hace por Drymen, hay un acceso a Loch Lomond.

ESCOCIA MES A MES

Fringe, festival
alternativo (agosto)

LA GRAN MAYORÍA DE LOS VISITANTES llega a Escocia entre mayo y agosto, cuando hace mejor tiempo, los días son más largos y tienen lugar acontecimientos de fama internacional como el Festival de Edimburgo o el Festival de Jazz de Glasgow. El campo atrae a los turistas y a los mismos escoceses; en verano algunas zonas están atiborradas, entre ellas Loch Ness (donde se acude en busca del monstruo) y Royal Deeside (aquí se halla el castillo de Balmoral, la residencia oficial de verano de la familia real británica). En invierno, la nieve de las Highlands resulta ideal para practicar el esquí. La reciente publicidad dada a las celebraciones de Año Nuevo —conocidas como Hogmanay— atrae a un número cada vez mayor de visitantes a finales de diciembre. Durante el resto del año, pero sobre todo en verano, cada semana se celebra alguna fiesta en algún lugar del país.

Los colores de la aulaga en primavera

PRIMAVERA

A FINALES DE ABRIL la nieve desaparece de las montañas, los salmones remontan los ríos y el país se prepara para la llegada de los turistas. En esta estación se celebran festivales excelentes y acontecimientos deportivos importantes. A finales de marzo los relojes se adelantan una hora.

MARZO

Cairngorm Snow Festival (*3ᵉʳ fin de semana*), Aviemore. Actividades deportivas en la estación de esquí de Cairngorm y procesiones.

ABRIL

Shoots & Roots I (*fin de semana de Pascua*), Teviot House, Edimburgo. Festival de música folclórica contemporánea (hay uno más tradicional en nov).

International Science Festival (*dos semanas, principios abr*), Edimburgo. El festival científico más grande del mundo.

Scottish Grand National (*mediados abr*), Ayr. La carrera de caballos con obstáculos más importante de Escocia.

The Melrose Sevens (*mediados abr o finales may*), Melrose, Borders. Torneo internacional de rugby con equipos de 7 jugadores.

Glasgow Art Fair (*finales abr*). Exposiciones en varias galerías de arte.

Royal Scottish Academy Annual Exhibition (*finales abr*), RSA, Edimburgo.

Shetland Folk Festival (*finales abr*). Música tradicional.

Beltane (*30 abr*), Carlton Hill, Edimburgo. Fiesta pagana para celebrar la llegada del verano.

MAYO

Scottish Rugby Union Cup Final (*mediados may*), Murrayfield Stadium, Edimburgo. Final de rugby.

Scottish Cup Final (*mediados may*), Hampden Park, Glasgow. Final de fútbol escocés.

International Children's Festival (*3ª semana*), Edimburgo. Festival de teatro infantil.

Traquair Beer Festival (*último fin de semana*), Traquair House, Innerleithen, Borders. Festival cervecero.

Partido de rugby en el estadio de Murrayfield, en Edimburgo

PROMEDIO DE HORAS DE SOL AL DÍA

Horas

10
8
6
4
2
0

Ene Feb Mar Abr May Jun Jul Ago Sep Oct Nov Dic

Horas de sol
Aunque Escocia no sea por lo general muy soleada, en verano los días son muy largos debido a la situación del país en una latitud septentrional; gracias a ello, entre los meses de mayo y julio hay una proporción relativamente alta de horas de sol.

VERANO

En esta época casi todos los pueblos y ciudades tienen su propia versión a escala de los Highland Games. Los días son largos: en Shetland no hay noche en pleno verano, e incluso en el sur el sol sale hacia las 4.30 y se pone a las 22.00.

Tradicional lanzamiento de troncos en los Highland Games

JUNIO

Hawick Common Riding *(principios jun)*. Patrullas a caballo recorren las fronteras.
RSAC Scottish Rally *(mediados jun)*, Dumfries y Galloway. Importante evento automovilístico.
Eyemouth Seafood Festival *(mediados jun)*, Berwickshire. Música, artesanía y marisco.
St Magnus Festival *(3ª semana)*, Orkney. Acontecimientos artísticos.
The Longest Day *(finales jun)*. Contemplación del día más largo desde las colinas.

Royal Highland Show *(finales jun)*, Ingliston, Edimburgo. Feria agrícola.
Traditional Boats Festival *(último fin de semana)*, puerto de Portsoy, Banffshire. Celebración pesquera.

JULIO

Game Conservancy Scottish Fair *(1er fin de semana)*, Scone Palace, Perth. Feria de caza y pesca.
Festival Internacional de Jazz de Glasgow *(1er fin de semana)*, en varias salas.
T in the Park *(2 fin de semana)*, Balado, Fife. El festival de rock más importante del país.
Torneo de Golf Loch Lomond *(mediados jul)*, Alexandria. Encuentro de golf europeo.

AGOSTO

Traquair Fair *(1er fin de semana)*, Innerleithen, Borders. Música folclórica, teatro y mercadillo en una casa de campo.
Festival de Edimburgo *(varias fechas en agosto)*.

Caza del urogallo en el "Glorious Twelfth", en agosto

Festival internacional de las artes, con un excelente festival alternativo *(Fringe)* y otros eventos dedicados al cine, la televisión, los libros, el jazz y el *blues* (ver pp. 78-79).
Edinburgh Military Tattoo. Música militar y desfiles en el castillo de Edimburgo.
Glorious Twelfth *(12 ago)*. Comienza la temporada de caza del urogallo.
World Pipe Band Championships *(mediados ago)*, Glasgow Green. Concurso de música gaitera, con algunos juegos de los Highland Games.
Great Scottish Run *(3er do)*, Glasgow. Maratón popular.

Desfiles y música militar en el Edinburgh Military Tattoo (agosto)

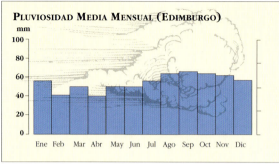

PLUVIOSIDAD MEDIA MENSUAL (EDIMBURGO)

mm
100
80
60
40
20
0

Ene Feb Mar Abr May Jun Jul Ago Sep Oct Nov Dic

Índice de precipitaciones
La costa este tiene un índice de pluviosidad más bajo que el resto del país. Las islas del norte, las Hébridas interiores y exteriores (islas Occidentales) y las Highlands occidentales pueden tener el triple de precipitaciones que Edimburgo, Fife o Tayside.

Los suaves colores del otoño en Tayside

OTOÑO

E N UN BUEN DÍA de otoño los colores del campo pueden ser espectaculares. Aunque empiezan a calmarse después del verano, todavía se celebran eventos interesantes. Las escuelas tienen una semana de vacaciones en octubre; en su origen, este descanso era para que los niños ayudaran en la recolección de la patata.

Lanzador de peso en Braemar

SEPTIEMBRE

Ben Nevis Hill Race *(1er sá)*, Fort William. Carrera de subida y bajada en la montaña más alta de Gran Bretaña.
Braemar Gathering *(1er fin de semana)*, Braemar, Aberdeenshire. Uno de los Highland Games *(ver p. 29)*

más importantes del país, al que asisten miembros de la familia real.
Leuchars Air Show *(mediados sep)*, RAF Leuchars, Fife. Exhibiciones aéreas y atracciones.
Ayr Gold Cup *(mediados sep)*, Ayr. Prestigiosa carrera de caballos.
Open Doors Day *(último sá)*, Edimburgo. Apertura al público de varios de los mejores edificios de la ciudad. Para más detalles, llame al teléfono de la Cockburn Association (0131 557 8686).

OCTUBRE

Royal National Mod *(2º fin de semana)*, la sede cambia cada año. Certamen de artes escénicas para fomentar la lengua y cultura gaélicas.

Aberdeen Alternative Festival *(3ª semana)*, Aberdeen. Música, comedia, teatro y actividades infantiles.
World Piping Championships *(último sá)*, Blair Castle, Blair Atholl. Certamen anual con los mejores gaiteros.

NOVIEMBRE

Shoots & Roots II *(3er fin de semana)*, Edimburgo. Festival de música tradicional, en varias salas de la ciudad (versión contemporánea en Pascua).
St Andrew's Night *(30 nov)*. Aunque no hay celebraciones formales, en el día del patrón de Escocia se organizan muchas cenas privadas y de sociedad.

DÍAS FESTIVOS

Estos días festivos se observan en toda Escocia. Algunas autoridades locales celebran otras fiestas únicamente en su zona.

Año Nuevo *(1-2 ene)*. Escocia tiene dos días festivos, mientras que el resto de Gran Bretaña sólo tiene uno.
Viernes Santo *(finales mar o principios abr)*. El Lunes de Pascua no es fiesta oficial en Escocia.
May Day *(1er vi may)*.
Puente de primavera *(1er lu de may)*.
Puente de agosto *(1er lu de ago)*.
Navidad *(25 dic)*.
San Esteban *(26 dic)*.

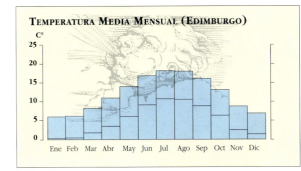

TEMPERATURA MEDIA MENSUAL (EDIMBURGO)

C°
25
20
15
10
5
0

Ene Feb Mar Abr May Jun Jul Ago Sep Oct Nov Dic

Temperaturas

El cuadro muestra las temperaturas medias, máximas y mínimas de Edimburgo. El oeste de Escocia tiende a ser más cálido que el este, mientras que en las Highlands puede hacer un frío ártico, con grandes nevadas en invierno.

INVIERNO

Ésta es una estación de días cortos y temperaturas frías, pero las fiestas de Navidad y Año Nuevo son un buen antídoto. La venta de *haggis* alcanza su punto álgido a finales de enero con la fiesta de Burns Night. Este tranquilo periodo es quizá el mejor para visitar los museos y galerías de Escocia.

DICIEMBRE

Edinburgh's Hogmanay *(finales dic, principios ene).* La celebración de Año Nuevo más grande del mundo. Varios días de fiestas con procesiones y teatro de calle en la capital. El clímax: la enorme fiesta callejera del 31 de diciembre.

La Royal Mile de Edimburgo en Nochevieja (Hogmanay)

ENERO

The Ba' Game *(1 ene),* Kirkwall, islas Orcadas. Tradición secular de bienvenida al Año Nuevo, con los jóvenes de Kirkwall jugando a pelota en las calles.

Celtic Connections *(2ª mitad del mes),* Glasgow. Dos semanas de música y *ceilidhs* de tema céltico, en varios lugares.

Burns Night *(25 ene).* Se celebra el nacimiento del poeta nacional leyendo sus poemas, comiendo *haggis*, patatas y colinabos y bebiendo whisky.

Up Helly Aa *(último ma),* Lerwick, islas Shetland. Festival del fuego de invierno.

FEBRERO

Inverness Music Festival *(última semana),* Inverness. Una semana de danza y música clásica y tradicional.

Excursionista contemplando el paisaje invernal de los Mamores, en las Highlands de Escocia

Islas. En las Highlands se desarrolló una estructura social diferente, basada en familias o clanes. El jefe era el patriarca que poseía la tierra, no de manera privada sino en representación de su gente. Aunque se trataba de un cargo heredado, debía responder ante el clan y podía ser destituido por común acuerdo, no como los señores feudales, cuyo poder era otorgado por el título de propiedad de la tierra. Esta diferencia sutil pero fundamental se reflejaba a nivel nacional: en Inglaterra el monarca era el "rey de Inglaterra", mientras que en Escocia lo era "de los escoceses".

El león de Escocia data de 1222

LAS GUERRAS DE INDEPENDENCIA Y LA BATALLA DE BANNOCKBURN

El león del escudo de armas de Escocia apareció por primera vez en el sello de Alejandro II en 1222. Esto ocurrió durante un periodo relativamente pacífico, entre frecuentes épocas bélicas en las que Escocia parecía estar al borde de la desintegración.

Cuando en 1290 falleció la hija de Alejandro II, el trono se quedó sin heredero. Eduardo I de Inglaterra instaló a un rey títere, y en 1296 llevó a cabo una invasión devastadora que acabó por arrebatar la Piedra del Destino, el trono de la coronación de los reyes de Escocia, lo que le valió el apodo de "Martillo de los escoceses". Escocia fue aplastada, y hubiera estado totalmente perdida si no hubiera sido por William Wallace, que dirigió una revuelta que reavivó la esperanza hasta

que fue capturado y ejecutado seis años después. Le sucedió Robert the Bruce, quien, contra viento y marea, ganó el apoyo popular y reunió un ejército que cambió el curso de la historia al conseguir una decisiva victoria sobre los ingleses en la batalla de Bannockburn, cerca de Stirling, el 23 de junio de 1314.

Fue una batalla desigual, con un soldado escocés por cada tres ingleses y con armas inferiores. Sin embargo, Bruce estudió cuidadosamente el terreno y su estrategia y, a pesar de la destreza de los arqueros enemigos y de la caballería, los escoceses consiguieron la victoria que tanto necesitaban. Escocia había ganado su independencia, pero su estado soberano no fue reconocido hasta 1329, seis días después de la muerte de Bruce, asegurado por una bula del Papa. A pesar de ello, las guerras con Inglaterra continuaron durante 300 años más.

Robert the Bruce combatiendo en la batalla de Bannockburn (1314)

124-1153 David I impone el sistema feudal normando. En las Highlands permanecen los clanes

1100

1154 Inglaterra obtiene los Territorios Meridionales

Eduardo I (1239-1307)

1296 Eduardo I traslada la Piedra del Destino de Scone a la abadía de Westminster

1200

1263 Las islas Occidentales son recuperadas

1314 Robert the Bruce derrota a los ingleses en Bannockburn

1300

1320 Envío al Papa de la Declaración de Arbroath, una elocuente llamada para el reconocimiento de la independencia y la soberanía escocesas

1400

1328-1329 La independencia y la soberanía son reconocidas en un tratado con Inglaterra y en una bula papal

1326 Se reúne el primer Parlamento escocés

LOS ESTUARDO

En 1371 comenzó la larga dinastía de la Casa de los Estuardo, una familia distinguida pero propensa a la tragedia. Jacobo I introdujo amplias reformas legales y aprobó la primera universidad; Jacobo III recuperó Shetland y las Orcadas del rey Christian de Noruega con el matrimonio de su hija; Jacobo IV terminó su ilustre reinado con un error de cálculo en la batalla de Flodden, en la que 10.000 escoceses fueron masacrados. Pero la más famosa de la dinastía fue María, reina de Escocia (1542-1587), que accedió al trono siendo una niña.

Talla de madera que representa al mártir protestante George Wishart en la hoguera, en 1546

Educada en Francia, María era bella, inteligente, gentil y despierta, pero su reinado estaba destinado a ser difícil: era católica en un país que estaba convirtiéndose al protestantismo, y suponía una amenaza para su prima Isabel I, cuyo derecho al trono inglés era precario. Con un matrimonio inteligente podría haber gobernado con éxito, pero sus maridos alejaron a quienes la apoyaban.

María, viuda del heredero al trono de Francia, regresó a Escocia a los 18 años para reinar durante seis años turbulentos. Volvió a casarse, pero pronto se vio implicada en el asesinato de su segundo marido y en serios escándalos públicos en relación con su secretario y con su tercer marido. Aprovechando estas indiscreciones, los reformistas de la Iglesia ordenaron que fuera depuesta y encarcelada. María escapó con valentía de un castillo situado

María, de la Casa de los Estuardo, reina de Escocia

en una isla y buscó refugio en Inglaterra, donde fue encerrada durante 18 años y finalmente ejecutada por orden de su prima Isabel.

LA REFORMA

Hasta el reinado de María, la religión nacional de Escocia, como en el resto de Europa, había sido la católica. La Iglesia de Roma, inmensamente rica y poderosa, se había separado de muchas maneras de sus feligreses. Cuando Martín Lutero inició la Reforma en Alemania, en 1517, el protestantismo comenzó a extenderse. En Escocia, la voz más vociferante fue la del agitador y predicador John Knox *(ver p. 58),* que denunció sin tregua a la reina María Estuardo.

Siguió un periodo de tensión religiosa en el que los mayores conflictos se daban entre protestantes y católicos. Cuando el catolicismo fue castigado (aunque renació y se fortaleció en las Highlands), la tensión se desplazó a los presbiterianos y los episcopalianos, cuyas diferencias estribaban en las estructuras de las iglesias y en sus formas de culto. Las disputas continuaron durante 150 años.

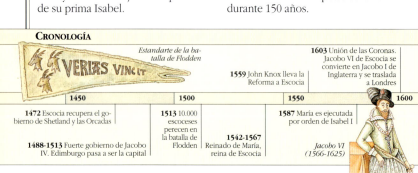

LA UNIÓN CON INGLATERRA

Jacobo VI, hijo de María, había reinado durante 36 años cuando se convirtió en heredero del trono inglés. En 1603 trasladó la Corte a Londres (llevándose los palos de golf), eliminando así para siempre la presencia constante de la monarquía en Escocia. El país conservó su propio Parlamento, pero encontró cada vez más difícil el ejercicio del comercio a causa de las restrictivas leyes inglesas. En 1698 trató de romper el monopolio inglés en el comercio exterior con la implantación de una colonia en Panamá, plan que fracasó y que trajo consigo la ruina financiera. La primera propuesta de unión de ambos Parlamentos recibió la respuesta hostil del pueblo. Sin embargo, los escoceses influyentes vieron en la unión una forma de asegurar los derechos comerciales. Para los ingleses era un modo de asentar la línea protestante en la sucesión al trono, en un momento en el que los depuestos Estuardo amenazaban con reinstalar la línea católica. Jacobo VII fue depuesto en 1689 y huyó a Francia. En 1707 se proclamó el Acta de Unión y se disolvió el Parlamento.

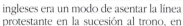

El predicador protestante John Knox

Documentos de la unión entre Inglaterra y Escocia, firmada el 22 de julio de 1706 y aceptada en 1707

militar francés que nunca llegó a materializarse. Su llamada a las armas para derrocar a Jorge II, usurpador de la Casa de Hanover, tuvo muy poca respuesta; sólo unos cuantos jefes de las Highlands ofrecieron su apoyo. A pesar de este pobre comienzo su campaña llegó a alcanzar un gran éxito, pero la indecisión de los dirigentes debilitó la ofensiva.

El ejército rebelde llegó a estar a sólo 200 km de Londres, antes de perder la confianza y retirarse. En Culloden, el ejército de los Hanover derrotó a los jacobitas en 1746. El príncipe Bonnie Prince Charlie fue perseguido durante seis meses, pero a pesar de la recompensa de 30.000 libras nunca fue traicionado.

LOS JACOBITAS Y EL PRÍNCIPE BONNIE PRINCE CHARLIE

En 1745, el príncipe Carlos Eduardo de Estuardo (nieto de Jacobo VII) desembarcó en secreto en la costa oeste de las Highlands con siete hombres y con la promesa de un apoyo

Jacobitas escoceses, con sombreros de plumas, atacados por royalistas en Glen Shiel, en las Highlands (1719)

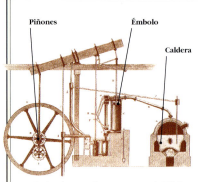

Piñones   **Émbolo**

Caldera

La máquina de vapor de James Watt trasladó la base de la energía industrial del agua al vapor

Las Consecuencias de Culloden y los Desahucios

Culloden fue un momento decisivo en la historia de las Highlands debido a la severidad y a las opresivas medidas que siguieron a la batalla. Se proclamó un acta que prohibía llevar tartán, tocar la gaita y llevar armas, y los lazos de vasallaje entre los jefes y los miembros del clan fueron cortados, extinguiéndose así una forma de vida. A partir de entonces, los jefes asumieron el papel de señores feudales de la tierra; ésta, otrora en manos del pueblo, se convirtió en propiedad privada. Cuando se descubrió la rentabilidad del ganado lanar, la gente se convirtió en un estorbo y fue obligada a abandonar la tierra. Los desahucios *(clearances)* comenzaron en la década de 1760; algunos tuvieron lugar de forma pacífica, con incentivos financieros, pero pronto se llevaron a cabo a la fuerza, llegando a quemar viviendas. El más famoso tuvo lugar en 1814, en las tierras del duque de Sutherland.

Hacia 1860 la reina Victoria había puesto de moda las Highlands y la caza deportiva del ciervo, pero las cañadas interiores estaban tan desiertas como lo están hoy día.

La Industrialización y la Ilustración Escocesa

Mientras las Highlands se iban quedando desiertas, otras partes del sur de Escocia prosperaban. Durante gran parte del siglo XVIII los señores del tabaco de Glasgow disfrutaron de una lucrativa posición en el mercado europeo. El lino, el algodón y el carbón llegaron a convertirse, por turnos, en importantes industrias nacionales.

La revolución industrial –que fue posible gracias a la máquina de vapor del escocés James Watt– proporcionó riqueza a la nación (aun a expensas de la salud y de las condiciones sociales) y convirtió a Glasgow en el "taller del imperio", reputación que conservó hasta la desaparición de sus famosos astilleros en el siglo XX.

Entre los pensadores que surgieron en Escocia en el siglo XVIII *(ver pp. 24-25)* destacan el filósofo David Hume, el economista Adam Smith y el

Astilleros de Clydeside, actualmente cerrados

CRONOLOGÍA

1769 James Watt patenta su máquina de vapor

1814 "El año de las quemas" y los desahucios en Sutherland

1786 Robert Burns publica *Poems, chiefly in the Scots dialect*

1832 Sir Walter Scott es enterrado en Dryburgh Abbey

Teléfono de la época

1840 Glasgow alcanza los 20.000 habitantes; florecimiento de los astilleros y de la industria del algodón

1848 La reina Victoria utiliza Balmoral como retiro, y la cultura escocesa se pone de moda entre los ingleses

1886 El Acta de los Campesinos asegura tierras y rentas justas

1876 Alexander Graham Bell patenta el primer teléfono

1775	1800	1825	1875

"poeta de la humanidad" Robert Burns.

En el siglo XIX la arquitectura escocesa sirvió de modelo para Europa con el desarrollo de la zona de New Town *(ver pp. 64-65)*, un atrevido plan iniciado en Edimburgo en 1770 para crear un centro residencial alejado de la congestionada parte vieja (Old Town). El diseño se amplió en 1822 para crear un modelo de elegancia que aún sobresale en la actualidad. Entre los más famosos ocupantes de estas casas georgianas clásicas se encuentra sir Walter Scott, uno de los novelistas más famosos del mundo.

Plataforma petrolífera en el mar del Norte

En este mismo periodo –conocido como la Ilustración escocesa– Thomas Telford destacó en la ingeniería, y cada vez más escoceses encontraron fama y fortuna en el extranjero, explorando y desarrollando nuevos territorios.

EL PROCESO DE DEVOLUCIÓN

Durante mucho tiempo, tras el Acta de Unión, estaba claro que Inglaterra y Escocia nunca iban a ser iguales. El centro político se trasladó a Westminster, lo que forzó a cualquier escocés con talento y aptitudes para la política a alejarse de Escocia. Esto, junto a un sistema siempre inclinado a favor de los asuntos ingleses, causaba un sentimiento general de apatía e impotencia muy enraizado en la psique de los escoceses. Varias reformas trataron de ajustar este desequilibrio, pero el sentimiento de alejamiento político seguía en alza.

Desde su fundación en 1934, la popularidad del Partido Nacional Escocés (considerado por muchos como extremista) ha fluctuado. La búsqueda de petróleo en el mar del Norte desde finales de los sesenta impulsó la economía escocesa y su capacidad para el autogobierno. En 1997, el Gobierno laborista celebró un referéndum en el cual los escoceses votaron por mayoría amplia a favor del restablecimiento de un Parlamento escocés en 1999.

Aunque su poder para subir los impuestos está restringido, el nuevo Parlamento tiene competencia en cuestiones de salud, educación, gobierno local, trabajo social, vivienda, desarrollo económico, transporte, legislación, asuntos interiores, medio ambiente, agricultura, bosques, pesca, deportes y cultura. Para muchos escoceses es la llamada de un nuevo comienzo, con renovada fuerza y orgullo de su cultura, identidad y herencia.

Manifestantes nacionalistas en 1997, apoyando el "Sí" a la transferencia de competencias a Escocia

1945 Alexander Fleming, premio Nobel
1888 James Keir Hardie funda el Partido Laborista Escocés
1920 Hugh MacDiarmid restablece el escocés como lengua literaria
1967 Búsqueda de petróleo en el mar del Norte
1996 La Piedra del Destino *(ver p.60)* es devuelta a Escocia
1999 Se restablece el Parlamento escocés

1900	1925	1950	1975	2000

14-1918 74.000 escoceses mueren en la I Guerra Mundial
1934 Se funda el Partido Nacionalista Escocés
1931 Crisis económica, con un 65% de paro en los astilleros de Clyde

Piedra del Destino

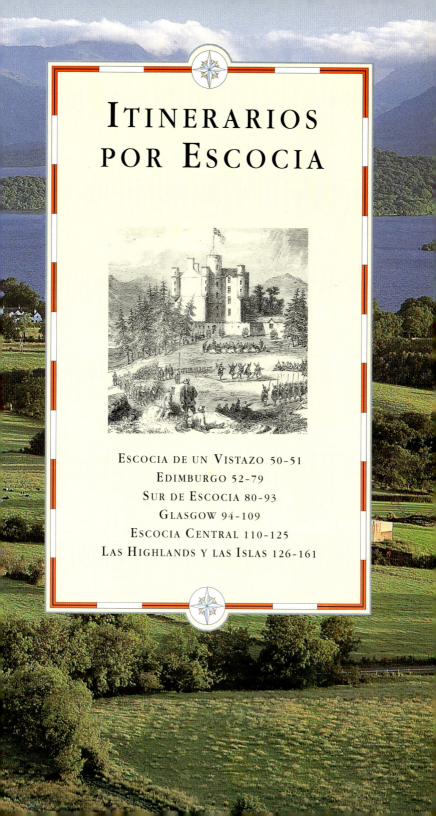

ITINERARIOS POR ESCOCIA

Escocia de un vistazo

Desde las fértiles tierras de cultivo de los Borders hasta el rosario de islas situadas a escasos grados al sur del Círculo Polar Ártico, el paisaje escocés alcanza una diversidad sin parangón en Gran Bretaña. Las ajetreadas ciudades de Glasgow y Edimburgo ofrecen numerosas atracciones; en el noreste la naturaleza es muy rica y, al viajar hacia el noroeste, la tierra se torna más montañosa y los tesoros arqueológicos son más numerosos. En las islas Occidentales se alzan los restos de la Escocia primitiva sobre algunas de las rocas más antiguas del planeta.

Islas Occidentales

LAS HIGHLAND Y LAS ISLAS (ver pp. 126-1(

La isla de Skye (ver pp. 152-153), *famosa por sus agrestes parajes, cuenta con uno de los litorales más atractivos de Escocia. En la costa este un arroyo se precipita por Kilt Rock, un acantilado de columnas hexagonales de basalto que debe su nombre a la falda tradicional escocesa (kilt).*

Strathclyde

GLAS (ver pp. 94

Las Trossachs (ver pp. 116-117) *forman una cordillera a horcajadas entre las Highlands (tierras altas) y las Lowlands (tierras bajas). En su centro, las boscosas laderas de Ben Venue se yerguen sobre las tranquilas aguas de Loch Achray.*

Culzean Castle (ver pp. 92-93) *se alza al borde de un acantilado en el Firth of Clyde, en medio de un parque forestal. El castillo es una de las joyas del sur del país y una magnífica muestra de la obra del arquitecto escocés Robert Adam (1728-1792).*

◁ **Loch Lomond, en las Highlands**

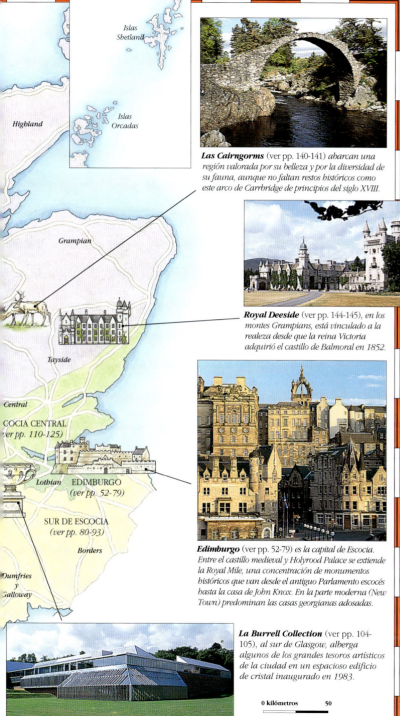

Islas
Shetland

Islas
Orcadas

Highland

Grampian

Tayside

Central

COCIA CENTRAL
ver pp. 110-125)

Lothian   EDIMBURGO
(ver pp. 52-79)

SUR DE ESCOCIA
(ver pp. 80-93)

Borders

Dumfries
y
Galloway

Las Cairngorms (ver pp. 140-141) *abarcan una región valorada por su belleza y por la diversidad de su fauna, aunque no faltan restos históricos como este arco de Carrbridge de principios del siglo XVIII.*

Royal Deeside (ver pp. 144-145), *en los montes Grampians, está vinculado a la realeza desde que la reina Victoria adquirió el castillo de Balmoral en 1852.*

Edimburgo (ver pp. 52-79) *es la capital de Escocia. Entre el castillo medieval y Holyrood Palace se extiende la Royal Mile, una concentración de monumentos históricos que van desde el antiguo Parlamento escocés hasta la casa de John Knox. En la parte moderna (New Town) predominan las casas georgianas adosadas.*

La Burrell Collection (ver pp. 104-105), *al sur de Glasgow, alberga algunos de los grandes tesoros artísticos de la ciudad en un espacioso edificio de cristal inaugurado en 1983.*

0 kilómetros   50

EDIMBURGO

....

L A CAPITAL DE ESCOCIA *es una ciudad indiscutiblemente histórica, con sus antiguos edificios y la sede del nuevo Parlamento escocés, cerca de la residencia real de Holyrood Palace. Con una gama sorprendente de atracciones históricas y artísticas, Edimburgo atrae a visitantes de todo el mundo.*

Que la ocupación de Castle Rock, en Edimburgo, se remonte al año 1000 a.C. (en la edad del bronce) no es de sorprender dadas su situación estratégica y las vistas del Firth of Forth. En el mismo castillo se encuentra el edificio más antiguo de la ciudad, St Margaret's Chapel, una capilla construida en el siglo XI. Años más tarde el rey David I, hijo de Margaret, fundó a una milla hacia el este la abadía de Holyrood. La ciudad que creció a lo largo de la ruta entre estos dos edificios (conocida como la "Royal Mile", la Milla Real) se convirtió en residencia habitual de reyes. Sin embargo, Edimburgo no se convertiría en capital de Escocia hasta el reinado de Jacobo IV (1488-1513), quien construyó Holyrood Palace como residencia real en 1498 y convirtió la ciudad en centro administrativo.

El exceso de población convirtió a la parte vieja (Old Town) en un barrio insalubre en el que convivían con dificultad ricos y pobres. A finales de la década de 1700 se construyó al norte la parte nueva (New Town) para los más acaudalados, pero hoy en día la ciudad sigue conservando su reputación de extremismo social. Edimburgo posee importantes tribunales de justicia; es el segundo centro financiero de las islas Británicas después de Londres y es la sede del nuevo Parlamento escocés. Los banqueros y los abogados forman la clase dirigente, y los proyectos arquitectónicos más ambiciosos de los últimos años se han llevado a cabo para las compañías del sector financiero. Sin embargo, los barrios de la periferia, construidos tras la II Guerra Mundial, todavía conservan ecos de la pobreza de la antigua Old Town.

En la actualidad la ciudad es célebre por su gran atracción turística y por sus maravillosos museos y galerías.

Malabarista en el Festival de Edimburgo

◁ **La zona de Grassmarket, dominada por el imponente edificio del castillo de Edimburgo**

Explorando Edimburgo

EL CENTRO DE EDIMBURGO está claramente dividido por Princes Street, la principal arteria comercial. Al sur se extiende el casco antiguo, que creció a lo largo de la Royal Mile desde Castle Rock al oeste hasta Holyrood Palace, al este. A finales del siglo XVIII comenzó a construirse la ciudad moderna, al norte de Princes Street. La zona, con sus fachadas elegantes y sus calles amplias, todavía está considerada como uno de los mejores ejemplos de arquitectura georgiana del mundo. Princes Street tiene mucho que ofrecer, desde las galerías de arte o el Scott Monument hasta la torre del reloj del hotel Balmoral y la estación principal de trenes de Waverley.

El North Bridge, inaugurado en 1772, la principal conexión entre Old Town y New Town

Los Royal Scots, soldados del castillo

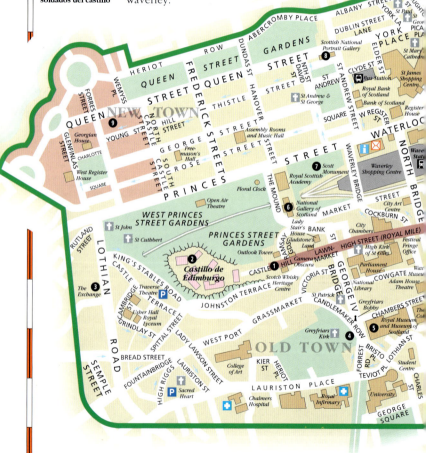

CÓMO DESPLAZARSE

El centro de Edimburgo es compacto; lo mejor es explorarlo a pie. También hay un buen servicio de autobuses y gran abundancia de taxis. Conviene evitar ir en coche por el centro: el tráfico suele ser denso y el aparcamiento difícil a pesar de que las autoridades hayan tratado de limitar la circulación de automóviles en los últimos años. Las calles principales tienen carriles especiales para autobuses, taxis y bicicletas; en la periferia también hay una buena red de carriles para bicicletas.

LUGARES DE INTERÉS

Barrios, calles y edificios históricos

Castillo de Edimburgo pp. 60-61 **2**
The Exchange **3**
Greyfriars Kirk **4**
Holyrood Palace **11**
New Scottish Parliament **13**
New Town pp. 64-65 **9**
La Royal Mile pp. 56-59 **1**

Monumentos y parques

Scott Monument **7**

Calton Hill **10**
Holyrood Park y
    Arthur's Seat **14**

Museos, galerías y exposiciones

Dynamic Earth **12**
National Gallery of Scotland **6**
Royal Museum y
    Museum of Scotland **5**
Scottish National Portrait
    Gallery **8**

SIGNOS CONVENCIONALES

	Mapa en 3 dimensiones *ver pp. 64-65*
	Royal Mile
	Visita de especial interés
	Lugar de interés
	Estación de autobuses
	Estación de ferrocarril
P	Aparcamiento
	Información turística
	Oficina de correos
	Hospital
	Iglesia

VER TAMBIÉN

- *Alojamiento* pp. 166-167
- *Restaurantes* pp. 176-178

0 metros   300

La Royal Mile ❶

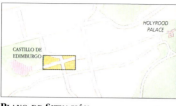

Águila en Gladstone's Land

LA ROYAL MILE (MILLA REAL) comprende las cuatro antiguas calles (de Castlehill a Canongate) que formaban la arteria principal del Edimburgo medieval y que unían el castillo con Holyrood Palace. Cercado por las murallas, el casco antiguo creció hacia arriba, con casas de hasta 20 pisos. Aún es posible sentir el pasado medieval en las 66 callejuelas que parten de la calle principal.

PLANO DE SITUACIÓN

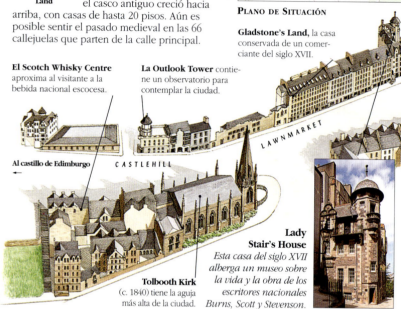

El Scotch Whisky Centre aproxima al visitante a la bebida nacional escocesa.

La Outlook Tower contiene un observatorio para contemplar la ciudad.

Gladstone's Land, la casa conservada de un comerciante del siglo XVII.

Al castillo de Edimburgo ←

CASTLEHILL

LAWNMARKET

Tolbooth Kirk (c. 1840) tiene la aguja más alta de la ciudad.

Lady Stair's House
Esta casa del siglo XVII alberga un museo sobre la vida y la obra de los escritores nacionales Burns, Scott y Stevenson.

⬚ Outlook Tower

☎ *(0131) 226 3709.* ⬚ *todos los días.* 🅿🔗

Los pisos más bajos de este edificio, que datan de principios del siglo XVII, fueron el hogar del terrateniente de Cockpen. En 1852 María Short añadió el piso superior, la terraza y la cámara oscura, en la que se proyectaban imágenes de lo que pasaba en el centro de la ciudad. Una maravilla en su época y una de las atracciones más populares de la ciudad.

⬚ Gladstone's Land

(NTS) 477B Lawnmarket.
☎ *(0131) 226 5856.*
⬚ *abr-oct: todos los días.* 🔗

Esta vivienda de comerciantes del siglo XVII recientemente restaurada muestra cómo era la vida en una casa típica de la ciudad vieja antes de que el hacinamiento empujara a los ricos hacia la parte nueva (New Town) del norte. Los llamados "Lands" eran unos

edificios altos y estrechos construidos en pequeños solares. Gladstone's Land, con sus seis plantas, debe su nombre a Gledstanes, el comerciante que la construyó en 1617. La casa conserva los soportales primitivos de la fachada y un techo pintado con motivos florales escandinavos.

Aunque el mobiliario es extravagante, la casa contiene objetos que recuerdan lo insalubre de la ciudad antigua, como los chanclos de madera que había que calzarse para transitar por las sucias calles. En la Painted Chamber hay un arcón que al parecer fue regalado por un capitán de barco holandés al comerciante escocés que le salvó de un naufragio. En Canongate *(ver p. 59)* hay una casa similar llamada Morocco's Land.

Dormitorio de Gladstone's Land

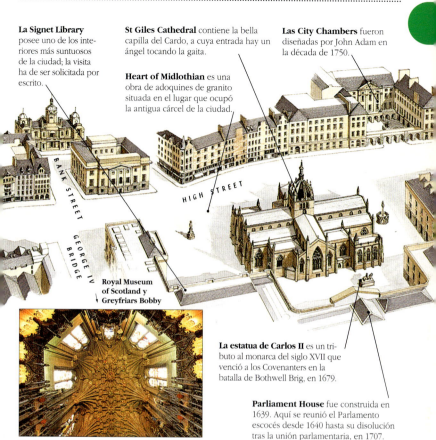

La Signet Library posee uno de los interiores más suntuosos de la ciudad; la visita ha de ser solicitada por escrito.

St Giles Cathedral contiene la bella capilla del Cardo, a cuya entrada hay un ángel tocando la gaita.

Las City Chambers fueron diseñadas por John Adam en la década de 1750.

Heart of Midlothian es una obra de adoquines de granito situada en el lugar que ocupó la antigua cárcel de la ciudad.

BANK STREET

HIGH STREET

GEORGE IV BRIDGE

Royal Museum of Scotland y Greyfriars Bobby

La estatua de Carlos II es un tributo al monarca del siglo XVII que venció a los Covenanters en la batalla de Bothwell Brig, en 1679.

Parliament House fue construida en 1639. Aquí se reunió el Parlamento escocés desde 1640 hasta su disolución tras la unión parlamentaria, en 1707.

Bóveda nervada de la capilla del Cardo, St Giles Cathedral

🏛 **Writers' Museum**

Lady Stair's House, Lady Stair's Close. 📞 *(0131) 529 4901.* ⬜ *lu-sá.*
El museo de los Escritores está ubicado en una bella mansión del casco antiguo de 1622. En la década de 1720 fue adquirida por Elizabeth, la condesa viuda de Stair, y desde entonces se llamó Lady Stair's House. El museo está dedicado a la vida y obra de Robert Burns, sir Walter Scott y R.L. Stevenson.

⚰ **Parliament House**

Parliament Sq, High St. 📞 *(0131) 225 2595.* ⬜ *lu-vi.* ♿ *limitado.*
Este majestuoso edificio de gusto italianizante, construido en la década de 1630 para albergar el Parlamento escocés, ha sido la sede del Tribunal Supremo y del Tribunal Superior de Justicia desde la unión parlamentaria de 1707 *(ver p. 45).* El interior merece una visita, tanto por el

espectáculo de los letrados ataviados con toga y peluca como por la vidriera del gran salón, que conmemora la apertura de las sesiones por el rey Jacobo V en 1532.

🔒 **St Giles Cathedral**

Royal Mile. 📞 *(0131) 225 9442.* ⬜ *todos los días.* ♿
Aunque su nombre oficial es High Kirk (Iglesia Mayor) de Edimburgo, es irónico que St Giles se conozca popularmente como la catedral. Pese a haber sido dos veces sede episcopal en el siglo XVII, fue aquí donde John Knox dirigió la Reforma escocesa centrada en el culto individual, libre de la autoridad de los obispos. Una lápida señala el lugar

donde Jenny Geddes, una vendedora del mercado, logró en 1637 una victoria para los Covenanters al arrojar su taburete a un predicador que leía un devocionario inglés.

El exterior gótico está dominado por una torre del siglo XV, la única que escapó a las reformas del siglo XIX. En el interior puede verse la impresionante capilla del Cardo, con su elaborado techo de bóveda nervada y los doseles heráldicos tallados, donde se honra a los caballeros vivos y muertos de la Muy Antigua y Noble Orden del Cardo. El banco real labrado de la nave Preston es empleado por la Reina cuando acude a Edimburgo.

Ángel tocando la gaita a la entrada de St Giles

Explorando la Royal Mile: de High Street a Canongate

EL SEGUNDO TRAMO de la Royal Mile (de High Street a Canongate) pasa por dos monumentos a la Reforma: la casa de John Knox y la iglesia de Tron Kirk. Canongate fue en su tiempo un distrito independiente, propiedad de los canónigos de la abadía de Holyrood; algunas partes del lado sur se han restaurado. Más allá de Morocco's Land la calle se prolonga otra media milla hasta Holyrood Palace.

PLANO DE SITUACIÓN

HIGH STREET

SOUTH BRIDGE STREET

Tron Kirk
Fue construida en 1630 por los presbiterianos que dejaron St Giles Cathedral cuando ésta pasó a manos del obispo de Edimburgo.

La cruz de Mercat señala el centro de la ciudad. Fue aquí donde se proclamó rey a Bonnie Prince Charlie *(ver p. 153)* en 1745.

⚑ Casa de John Knox
45 High St. 📞 *(0131) 556 9579.*
🕐 *lu.-sá.* ♿ *limitado.*
📷 *previa cita.*
Como dirigente de la Reforma protestante y pastor en St Giles, John Knox (1513-1572) fue una de las figuras más importantes del siglo XVI en Escocia. Ordenado sacerdote en 1536, Knox se convenció más tarde de la necesidad de un cambio religioso. En 1547 tomó parte en la ocupación protestante del castillo de St

Andrews; como castigo fue enviado a galeras en la armada francesa durante dos años. Al ser liberado viajó a Londres y a Ginebra para abrazar la causa protestante, regresando a Edimburgo en 1559. Knox pasó los últimos meses de su vida en la casa situada en la Royal Mile que lleva su nombre. Construido en 1450, se trata de uno de los escasos edificios de este periodo que aún sobreviven. La exposición narra la vida de John Knox en el contexto de los cambios políticos y religiosos de su tiempo.

🏛 Museum of Childhood
42 High St. 📞 *(0131) 529 4142.*
🕐 *lu.-sá (do durante el Festival de Edimburgo).* ♿ *limitado.*
www.cec.org.uk
El museo de la Infancia no es una mera colección de juguetes, sino un acercamiento mágico al mundo infantil, con todas sus penas y alegrías. Fue

Autómata de 1880, en el Museum of Childhood

fundado en 1955 por Patrick Murray, un concejal de la ciudad que decía odiar a los niños. La colección incluye medicinas, libros escolares y juguetes antiguos. Por sus gramolas, antiguas máquinas tragaperras y el entusiasmo de los visitantes, bien puede ser calificado como el museo más ruidoso del mundo.

🏛 Canongate Tolbooth: The People's Story
169 Canongate. 📞 *(0131) 529 4057.*
🕐 *lu.-sá (do durante el Festival de Edimburgo).*
El museo de la historia social de Edimburgo está situado en

Casa de John Knox
La casa más antigua de la ciudad data de 1450. En la década de 1560 fue hogar del predicador John Knox, que según dicen murió en un cuarto del piso superior que hoy contiene recuerdos de su vida.

Morocco's Land es una reproducción de una casa de vecindad del siglo XVII. El nombre se debe a la estatua del moro que adorna su entrada.

Huntley House Museum y Canongate Tolbooth

CANONGATE

Museum of Childhood
Aunque este museo fue creado para los adultos por un concejal que detestaba a los niños, hoy en día atrae a multitud de jóvenes visitantes.

MUSEUM OF CHILDHOOD

En Moubray House iba a firmarse el Tratado de la Unión en 1707, pero el pueblo forzó a las autoridades a trasladarse a otro lugar.

Canongate Tolbooth, un edificio de 1591 que con su característica torre del reloj era el foco vital del barrio de Canongate. Hasta mediados del siglo XIX contenía los tribunales de justicia, una cárcel y la sala de reuniones del Concejo. Desde 1954 es un museo dedicado a la vida de la gente corriente desde finales del siglo XVIII hasta el presente. Cubre temas como la salud pública, el recreo, los sindicatos y el trabajo; también se ilustran las revueltas, las enfermedades y la pobreza del siglo XIX y hay secciones tan diversas como la guerra, el fútbol o el movimiento *punk rock*.

LA VIDA EN LOS BAJOS DE LA OLD TOWN

Hasta el siglo XVIII la mayoría de los habitantes de Edimburgo residía a lo largo y alrededor de la Royal Mile y Cowgate. Las antiguas bodegas y sótanos abandonados en los que no había agua, luz ni ventilación fueron en otro tiempo viviendas y lugares de trabajo donde proliferaban el cólera, el tifus y la viruela. Uno de los bajos más famosos es Mary King's Close, debajo de las City Chambers; hacia 1645, todos sus habitantes perecieron a causa de la peste.

Compañías como Robin's Ghost and History Tour –(0131) 661 0125– o Mercat Walking Tours –(0131) 661 4541; www.mercat-tours.co.uk.– organizan visitas a estos lugares.

Celda en la muestra The People's Story, en Canongate Tolbooth

🏛 **Huntly House Museum**
142–146 Canongate. 📞 (0131) 529 4143. 🕐 lu-sá (do durante el Festival de Edimburgo).
Huntly House fue construida a principios del siglo XVI y arrasada por una incursión inglesa en Edimburgo en 1544, aunque más tarde fue restaurada. Al principio fue utilizada como casa familiar y más tarde fue dividida en apartamentos. En

1924 las autoridades locales adquirieron el edificio, y el museo abrió sus puertas en 1932. La colección de historia local cuenta con hachas neolíticas, monedas romanas, armamento militar y piezas de cristalería. También hay una sección dedicada al mariscal de campo Haig, comandante en jefe del ejército británico durante la I Guerra Mundial.

Castillo de Edimburgo ❷

Erguido sobre el corazón basáltico de un volcán extinto, el castillo de Edimburgo es un conjunto de edificios de los siglos XII al XX que reflejan su papel cambiante como fortaleza, palacio real, cuartel y prisión. Aunque hay evidencias de que el lugar estuvo

Soporte de una viga del gran salón

poblado en la edad del bronce, la fortaleza primitiva fue construida en el siglo VI por Edwin, rey de Northumbria, quien da nombre a la ciudad. El castillo fue residencia real hasta la unión de las dos coronas *(ver p. 45)* en 1603, tras la cual la corte se estableció en Inglaterra. Después de la unión parlamentaria de 1707, las galas reales durmieron en el palacio durante más de cien años. El edificio posee ahora la codiciada Piedra del Destino, una reliquia de los antiguos reyes escoceses que fue tomada por los ingleses y que no fue devuelta a Escocia hasta 1996.

Corona escocesa
La corona, hoy expuesta en el palacio, fue remodelada por Jacobo V de Escocia en 1540.

Prisión militar

Casa del Gobernador
Este edificio con gabletes flamencos escalonados fue construido para el gobernador en 1742; hoy sirve de comedor de oficiales.

Old Back Parade

Mazmorras
Esta inscripción francesa de 1780 recuerda a los muchos prisioneros encerrados en las mazmorras durante las guerras con Francia en los siglos XVIII y XIX.

MONS MEG

Guardada hoy en los sótanos del castillo, la bombarda Mons Meg fue fabricada en Bélgica en 1449 para el duque de Borgoña, quien se la regaló a su sobrino Jacobo II de Escocia. En 1455 fue utilizada por Jacobo contra la familia Douglas en su fortaleza de Threave Castle *(ver p. 89)*, en el Dee, y más tarde por Jacobo IV contra Norham Castle, en Inglaterra. Tras explotar durante unas salvas al duque de York en 1682, se guardó en la Torre de Londres hasta su retorno a Edimburgo en 1829 por mediación de sir Walter Scott.

RECOMENDAMOS

★ **Gran salón**

★ **Palacio**

INFORMACIÓN ESENCIAL

Castle Hill. 🔲 (0131) 225 9846.
🔲 abr-oct: 9.30-18.00 todos los
días; nov-mar: 9.30-17.00 todos los
días (última admisión: 45 minutos
antes del cierre). 🔲🔲🔲🔲🔲
🔲 www.historic-scotland.gov.uk

Argyle Battery
Esta muralla fortificada ofrece vistas espectaculares de la parte nueva de la ciudad.

★ **Palacio**
María, reina de Escocia, dio a luz a Jacobo VI en este palacio del siglo XV donde pueden verse la Piedra del Destino y las Joyas de la Corona.

Entrada

A la Royal Mile →

En la explanada se celebra el Military Tattoo *(ver p. 79).*

La batería de la Media Luna se construyó en la década de 1570 como plataforma artillera para defender el ala este del castillo.

St Margaret's Chapel
Esta vidriera representa a la virtuosa esposa de Malcolm III, a quien está dedicada la capilla. Construida probablemente por su hijo David I a principios del siglo XII, la capilla es la edificación más antigua del castillo.

★ **Gran salón**
Con un techo restaurado de madera vista, este salón del siglo XV fue la sede del Parlamento escocés hasta 1639.

El edificio de Standard Life, en el centro financiero de la ciudad

The Exchange ❸

Lothian Rd, West Approach Rd y Morrison St.

Sᴵᴛᴜᴀᴅᴏ ᴀʟ ᴏᴇsᴛᴇ de Lothian Road, The Exchange es la obra reciente más importante del centro de Edimburgo. La otrora antiestética zona fue rejuvenecida en 1985 con la construcción de Festival Square y del hotel Sheraton Grand. Tres años más tarde las autoridades locales anunciaron un plan para promover la zona como centro financiero, y en 1991 la empresa de inversiones Baillie Gifford abrió Rutland Court en West Approach Road.

El ambicioso centro de conferencias **Edinburgh International Conference Centre**, diseñado por Terry Farrell en Morrison Street, abrió sus puertas en 1995. Desde entonces ha habido una gran actividad constructora; Standard Life inauguró su nueva sede en Lothian Road en 1997 y Scottish Widows estrenó un atrevido edificio en 1998.

ℹ Edinburgh International Conference Centre
☎ (0131) 300 3000. ♿

Greyfriars Kirk ❹

Greyfriars Place. ☎ (0131) 226 5429.
🕐 Semana Santa-oct: lu-sá; nov-Semana Santa: ju. ♿ ✂

Gʀᴇʏғʀɪᴀʀs ᴋɪʀᴋ juega un papel esencial en la historia de Escocia: fue aquí donde en 1638 se firmó el National Covenant,

un documento que afirmaba la supremacía protestante contra la imposición de la Iglesia episcopaliana de Carlos I. La iglesia, que terminó de construirse en 1620 en los terrenos de un convento franciscano, era relativamente nueva en aquella época.

Durante el siglo XVII, en los años de persecución religiosa, el cementerio de la iglesia se utilizó como fosa común para los Covenanters ejecutados. La iglesia también sirvió como cárcel para las fuerzas de los Covenanters capturadas tras la batalla de Bothwell Brig, en 1679. El monumento a los mártires es un recordatorio de aquellos tiempos. El edificio original, parcialmente destruido por un incendio en 1845, fue reconstruido más tarde.

Pero a pesar de tanta agitación, Greyfriars es famosa sobre todo por Bobby, un perro que vivió junto a la tumba de su amo desde 1858 hasta 1872. Su estatua se alza en la portada de la iglesia.

Estatua de Bobby en Greyfriars

Royal Museum y Museum of Scotland ❺

Chambers St. ☎ (0131) 225 7534.
🕐 todos los días (do: sólo tardes).
🌐 www.nms.ac.uk

Esᴛᴏs ᴅᴏs ᴇᴅɪғɪᴄɪᴏs situados uno junto a otro en Chambers Street no podían ser más diferentes entre sí. El **Royal Museum of Scotland,** el más antiguo, es un gran palacio victoriano diseñado por el capitán Francis Fowke (de los Ingenieros Reales) que fue terminado en 1888. Aunque comenzó su vida como museo industrial, con el tiempo su colección se amplió para incluir una gran variedad de objetos, desde

animales disecados a muestras etnográficas y tecnológicas, expuestos en varias salas que parten del impresionante salón central.

Sin embargo, el espacio para exponer la impresionante gama de antigüedades de Escocia era insuficiente. Como resultado, las obras se apelotonaron en la National Portrait Gallery de Queen Street o se guardaron en el almacén. Ya en los años cincuenta se hicieron peticiones para la construcción de un museo donde exponer los tesoros históricos del país, pero el Gobierno no subvencionó el proyecto hasta 1990. Las obras comenzaron en 1993 en el solar situado junto al Royal Museum of Scotland en Chambers Street; el edificio tardó cinco años en construirse. El resultado fue el **Museum of Scotland,** la obra contemporánea de diseño florido de los arquitectos Gordon Benson y Alan Forsyth que abrió sus puertas en diciembre de 1998.

Descrito como uno de los edificios más importantes construidos en Escocia en la segunda mitad del siglo XX, el museo cuenta la historia del país, comenzando con su geología e historia natural, pasando por sus pobladores primitivos y por los siglos en los que era un reino independiente y continuando hasta la revolución industrial. Entre los obje-

El relicario de Monymusk, del siglo IX, expuesto en el Museum of Scotland de Edimburgo

tos expuestos puede verse el báculo de san Fillan, quien estuvo a la cabeza del ejército escocés en la batalla de Bannockburn, en 1314. También se expone el relicario de Monymusk, que data de alrededor del año 800, donde se guardaron los restos del misionero cristiano san Columba *(ver p. 42)*.

National Gallery of Scotland ❻

The Mound. ☎ *(0131) 556 8921.*
◯ *todos los días.* ♿ 📷 *previa cita.*

L A NATIONAL GALLERY
of Scotland es una de las mejores galerías de arte del país. Aunque ya sólo por sus cuadros británicos y europeos de los siglos XV al XIX merece una visita, los entusiastas del arte encontrarán muchas más obras para deleitarse. Las apretadas hileras de cuadros cuelgan sobre paredes de color rojo oscuro tras una profusión de estatuas y otras obras de arte. Entre lo más selecto del arte escocés se encuentran los retratos de sociedad de Allan Ramsay y Henry Raeburn, entre ellos *El reverendo Robert Walker patinando en Duddingston Loch,* que al parecer data de principios del siglo XIX. La colección de arte alemán primitivo cuenta con la obra de Gerard David *Las tres leyendas de san Nicolás,* de principios del siglo XVI, que es casi una tira cómica. Entre las obras del sur de Europa destacan trabajos de Rafael, Tiziano y Tintoretto y *Vieja friendo huevos* (1620), de Velázquez, así como una sala dedicada a *Los siete sacramentos* de Nicholas Poussin (hacia 1640). Entre los pintores flamencos figuran Rembrandt, Van Dyck y Rubens, y entre los británicos Ramsay, Reynolds y Gainsborough.

El reverendo Robert Walker patinando en Duddingston Loch

Scott Monument ❼

Princes Street Gardens East.
◯ *todos los días.* 📷

S IR WALTER SCOTT (1771-1832)
es una de las figuras más importantes de la historia de la literatura escocesa *(ver p. 86)*. Nacido en Edimburgo, en un principio comenzó una carrera legal que abandonó para dedicarse a escribir a tiempo completo cuando sus baladas y novelas históricas empezaron a reportarle éxito. Sus obras, que rememoraban tiempos de aventuras, honor y caballería, hicieron mucho para promocionar la imagen de Escocia en el extranjero.

Además de famoso novelista, sir Walter fue también un importante personaje público que entre otros actos organizó la visita del rey Jorge IV a Edimburgo en 1822. Tras su muerte, en 1832, se construyó el monumento al sur de Princes Street como tributo a su vida y a su obra. La gran torre gótica diseñada por George Meikle Kemp alcanza una altura de 61 metros. Fue completada en 1840, y en su base hay una estatua del escritor esculpida por sir John Steell. En el interior de esta enorme estructura recientemente remodelada hay 287 escalones que conducen a una plataforma superior desde la que se obtienen vistas excelentes.

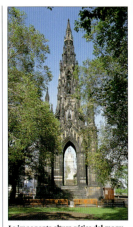

La imponente altura gótica del monumento a Scott, en Princes Street

Scottish National Portrait Gallery ❽

1 Queen St. ☎ *(0131) 556 8921.*
◯ *todos los días.* ♿ 📷 *previa cita.*

U NA EXPOSICIÓN informativa
sobre la Casa Real de los Estuardo es sólo uno de los muchos atractivos de la Scottish National Portrait Gallery. Se expone la historia de doce generaciones de Estuardos, desde la época de Robert the Bruce hasta la reina Ana. Hay recuerdos de María, reina de Escocia, joyas y una cantimplora de plata olvidada por Bonnie Prince Charlie *(ver p. 153)* en la batalla de Culloden. En la galería superior hay cuadros de escoceses célebres, como el de Robert Burns, así como obras de Van Dyck y otros artistas.

Las princesas Isabel y Ana de Van Dyck, National Portrait Gallery

New Town en 3 dimensiones ●

Albert Monument, Charlotte Square

LA PRIMERA FASE de New Town, la parte nueva de Edimburgo, fue construida en el siglo XVIII para aliviar el hacinamiento y las condiciones de insalubridad del casco viejo medieval. Charlotte Square, en el extremo occidental, completó esta fase inicial; sus nuevos conceptos arquitectónicos iban a influir en las fases posteriores. De éstas la mejor es Moray Estate, donde una serie de casas muy grandes forman una media luna, una plaza ovalada y otra plaza con doce lados. El recorrido sugerido explora esta zona monumental del desarrollo urbanístico georgiano.

Moray Place
El orgullo de Moray Estate es esta plaza con sus enormes casas y apartamentos, muchos de ellos todavía habitados.

Water of Leith
es un riachuelo que corre por un bonito barranco bajo el puente Dean Bridge. Hay un paseo por la orilla hasta Stockbridge.

Dean Bridge
Este puente fue diseñado en 1829 por Thomas Telford. Ofrece vistas del Water of Leith y —río arriba— de las presas y los antiguos molinos de Dean Village.

Ainslie Place, una plaza ovalada con casas de campo, forma el corazón de Moray Estate uniendo Randolph Crescent y Moray Place.

RECOMENDAMOS

★ **Charlotte Square**

★ **Casa georgiana**

LOS ARQUITECTOS DE NEW TOWN

La fuerza que impulsó la creación de la New Town fue George Drummond (1687-1766), el alcalde de la ciudad. James Craig (1744-1795) ganó el concurso de diseño en 1766; Robert Adam (1728-1792) aportó la ornamentación clásica a Charlotte Square; Robert Reid (1774-1856) diseñó Heriot Row y Great King Street; y William Playfair (1790-1857) diseñó Royal Circus. El desarrollo monumental de Moray Estate fue obra de James Gillespie Graham (1776-1855).

Robert Adam

El nº 14 fue la residencia del juez y cronista lord Cockburn de 1813 a 1843.

0 metros   100

SIGNOS CONVENCIONALES

- - - Itinerario sugerido

★ **Casa georgiana**
*La casa del nº7 es propiedad
de la organización National
Trust for Scotland y se encuentra abierta al público. Pintada
con sus colores originales y
amueblada con antigüedades,
la casa muestra la vida de las
clases altas de Edimburgo en el
siglo XVIII.*

PLANO DE SITUACIÓN
Ver plano de Edimburgo, pp. 54-55

Bute House es la residencia oficial del secretario de estado de
Escocia, el ministro del
Gobierno del Reino Unido que
representa a Escocia.

★ **Charlotte Square**
*Esta plaza fue construida entre
1792 y 1811 para proporcionar
casas elegantes a los comerciantes más ricos de la ciudad.
La mayoría de los edificios son
ahora oficinas.*

El nº 39 de Castle Street
fue el hogar del escritor sir
Walter Scott *(ver p. 86).*

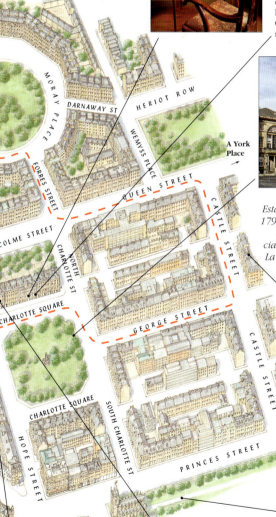

A York
Place

MORAY PLACE

DARNAWAY ST

HERIOT ROW

WEMYSS PLACE

FORRES STREET

QUEEN STREET

CASTLE STREET

COLME STREET

NORTH CHARLOTTE ST

CHARLOTTE SQUARE

GEORGE STREET

CASTLE STREET

CHARLOTTE SQUARE

SOUTH CHARLOTTE ST

HOPE STREET

PRINCES STREET

West Register House fue en su
origen la St George's Church,
diseñada por Robert Adam.

En el nº 9 vivió de 1870 a
1877 el cirujano Joseph Lister
(ver p. 23), quien descubrió
métodos para prevenir las
infecciones en las operacio-
nes quirúrgicas.

Princes Street Gardens
*Princes Street formaba parte
de la primera fase de construcción de la New Town.
En el norte están las tiendas, y en el sur (bajo el castillo) se hallan los jardines.*

Vista desde el castillo de Edimburgo de las torres y agujas de la ciudad, con Calton Hill al fondo

Calton Hill ❿

Al este del centro, por Waterloo Place.

En CALTON HILL, al este de Princes Street, se halla uno de los monumentos más memorables y desconcertantes de Edimburgo: un partenón inacabado que fue concebido en su origen para honrar a los caídos en las guerras napoleónicas. Comenzó a construirse en 1822, pero los fondos se agotaron y el edificio no llegó a ser terminado. A lo largo de más de un siglo la actitud del público se ha suavizado y con los años la vergüenza inicial sobre su estado se ha ido transformando en afecto.

Por suerte, la cercana torre del **Nelson Monument** (que

fue terminado en 1816 para conmemorar la victoria británica en Trafalgar) ofrece bellas vistas de Edimburgo y de los alrededores de la ciudad.

El estilo clásico predomina en la cima de Calton Hill con el antiguo **City Observatory,** el observatorio diseñado por William Playfair en 1818 inspirándose en el templo de los Vientos de Atenas. Una de sus cúpulas ha sido convertida en un teatro donde se celebra una exposición de diapositivas llamada **Edinburgh Experience.**

Otro edificio clásico es la antigua **Royal High School,** creada en la década de 1820 en el lado de Calton Hill que se abre a Regent Road. Fue diseñada por Thomas Hamilton basándose en el templo de Teseo de Atenas. La posible futura sede del Parlamento escocés fue el centro del Vigil for Scottish Democracy, que llevó a cabo una campaña a favor del autogobierno entre 1992 y 1997. Ligeramente hacia el este del National Monument en Calton Hill un discreto montón de piedras recuerda esta lucha.

El lugar de descanso de Thomas Hamilton es el **Old Calton Cemetery,** al sur de Waterloo Place, el cementerio que comparte con el filósofo David Hume y con otros residentes célebres de Edimburgo.

El City Observatory en Calton Hill, inspirado en la Grecia clásica

🚩 **Nelson Monument**
📞 (0131) 556 2716. ⏰ lu-sá (abr-sep: sólo lu tarde). 🎫

🏛 **City Observatory**
Calton Hill. 📞 (0131) 556 4365. ⏰ previa cita. 🎫

🏛 **Edinburgh Experience**
City Observatory, Calton Hill. 📞 (0131) 337 8530. ⏰ abr-oct: 10.30-17.30 todos los días (último pase 17.00). 🎫 ♿ limitado.

La grandiosa fachada de Holyrood Palace, restaurada en el siglo XVII tras un incendio

Holyrood Palace ⓫

Extremo este de la Royal Mile. 📞 (0131) 556 1096. ⏰ todos los días. 🌑 cierra a veces por temporadas. 🎫 ♿ limitado.

Este palacio, residencia oficial de la reina Isabel II en Escocia, fue construido por Jacobo IV en los terrenos de una abadía en 1498. Más tarde fue el hogar de Jacobo V y de su esposa María de Guise, siendo renovado en la década de 1670 para Carlos II. Los salones reales (con el salón del trono y el comedor real) se utilizan para celebrar banquetes e investiduras cuando la Reina visita el palacio; el resto del tiempo están abiertos al público. Una sala en la llamada torre de Jacobo V está ligada al trágico reinado de María, reina de Escocia *(ver p. 44).* Fue probablemente en esta sala donde en 1566 María presenció el asesinato de su secretario y confidente, el italiano David Rizzio, autorizado por su celoso marido lord Darnley, con quien se había casado tan sólo un año antes en la capilla de Holyrood. La reina estaba embarazada de seis meses cuando presenció el asesinato, en el que el cuerpo de Rizzio sufrió "cincuenta y seis heridas".

El último de los pretendientes al trono inglés, Carlos Eduardo Estuardo (Bonnie Prince Charlie) sentó corte en Holyrood Palace en 1745 y asombró a la sociedad de Edimburgo con magníficas fiestas, que no cesaron incluso durante las primeras etapas del alzamiento jacobita *(ver p. 45).*

Escudo de Jacobo V, Holyrood Palace

Dynamic Earth ⓬

Holyrood Road. 🕿 *(0131) 550 7800.*
🕐 *abr-oct: todos los días; nov-mar: mi-do.*
🌐 www.dynamicearth.co.uk

DYNAMIC EARTH es una exposición permanente sobre el planeta que fue inaugurada en la primavera de 1999. Los visitantes emprenden un viaje desde los orígenes volcánicos de la tierra hasta la aparición de vida. También se muestran las zonas climáticas del planeta y fenómenos naturales como maremotos y terremotos. La iluminación y las técnicas interactivas producen los efectos especiales de unas sesiones de 90 minutos muy educativas y entretenidas.

Frente al edificio hay un anfiteatro de piedra con techo translúcido que fue diseñado por sir Michael Hopkins. Detrás de Salisbury Crags, las líneas modernas de Dynamic Earth destacan en marcado contraste con el paisaje natural. El proyecto fue subvencionado en su mayor parte por la Comisión del Milenio con fondos obtenidos de la Lotería Nacional del Reino Unido.

New Scottish Parliament ⓭

Holyrood Rd.
www.scottish-devolution.org.uk

TRAS VARIAS DÉCADAS de peticiones de los escoceses para alcanzar la autodeterminación política, en 1997 tuvo lugar un referéndum para votar por la creación de un Parlamento escocés con poderes transferidos del londinense. El pueblo votó por el "sí", y se escogió este lugar, en Holyrood, para constituir el nuevo Parlamento. A principios de 1998 se celebró un concurso internacional para elegir al arquitecto que se hiciera cargo de la construción del edificio. El innovador Enric Miralles (célebre por sus obras en los Juegos Olímpicos de Barcelona en 1992) resultó ganador. El nuevo Parlamento abrirá sus puertas en el otoño del año 2001.

Holyrood Park y Arthur's Seat ⓮

Acceso principal por Holyrood Park Rd, Holyrood Rd y Meadowbank Terrace.

HOLYROOD PARK, al lado de Holyrood Palace, cubre una extensión de 260 hectáreas de terrenos diversos y una colina rocosa de 225 metros conocida como Arthur's Seat

(Silla de Arturo), un volcán apagado desde hace 350 millones de años. La zona ha sido coto de caza real desde al menos los tiempos del rey David I, quien murió en 1153, y parque real desde el siglo XVI.

El nombre de Holyrood ("santa cruz") viene de tiempos de David I, cuando en 1128 fue derribado de su caballo por un ciervo mientras estaba cazando. Según la leyenda, una cruz apareció milagrosamente en sus manos para alejar al animal; como agradecimiento, el rey fundó la abadía de Holy Cross, llamada Holyrood Abbey. El nombre de Arthur's Seat es probablemente una corrupción de Archer Seat (silla del arquero), una explicación más prosaica que cualquier vínculo con el legendario rey Arturo.

El parque cuenta con tres pequeños lagos: el de St Margaret (cerca del palacio) es el más romántico, con sus cisnes y las cercanas ruinas de la capilla de St Anthony; Dunsapie Loch es el más alto y el más solitario, situado a 112 m sobre el nivel del mar, al este de Arthur's Seat; en Duddingston Loch, en el lado sur del parque, viven gran cantidad de aves.

Los riscos de **Salisbury Crags** son una de las formaciones más impresionantes del parque. Su perfil, junto con el de Arthur's Seat, puede verse desde muchos kilómetros de distancia. Los riscos forman una serie de precipicios rojos que rodean y se alzan sobre Holyrood Palace, en una colina escarpada. Un sendero agreste denominado Radical Road recorre su base.

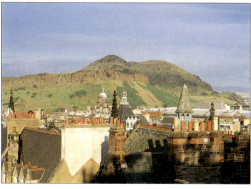

Arthur's Seat y Salisbury Crags dominando el perfil de la ciudad

Las afueras

AUNQUE EL BARRIO de Leith está unido al resto de Edimburgo, sus habitantes insisten en que no viven en la capital. Leith, mucho más que un puerto, ofrece al visitante numerosos atractivos. Cerca de aquí se encuentra el magnífico jardín botánico, y en Dean Village hay paseos por la orilla del río, galerías y antigüedades. Al oeste se pueden visitar la histórica Hopetoun House y Linlithgow Palace; al este están Haddington y el impresionante litoral.

10km = 6millas

SIGNOS CONVENCIONALES

	Zona urbana
✈	Aeropuerto
🚉	Estación de ferrocarril
—	Línea férrea de Intercity
═	Autopista
—	Carretera principal
=	Carretera secundaria

LUGARES DE INTERÉS

Dean Village ❸
East Lothian Coast ❽
Forth Bridges ❹
Haddington ❼
Hopetoun House ❺
Leith ❷
Linlithgow Palace ❻
Royal Botanic Garden ❶

Interior de Palm House, en el Royal Botanic Garden

Royal Botanic Garden ❶

Inverleith Row. 📞 (0131) 552 7171.
🚌 ⭘ todos los días. ♿ ✔
www.rbge.org.uk

A ESTE MAGNÍFICO jardín botánico se llega dando un corto paseo desde el norte de la New Town y cruzando el Water of Leith, el río que corre desde Pentland Hills, pasa por Edimburgo y desemboca en Firth of Forth, en Leith.

El jardín desciende del Physic Garden, un herbario de plantas medicinales creado por dos médicos en 1670 cerca de Holyrood House. En 1820 fue trasladado a su actual emplazamiento, y desde entonces se ha ido ampliando progresivamente. Se puede entrar por el lado este (adonde llegan numerosos autobuses) y por el oeste (donde hay mejor aparcamiento). El jardín está situado en una colina desde la cual se obtienen vistas de la ciudad hacia el sur.

Existe un excelente jardín de rocas en la parte sureste y una exposición en la noreste. También hay varios invernaderos de diversos estilos arquitectónicos dedicados a diferentes climas que constituyen fascinantes refugios en los días lluviosos. No se pierda la flora alpina al noroeste de los invernaderos ni el bello y fragante paseo de los rododendros.

Leith ❷

Al noreste del centro de la ciudad, por Leith Walk.

EL HISTÓRICO PUERTO de Leith ha sido siempre el puerto de Edimburgo y durante siglos el centro del comercio con Escandinavia, el Báltico y Holanda. En 1920 fue unido a la ciudad, y en la actualidad constituye el barrio nororiental de la misma.

En el casco medieval de muelles y callejuelas estrechas hay varios almacenes y casas de mercaderes de los siglos XIII y XIV. En el siglo XIX el puerto tuvo una gran expansión; muchos de sus edificios datan de ese periodo.

Aunque los astilleros y la actividad portuaria han disminuido en los últimos años, se ha producido un renacimiento de la zona gracias a la conversión de algunos almacenes en oficinas, residencias y restaurantes. The Shore y Dock Place cuentan ahora con la mayor concentración de marisquerías y restaurantes de Edimburgo *(ver pp. 117-118)*.

Los turistas acuden también a ver el antiguo **Royal Yacht Britannia,** que se expone en el muelle del oeste antes de su traslado a una nueva terminal en el año 2000.

⚓ Royal Yacht Britannia

Western Harbour, Leith Docks.
📞 (0131) 555 8800. ⭘ todos los días. 🎧 ♿

El Royal Yacht Britannia, anclado en el muelle occidental de Leith

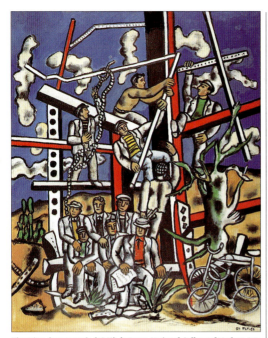

El equipo descansando (1950) de Leger, National Gallery of Modern Art

Forth Bridges ④

Lothian. ≈ 🚆 *Dalmeny, Inverkeithing.*

LA PEQUEÑA CIUDAD de South Queensferry está dominada por los dos grandes puentes de 1,5 km de longitud que cruzan el río Forth hasta la ciudad de Inverkeithing. El espectacular puente del ferrocarril (el primero de los grandes puentes de acero del mundo) fue inaugurado en 1890 y sigue siendo uno de los logros de la ingeniería de la época victoriana. Sus enormes voladizos están sujetos por más de ocho millones de remaches, y la zona pintada suma más de 55 hectáreas. La expresión popular "es como pintar el Forth Bridge" es sinónimo de una tarea interminable y repetitiva.

El de los automóviles fue el puente colgante más grande en su género fuera de los Estados Unidos cuando se inauguró en 1964, título que ahora ostenta el Humber Bridge en Inglaterra. El impresionante contraste que ofrecen los dos puentes puede verse mejor desde el paseo en South Queensferry. Esta ciudad recibió su nombre de la reina Margaret *(ver p. 61)*, quien reinó con su esposo Malcolm III en el siglo XI. La Reina utilizaba frecuentemente el transbordador en sus viajes entre Edimburgo y su hogar, el palacio real de Dunfermline en Fife *(ver p. 124)*. Desde aquí se puede ir en barco por el río Forth hasta la apacible isla de Inchcolm, con su bien conservada abadía del siglo XII.

Dean Village ③

Al noroeste del centro de la ciudad.

ESTA INTERESANTE zona está situada en el valle del río Water of Leith, a apenas unos minutos a pie al noroeste de Charlotte Square *(ver plano en p. 54)*. Una serie de molinos de agua a lo largo del río han sido reemplazados por atractivos edificios de todos los periodos.

A Dean Village se puede llegar andando por Bell's Brae desde Randolph Crescent. Hay un camino a la orilla que pasa por edificios históricos, cruza el río por una serie de puentes peatonales y llega a los escalones por los que se accede a la **Scottish National Gallery of Modern Art,** una galería que contiene una excelente colección de obras de arte moderno. Los vehículos y los peatones menos energéticos pueden acceder por Belford Road.

Río abajo desde Dean Village, el camino que corre paralelo al río pasa bajo el magnífico puente elevado diseñado por Thomas Telford, y después por St Bernard's Well antes de llegar al pueblo de Stockbridge. En St Stephen Street (en la parte sur del río) se pueden encontrar tiendas de antigüedades y curiosidades. El paseo continúa hacia el noreste, cerca del Royal Botanic Garden. El centro de la ciudad está a un paso, por Royal Circus y Howe Street.

Casas de piedra del siglo XVII en Bell's Brae

🏛 **Scottish National Gallery of Modern Art**
Belford Road. 📞 *(0131) 624 6200.*
⭕ *todos los días.* 🎫 *sólo para exposiciones especiales.* ♿

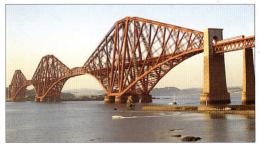

El enorme puente voladizo de Forth Rail Bridge visto desde South Queensferry

Hopetoun House ❺

The Lothians. ☎ *(0131) 331 2451.*
🚆 *a Dalmeny y después en taxi.* ⬜
mediados abr-sep: todos los días. 📷
♿ *limitado.* 🎫

ESTA MANSIÓN se encuentra situada en un extenso parque junto al Firth of Forth diseñado al estilo de Versalles. La casa original (de la que sólo queda el bloque central) fue terminada en 1707 y más tarde absorbida por la gran ampliación llevada a cabo por William Adam. El diseño en forma de herradura y los espléndidos interiores representan lo mejor de la arquitectura neoclásica del siglo XVIII. Los salones rojo y amarillo, con sus escayolas rococó y sus chimeneas ornamentadas son impresionantes. El actual marqués de Linlithgow desciende del primer conde de Hopetoun, para quien fue construida la mansión.

Panel de madera sobre la escalera con una imagen de Hopetoun

Linlithgow Palace ❻

Kirk Gate, Linlithgow, Lothian.
☎ *(01506) 842896.* 🚆 🚌 ⬜
todos los días. 📷 ♿ *limitado.*

SITUADO A ORILLAS de Linlithgow Loch, el antiguo palacio real de Linlithgow es ahora una de las ruinas más visitadas del país. La mayor parte del edificio fue una reconstrucción realizada por Jacobo V en 1425 tras un

Fuente ornamental en las ruinas de Linlithgow Palace

incendio producido el año anterior, aunque algunas secciones datan del siglo XIV. El gran tamaño del edificio se refleja en el gran salón, de 28 metros de longitud, con sus enormes chimeneas y ventanas. La fuente restaurada del patio fue un regalo de boda de Jacobo V a su esposa María de Guise. Su hija María, reina de Escocia *(ver p. 44),* nació en Linlithgow en 1542.

La adyacente St Michael, la iglesia anterior a la Reforma más grande de Escocia, constituye un bello ejemplo del estilo decorativo escocés. Fue consagrada en el siglo XIII y arrasada por el fuego en 1424. El edificio fue terminado en el siglo XVI.

Haddington ❼

East Lothian. 🚌 *servicios frecuentes desde Edimburgo y North Berwick.*

ESTA ATRACTIVA ciudad rural, a unos 24 kilómetros al este de Edimburgo, fue destruida en varias ocasiones durante las guerras de independencia en los siglos XIII y XIV, y de

nuevo en el siglo XVI. La revolución agrícola trajo consigo una gran prosperidad y la consiguiente abundancia de casas históricas, iglesias y otros edificios públicos. Existen parques y hermosos caminos para pasear por la orilla del río Tyne (existe una guía de paseos llamada *A walk around Haddington).* La iglesia parroquial de St Mary, al sureste del centro, data de 1462. Algunas secciones han sido reconstruidas en los últimos años, ya que fue destruida durante el sitio de 1548. Dando un corto paseo hacia el sur se llega a **Lennoxlove House,** con su antigua torre.

⚏ **Lennoxlove House**
☎ *(01620) 823720.* ⬜ *Semana Santa-oct: mi-ju y sá-do, sólo tardes.* 📷

East Lothian Coast ❽

ℹ️ *North Berwick (01620) 892197.*

EXTENDIÉNDOSE AL ESTE de Musselburgh, y con una longitud de unos 65 km, la costa de East Lothian ofrece numerosas oportunidades para la práctica de actividades al aire libre. Aunque corren junto a la costa sólo durante unos pocos kilómetros, las carreteras A198 y A1 facilitan el

La histórica y apacible población de Haddington, junto al río Tyne

acceso a varios aparcamientos públicos desde los cuales se puede caminar hasta la orilla. Entre los lugares más interesantes están Longniddry Bents, una pequeña bahía frecuentada por windsurfistas, y Gullane, quizá la mejor playa para practicar actividades acuáticas. Yellowcraig, cerca de Dirleton, es otra bella bahía situada a unos 400 metros

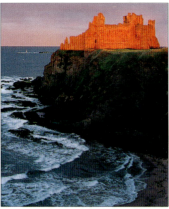

Tantallon Castle, mirando hacia el mar del Norte

del aparcamiento. En Limetree Walk está Ravensheugh Sands, la playa orientada al este más larga. Belhaven Bay, justo al oeste de Dunbar, es otra amplia playa con paseos por el estuario del río Tyne. Barns Ness, al este de Dunbar, ofrece un sendero geológico y un faro impresionante. Skateraw Harbour es una pequeña bahía

que conserva su atractivo a pesar de la presencia de la central nuclear de Torness, al este. Finalmente, hay otra bonita playa en Seacliff, a la que se llega por una carretera de peaje que deja la A198 a unos 3 km al este de North Berwick. Esta bahía resguardada ofrece unas vistas espectaculares de Bass Rock,

donde vive una de las colonias de alcatraces más grandes de Gran Bretaña.

El peñón puede verse de cerca con una excursión en barca que parte del puerto de North Berwick (sólo en verano). Entre los demás lugares de interés a lo largo de esta costa destacan **Dirleton Castle** y **Tantallon Castle,** anidado en la cima de un acantilado cercano a la playa de Seacliff. Hay un pequeño museo industrial en Prestonpans y observación de aves en Aberlady Bay. North Berwick y Dunbar son ciudades que merecen una visita; la central de **Torness Power Station** tiene un centro de información para los visitantes.

Dirleton Castle
(01620) 850330. todos los días.

Tantallon Castle
(01620) 892727. abr-sep: todos los días; oct-mar: sá-ju mañanas.

Torness Power Station
(01368) 873000. med. ene-med. dic: todos los días.

UN PASEO POR LA COSTA DE EAST LOTHIAN

Se puede hacer una bonita excursión a pie por el sendero que discurre junto al litoral desde Gullane Bay hasta North Berwick, cruzando páramos de hierba entre bahías arenosas y promontorios rocosos de poca altura con vistas de la costa de Fife hacia el norte. Por todo el camino hay islotes. La última parte de la ruta a North Berwick tiene vistas maravillosas al este de las laderas blancas del peñón de Bass Rock.

ALGUNOS CONSEJOS

Salida: Gullane Bay.
Llegada: North Berwick.
Longitud: 10 km; 3 horas.
Cómo llegar: en coche o en autobús; hay uno entre Edimburgo y North Berwick.
Dificultad: Baja.

SIGNOS CONVENCIONALES

Zona urbana
Recorrido
Carretera principal
Carretera secundaria
Línea férrea
Punto panorámico
Aparcamiento

0 kilómetros 2

DE COMPRAS POR EDIMBURGO

A PESAR DE LA ECLOSIÓN de nuevos centros comerciales en las afueras de la ciudad, Princes Street sigue siendo una de las doce mejores zonas comerciales de las islas Británicas. Con el antiguo castillo alzándose sobre los jardines, esta calle constituye un lugar pintoresco y único para salir de compras. Aunque hay numerosos establecimientos de

Gato de porcelana de Wemyssware

conocidas cadenas inglesas, la capital cuenta también con sus propios grandes almacenes, Jenners, que llevan funcionando desde hace más de 150 años. También hay comercios interesantes en otros barrios de Edimburgo, entre ellos excelentes tiendas de vino, sastrerías de ropa tradicional y una interesante colección de tiendas especializadas.

GRANDES ALMACENES

E N PRINCES STREET encontrará varios grandes almacenes de calidad, entre los que destaca **House of Fraser,** en la parte oeste. **Jenners** —situado frente al Scott Monument— es único, pues existe sólo en la capital. Fundado a finales de la década de 1830, se trasladó a su dirección actual en 1895. La que tiene fama de ser la mejor tienda de Edimburgo es célebre durante las Navidades por el árbol que se monta en su atrio central. La sucursal de la cadena nacional **John Lewis** está instalada en Leith Street, en un edificio contemporáneo de interés arquitectónico.

ROPA

L A ROPA DE DISEÑO de señora y caballero puede encontrarse en Jenners y en House of Fraser *(ver Grandes Almacenes).* **Corniche,** en Jeffrey Street, ofrece moda actual femenina de

Ropa y accesorios tradicionales de las Highlands, de venta en la Royal Mile

diseñadores como Moschino y Mugler, mientras que **Jane Davidson** vende ropa más elegante y tradicional. En George Street hay varias boutiques de señora como **Phase Eight, Escada** y **Cruise.** Esta última también vende ropa para hombre, que también puede encontrar trajes elegantes en **Smiths** y **Austin Reed.** La cadena **Schuh** vende calzado moderno para señora y caballero. Hay varias tiendas en la Royal Mile —entre ellas **Judith Glue**— que venden atractivas prendas de punto.

También en la Royal Mile hay establecimientos con ropa de las Highlands y *kilts* hechas a medida; uno de los mejores es **Hector Russell. Kinloch Anderson,** en Leith, ofrece también calidad; en su tienda hay una pequeña exposición de la historia del tartán. En la tienda de Leith de **Graham Tiso** (el mejor proveedor de ropa para excursionistas) hallará botas, mochilas e impermeables.

Princes St desde la cima de Calton Hill

ALIMENTACIÓN

E DIMBURGO TIENE FAMA de ser la mejor ciudad de Escocia para comer fuera. También cuenta con excelentes tiendas de comestibles como **Valvona & Crolla,** una charcutería familiar abierta desde los años 30 que tiene fama de ser una de las mejores del Reino Unido y por supuesto de Escocia; vende buenos panes y una selección galardonada de vinos italianos. La cadena **Peckham's** también está presente en la ciudad, así como **Glass & Thompson,** una buena charcutería situada en New Town. El celebrado vendedor de quesos **Iain Mellis** abrió su negocio en Edimburgo; **MacSweens** son maestros en la elaboración del *haggis,* y **Real Foods** es una de las tiendas de alimentos integrales más antiguas de Escocia.

Entre las tiendas de licores destacan **Peter Green** y **Cockburns of Leith,** así como cadenas como **Oddbins** y **Cadenheads,** que está especializada en whisky. **Justerini & Brooks** es el comerciante de licores más distinguido del centro de la ciudad, y **Oats & Toasts** vende una extensa gama de cervezas de pequeñas cervecerías independientes.

LIBROS Y PERIÓDICOS

L A MEJOR LIBRERÍA familiar de la ciudad es **James Thin,** cuya sede principal se encuentra en South Bridge, cerca de la Universidad de Edimburgo. La cadena **Waterstone's** ha acaparado el comercio de los libros en Princes Street con dos sucursales (la de la parte oeste tiene una buena cafetería), mientras que en la cercana George Street hay una tercera. **The International Newsagents** (High Street) tiene una buena selección de revistas y periódicos extranjeros.

ARTE, DISEÑO Y ANTIGÜEDADES

P ODRÁ ENCONTRAR obras de arte originales en varias galerías de la ciudad. **The Scottish Gallery** —en New Town— vende de todo, desde joyas por menos de 100 libras hasta obras de famosos artistas escoceses por más de 10.000 libras. **Printmakers Workshop** tiene precios más asequibles y dispone de una gama innovadora de grabados en ediciones limitadas, mientras que en **Collective Gallery** encontrará obras experimentales. **Inhouse** ofrece excelentes muebles de diseño. Si busca antigüedades vaya a Victoria Street, St Stephen's Street, Grassmarket y Causewayside.

Edinburgh Architectural Salvage Yard vende de todo, desde baños victorianos hasta escaleras y puertas.

El intrincado cristal de Edimburgo es un recuerdo ideal

INFORMACIÓN GENERAL

GRANDES ALMACENES

House of Fraser
145 Princes St, EH2 4YZ.
(0131) 225 2472.

Jenners
48 Princes St, EH2 2YJ.
(0131) 225 2442.

John Lewis
69 St James Centre,
EH1 3SP.
(0131) 556 9121.

ROPA

Austin Reed
41 George St, EH2 2HN.
(0131) 225 6703.

Corniche
2 Jeffrey St, EH1 1DT.
(0131) 556 3707.

Cruise (caballeros)
14 St Mary's St, EH1 1SU.
(0131) 556 2532.

Cruise (señoras)
94 George St, EH2 3DF.
(0131) 226 3524.

Escada
35a George St, EH2 2HN.
(0131) 225 9885.

Graham Tiso
41 Commercial St, EH6 6JD.
(0131) 554 9101.

Hector Russell
137–141 High St,
EH1 1SE.
(0131) 558 1254.

Jane Davidson
52 Thistle St, EH2 1EN.
(0131) 225 3280.

Judith Glue
64 High St, EH1 1TH.
(0131) 556 5443.

Kinloch Anderson
Commercial St, EH6 6EY.
(0131) 555 1390.

Phase Eight
47b George St,
EH2 2HT.
(0131) 226 4009.

Schuh
6 Frederick St, EH2 2HB.
(0131) 220 0290.

Smiths
124 High St, EH1 1QS.
(0131) 225 5927.

ALIMENTACIÓN

Cadenheads
172 Canongate,
EH8 8DF.
(0131) 556 5864.

Cockburns of Leith
7 Devon Place,
EH12 5HJ.
(0131) 337 6005.

Glass & Thompson
2 Dundas St, EH3 6HZ.
(0131) 557 0909.

Iain Mellis
30a Victoria St, EH1 2JW.
(0131) 226 6215.

Justerini & Brooks
45 George St, EH2 2HT.
(0131) 226 4202.

MacSweens
Dryden Rd, Bilston Glen,
Loanhead, EH20 9LZ.
(0131) 440 2555.

Oasts & Toasts
107 Morrison St,
EH3 8BX.
(0131) 228 8088.

Oddbins
37b George St, EH2 2HN.
(0131) 220 3488.

Peckham's
155 Bruntsfield Place,
EH10 3DG.
(0131) 229 7054.

Peter Green
37a Warrander Park Rd,
EH9 1HJ.
(0131) 229 5925.

Real Foods
37 Broughton St, EH1 3JU.
(0131) 557 1911.

Valvona & Crolla
19 Elm Row, EH7 4AA.
(0131) 556 6066.

LIBROS Y PERIÓDICOS

The International Newsagents
351 High St, EH1 1PW.
(0131) 225 4827.

James Thin
53–59 South Bridge,
EH1 1YS.
(0131) 556 6743.

Waterstone's
128 Princes St, EH2 4AD.
(0131) 226 2666.

ARTE, DISEÑO Y ANTIGÜEDADES

Collective Gallery
28 Cockburn St, EH1 1NY.
(0131) 220 1260.

Edinburgh Architectural Salvage Yard
Unit 6,
Couper St, EH6 6HH.
(0131) 554 7077.

Inhouse
28 Howe St, EH3 6TG.
(0131) 225 2888.

Printmakers Workshop
23 Union St, EH1 3LR.
(0131) 557 2479.

The Scottish Gallery
16 Dundas St, EH3 6HZ.
(0131) 558 1200.

Qué comprar

Mezcla de tabaco escocés

ESCOCIA DISPONE DE UNA GRAN VARIEDAD de artículos y recuerdos con los que tentar al visitante. En Edimburgo encontrará la mayoría de los alimentos y bebidas típicos en los comercios de comestibles y de licores, donde también venden tabaco. Hay varias tiendas especializadas que venden artesanía y otros productos, desde joyería hecha a mano hasta ropa como las *kilts* (faldas) de tartán y los suéteres de Arran. Ciertas zonas de Escocia están especializadas en diferentes tipos de artesanía. Orkney es famosa por su joyería como Caithness y Edimburgo lo son por su hermoso cristal grabado.

Pisapapeles de cristal de Caithness **Copa de cristal de Edimburgo**

El cristal escocés está bellamente decorado. Las fábricas de Caithness en Oban, Perth y Wick muestran al público el proceso de grabación de los delicados motivos.

Pendientes celtas   **Broche de amatista**   **Broche celta**

La joyería escocesa puede reflejar su zona de origen, una cultura (como la celta) o un movimiento artístico como el modernismo. Las intrincadas figuras continuas y entrelazadas de las joyas de la ilustración simbolizan el deseo de vida eterna.

Daga (*"dirk"*)

Escarcela   Cinturón

La clásica falda escocesa

Corbata y bufanda de tartán

El asta de ciervo se talla para crear todo tipo de objetos, tanto funcionales como decorativos.

El tartán escocés existía en su origen bajo la forma de los grandes chales de lana (plaids) que llevaban los habitantes de las Highlands en los siglos XV y XVI. Hoy, la palabra "tartán" se refiere al diseño de los cuadros, algunos de los cuales tienen varios siglos de antigüedad. El tartán se emplea para la fabricación de faldas y muchas otras prendas.

Los tejidos escoceses varían mucho, pero los más famosos son los grandes suéteres de lana de Arran o de Shetland; los elegantes tejidos de tweed, como el de Harris con sus finos cuadros; el suave cachemir, que se utiliza para hacer suéteres, chaquetas y bufandas; y las alfombras de pelo de oveja.

Suéter de lana de Arran

Chaqueta de *tweed*

ALIMENTOS EMPAQUETADOS

La comida puede ser un excelente regalo o un buen recuerdo de una visita a Escocia. La hora del té —una de las comidas favoritas de los escoceses— se disfruta con las tradicionales pastas de mantequilla o con el delicioso pastel de Dundee, las galletas de Abernethy, las *pancakes* (tortitas) o las *parlies* (galletas de jengibre). Las galletas de avena acompañan tradicionalmente al queso, aunque también se toman con paté o con mermelada, miel o mantequilla.

Haggis vegetariano   Haggis tradicional

El haggis, el alimento escocés más famoso (ver p. 32) se elabora con asaduras de cordero y avena. También existen variedades vegetarianas, de venado y con whisky.

Galletas de mantequilla tradicionales   Galletas de avena

Galletas Scotch Abernethy

Fudge de vainilla Dairy   Fudge de whisky LochRanza

El fudge es un dulce elaborado en su mayor parte con azúcar y leche condensada. Hay muchos sabores diferentes, entre ellos vainilla, ron y pasas, nueces, chocolate y whisky.

BEBIDAS EMBOTELLADAS

La abundancia de destilerías y cervecerías hace quizá que Escocia se asocie más con sus bebidas alcohólicas. Hay una extensa variedad a la venta: cervezas locales, muchos tipos de whisky *(ver pp. 30-31)* y una gran gama de licores como Drambuie y Glayva. Pero Escocia es también célebre por sus aguas minerales, que se venden con o sin gas o con sabores de frutas como melocotón o melón.

Cervezas escocesas históricas

La cerveza ocupa un papel predominante en la producción de bebidas en Escocia. Se sirve tradicionalmente por pintas en los pubs y también embotellada. Hay variedades con frutas o brezo, elaboradas con antiguas recetas de las Highlands.

Agua mineral Caledonian

El whisky es sin lugar a dudas el más famoso de todos los licores escoceses. Existe una enorme variedad de whiskys entre los que escoger, cada uno con su sabor particular (ver pp. 30-31). Drambuie es un licor de whisky aromatizado con hierbas.

Drambuie   Glenfiddich   LochRanza   Glen Ord   Bell's

DISTRACCIONES EN EDIMBURGO

Postal publicitaria del
Festival de Edimburgo

AUNQUE LA MAYORÍA de la gente asocia Edimburgo con los festivales que se celebran en agosto, la capital de Escocia es también centro del teatro, la danza y la música durante el resto del año. The Filmhouse es una célebre sala de cine de arte y ensayo, y hay quien piensa que los clubes nocturnos de Edimburgo se equiparan a los de Glasgow.

Existen muchos bares que ofrecen excelentes whiskys escoceses de malta y cervezas de barril, y gracias a la proliferación de cafés en los últimos años también es posible tomar una buena taza de café bien entrada la noche. En Edimburgo se encuentra el estadio nacional de rugby de Murrayfield, que suele acoger partidos internacionales.

GUÍAS DE ESPECTÁCULOS

EN LA REVISTA quincenal *The List* se publican listados de todos los espectáculos que tienen lugar en Edimburgo y Glasgow.

TEATRO Y DANZA

EN EL POPULAR TEATRO **The King's Theatre** se suelen representar pantomimas y obras de compañías itinerantes. Está gestionado por la compañía organizadora del Festival de Teatro de Edimburgo *(ver Música clásica y ópera)*, que ofrece sobre todo ballet y danza contemporánea, aunque también presenta musicales y espectáculos para niños.
En **Edinburgh Playhouse** pueden verse musicales internacionales como *Les Misérables*, mientras que **The Traverse** (que ha lanzado a jóvenes dramaturgos escoceses) presenta obras más experimentales. **The Royal Lyceum** tiende a un reperto-

Danza, música clásica y ópera en
el Edinburgh Festival Theatre

rio más clásico, con obras y adaptaciones conocidas y alguna que otra obra nueva.
Las obras de la compañía de teatro de la Universidad de Edimburgo se representan en **Bedlam**. Por su parte, **Theatre Workshop** y **St Bride's** presentan producciones innovadoras.

MÚSICA CLÁSICA Y ÓPERA

LOS CONCIERTOS de la Scottish Opera y de la Royal Scottish National Orchestra, que tienen su sede en Glasgow, se celebran en el impresionante edificio con fachada acristalada del **Edinburgh Festival Theatre**, inaugurado en 1994. También se encuentra en Edimburgo la internacionalmente célebre Scottish Chamber Orchestra, que ofrece sus conciertos en **The Queen's Hall.** Por toda la ciudad hay salas de recitales más pequeñas, como el **Reid Concert Hall** de la Universidad de Edimburgo y **St Cecilia's Hall. St Giles Cathedral** celebra conciertos de música clásica de cámara.

ROCK, JAZZ Y MÚSICA INTERNACIONAL

LOS GRANDES CONCIERTOS de rock de grupos como REM o U2 se celebran en el estadio de Murrayfield *(ver Deportes)*, aunque algunas estrellas del pop actúan también en Edinburgh Playhouse *(ver Teatro y danza)*. Edimburgo cuenta con una gran variedad de clubes nocturnos donde escuchar jazz y música internacional *(ver Cafés, bares y clubes)*. The Queen's Hall *(ver Música clásica y ópera)* también ofrece a veces espectáculos de menor envergadura. Se puede escuchar música tradicional en **Tron Ceilidh House** y jazz en **Jazz Joint.** En algunos *pubs* de Edimburgo actúan grupos de música folclórica y de jazz. Por la noche se celebran *ceilidhs* (danzas tradicionales de las Highlands) en **The Assembly Rooms.**

CINE

COMO OTRAS CIUDADES importantes Edimburgo ha contemplado en los últimos tiempos la eclosión de los multicines, aunque los más grandes —**UCI** y el **ABC Multiplex**— están bastante alejados del centro. **The Odeon** y **ABC Film Centre** son más céntricos, mientras que **The Dominion** es un cine familiar a la vieja usanza. **The Cameo** ofrece pases nocturnos y películas modernas poco convencionales. **The Filmhouse** es la sede del Festival Internacional de Cine.

Logotipo del
Festival de Cine

Interior del King's Theatre, inaugurado en 1906

Partido del trofeo de rugby Cinco Naciones en el estadio de Murrayfield

DEPORTES

E L IMPRESIONANTE **estadio de Murrayfield** es la sede nacional del rugby escocés, donde se juegan partidos internacionales desde finales de enero hasta marzo. El

Scottish Claymores alberga partidos de fútbol americano. Existen dos asociaciones de fútbol: **Heart of Midlothian** e **Hibernian.** Los partidos de baloncesto se celebran en el **Meadowbank Stadium and Sports Centre.**

CAFÉS, BARES Y CLUBES

L OS CAFÉS Y BARES han prolife-rado en Edimburgo (sobre todo en Broughton Street), y algunos de ellos como **The Iguana, Indigo Yard, Po-Na-Na** y **The City Café** son el centro de la vida nocturna de la ciudad. Buenos ejemplos de bares más tradicionales son **The Café Royal, Bennet's, The Cumberland** o **The Bow Bar.** Todos sirven buenas cervezas de barril, muchas de ellas elaboradas en Escocia, y una extensa selección de whiskys de malta pura. Algunos de los clubes más famosos de la ciudad (donde también hay a veces música en directo) son **The Bongo Club, The Liquid Room** y **The Venue.**

INFORMACIÓN GENERAL

TEATRO Y DANZA

Bedlam
11b Bristow Place, EH1 1E2.
(0131) 225 9893.

Edinburgh Playhouse
18–22 Greenside Place, EH1 3AA.
(0131) 557 2590.

The King's Theatre
2 Leven St, EH3 9Ql.
(0131) 529 6000.

The Royal Lyceum
30b Grindlay St, EH3 9AX.
(0131) 248 4848.

St Bride's
10 Orwell Terrace, EH11 2DZ.
(0131) 346 1405.

Theatre Workshop
34 Hamilton Place, EH3 5AX.
(0131) 226 5425.

The Traverse
10 Cambridge St, EH1 2ED.
(0131) 228 1404.

MÚSICA CLÁSICA Y ÓPERA

Edinburgh Festival Theatre
13-29 Nicolson St, EH8 9FT.
(0131) 529 6000.

The Queen's Hall
Clerk St, EH8 9JG.
(0131) 668 2019.

Reid Concert Hall
Bristo Sq, EH19 1HD.
(0131) 650 4367.

St Cecilia's Hall
Cowgate, EH1 1LJ.
(0131) 650 2423.

St Giles Cathedral
Royal Mile, EH1 1RE.
(0131) 225 9442.

ROCK, JAZZ Y MÚSICA INTERNACIONAL

Assembly Rooms
George St, EH2 2LR.
(0131) 220 4349.

Jazz Joint
8–16a Morrison St, EH3 8JB.
(0131) 221 1288.

Tron Ceilidh House
9 Hunter Sq, EH1 1RR.
(0131) 226 0931.

CINE

ABC Film Centre
120 Lothian Rd, EH3 8BG.
(0131) 228 1638.

ABC Multiplex
120 Wester Hailes Rd, EH14 1SW.
(0131) 453 1569.

The Cameo
38 Home St, EH39LZ.
(0131) 228 4141.

The Dominion
18 Newbattle Terrace, EH10 4RT.
(0131) 447 4771.

The Filmhouse
88 Lothian Rd, EH3 9BZ.
(0131) 228 2688.

The Odeon
7 Clerk St, EH8 9JH.
(0131) 667 0971.

UCI
Kinnaird Park, Newcraighall, EH15 3RD.
(0131) 669 0777.

DEPORTES

Heart of Midlothian
Tynecastle Stadium, Gorgie Rd, EH11 2NL.
(0131) 200 7200.

Hibernian
Easter Road Stadium, 12 Albion Place, EH7 5QG.
(0131) 661 2159.

Meadowbank Stadium and Sports Centre
139 London Rd, EH7 6AE.
(0131) 661 5351.

Estadio de Murrayfield
Murrayfield, EH12 5PJ.
(0131) 346 5000.

Scottish Claymores
137 George St, EH2 0BR.
(0131) 478 7200.

CAFÉS, BARES Y CLUBES

Bennet's
8 Leven St, EH3 9LG.
(0131) 229 5143.

The Bongo Club
14 New St, EH8 8DW.
(0131) 558 7604.

The Bow Bar
80 West Bow, EH1 2HH.
(0131) 226 7667.

The Café Royal
19 W Register St, EH2 2AA.
(0131) 556 1884.

The City Café
19 Blair St, EH1 1QR.
(0131) 220 0127.

The Cumberland
1–3 Cumberland St, EH3 6RT.
(0131) 558 3134.

The Iguana
41 Lothian St, EH1 1HB.
(0131) 220 4288.

Indigo Yard
7 Charlotte Lane, EH2 4QZ.
(0131) 220 5603.

The Liquid Room
9c Victoria St, EH1 2HE.
(0131) 225 2564.

Po-Na-Na
43b Frederick St, EH2 1EP.
(0131) 226 2224.

The Venue
15–21 Calton Rd, EH8 8DL.
(0131) 557 3073.

El Festival de Edimburgo

Actor callejero del Fringe

AGOSTO EN EDIMBURGO es sinónimo de "Festival". El Festival Internacional de Edimburgo es una de las concentraciones de teatro, danza, ópera, música y ballet más importantes del mundo. El festival alternativo conocido como "Fringe" ("al margen") ha ido creciendo de forma paralela al oficial. El ejército contribuye a los festejos con el desfile del Military Tattoo, y desde hace poco el Festival del Libro y el Festival de Jazz y Blues también se celebran en agosto. Un total de medio millón de personas visitan estos eventos cada año.

Entrada a la oficina de información del Fringe, situada en la Royal Mile

FESTIVAL INTERNACIONAL DE EDIMBURGO

EDIMBURGO CELEBRÓ su primer festival de las artes en 1947 como antídoto cultural a la austeridad de la postguerra en Europa, donde muchas ciudades fueron devastadas y el racionamiento era común incluso en los países vencedores. Con los años fue creciendo en alcance y prestigio hasta llegar a ser uno de los festivales más importantes del calendario mundial de las artes escénicas. Cuenta con un gran programa de música clásica, ballet tradicional, danza contemporánea, ópera y teatro. Las representaciones tienen lugar en los principales teatros de la ciudad (ver *Información general, p. 77*).

La gran final es un espectáculo impresionante de fuegos artificiales. Los afortunados que consigan entradas para el quiosco de música Ross Bandstand (en Princes Street Gardens) podrán asistir al concierto de fuegos artificiales de la Scottish Chamber Orchestra.

FRINGE

EL FRINGE comenzó con algunas actuaciones alternativas durante el primer año en que se celebró el Festival Internacional. Una década más tarde, actuar en el Fringe era una costumbre bien establecida entre estudiantes de arte dramático y actores aficionados: todo lo que hacía falta era preparar un espectáculo para agosto. Con el tiempo esta informalidad ha desaparecido, y el Fringe está hoy bien organizado por una entidad administrativa; en los últimos años se celebra en teatros y salas profesionales. The Assembly Rooms, en George Street (ver *Información general, p. 77*) y el Pleasance Theatre en The Pleasance presentan espectáculos de célebres cómicos televisivos, así como espectáculos de cabaré que no encajan en el festival oficial.

El dinamismo original del Fringe aún sigue vivo: las obras se representan en cualquier parte, desde los salones sociales de las iglesias hasta en las calles, y es fácil deleitarse con toda clase de espectáculos, desde musicales representados por escolares hasta adaptaciones experimentales de obras de Kafka.

Disfrutando de los espectáculos callejeros en la Royal Mile

FESTIVAL INTERNACIONAL DE CINE DE EDIMBURGO

EL FESTIVAL INTERNACIONAL de Cine se remonta a 1947. Aunque al principio se centró en el documental, pronto se amplió para abarcar cine comercial y de arte y ensayo. El festival inventó la sección "retrospectiva" para estudiar la obra de un cineasta y ha sido testigo de estrenos de obras de directores de fama internacional como Woody Allen o Steven Spielberg. Desde su relanzamiento en 1995 el festival se ha dividido en cuatro secciones

Multitudes contemplando a los actores callejeros del Fringe

El desfile del Military Tattoo atrae a miles de espectadores cada año

principales, con una muestra de jóvenes talentos británicos, una sección de estrenos internacionales, una categoría de estudio de películas y una importante retrospectiva.

Aunque los pases tienen lugar sobre todo en The Filmhouse (Lothian Road), cada sala del centro toma parte en el festival *(ver detalles sobre los cines en Información general, p. 77).*

MILITARY TATTOO

L A CONSTANTE popularidad del Military Tattoo no deja de sorprender a unos o encantar a otros. Se viene celebrando desde 1950, cuando el ejército británico decidió contribuir a los acontecimientos de agosto con un desfile de proezas marciales y música en la pintoresca explanada del castillo.

Cada verano se construyen en la explanada unas tribunas temporales para los 200.000 espectadores que asisten a ver durante tres semanas el enorme desfile, el cual anuncia la llegada de los otros festivales de Edimburgo. Cada año las bandas de música de las fuerzas armadas de otros

Actor callejero permaneciendo tan inmóvil como una estatua

países realzan el desfile. Para muchos, el momento álgido del espectáculo es el *pibroch (ver p. 28),* una melancólica melodía ejecutada por un gaitero desde las murallas del castillo.

Puesto de libros en el Festival del Libro de Edimburgo

FESTIVAL DEL LIBRO DE EDIMBURGO

C ADA MES DE AGOSTO se construye un diminuto pueblo de toldos en la bella zona georgiana de Charlotte Square Gardens, en el centro de la ciudad. Este pueblo temporal es el escenario de dos semanas de eventos relacionados con los libros y charlas de varios escritores, desde novelistas y poetas a autores especializados en gastronomía o literatura infantil; los escritores escoceses están siempre bien representados.

En su origen se celebraba cada dos años, pero alcanzó tal popularidad que a partir de 1998 se convirtió en anual.

FESTIVAL DE JAZZ Y 'BLUES'

D URANTE UNOS NUEVE días a principios de agosto una selección de músicos internacionales acuden a Edimburgo a ofrecer conciertos, acompañados por los principales músicos de jazz escoceses. The Queen's Hall, en Clerk Street *(ver p. 76)* es la sala principal, aunque también se celebran conciertos en otros lugares de la ciudad. También hay conciertos gratuitos al aire libre en Grassmarket (en Old Town) el sábado de apertura. Los exitosos conciertos de *blues* atraen a importantes músicos ingleses y estadounidenses.

INFORMACIÓN GENERAL

Festival Internacional de Edimburgo
21 Market St, EH1 1BW.
(0131) 473 2001.
www.go-edinburgh.co.uk

Fringe
The Fringe Office,
180 High St, EH1 1QS.
(0131) 226 5257.
www.edfringe.com

Festival Internacional de Cine de Edimburgo
88 Lothian Rd, EH3 9BZ.
(0131) 228 4051.
www.edfilmfest.org.uk

Festival del Libro de Edimburgo
Scottish Book Centre,
137 Dundee St, EH11 1BG.
(0131) 228 5444.
www.edinburghfestivals.co.uk

Festival de Jazz y de 'Blues'
Assembly Direct,
89 Giles St, EH6 6BZ.
(0131) 553 4000.
Box office: (0131) 667 7776.
www.jazzmusic.co.uk

Military Tattoo
Edinburgh Tattoo,
32 Market St, EH1 1QB.
(0131) 225 1188.
www.edintattoo.co.uk

SUR DE ESCOCIA

···

EL SUR *es una región de bellos paisajes salpicados de casas históricas, castillos y abadías. Desgraciadamente, de muchos edificios sólo quedan murallas o ruinas debido a las guerras fronterizas que tuvieron lugar desde finales del siglo XIII. Las colinas redondeadas de la región de los Borders y los picos accidentados de Dumfries y Galloway fueron los principales escenarios de las feroces luchas entre Escocia e Inglaterra.*

En 1296 comenzaron las guerras de independencia entre Escocia e Inglaterra, en las que el sur de Escocia resultó la región más afectada. Las tensiones surgidas de las numerosas batallas duraron tres siglos; la proclamación de autodeterminación de Escocia y las alianzas con Francia provocaron unas tensas relaciones con su vecina del sur, Inglaterra. Dryburgh —una de las suntuosas abadías de la región del siglo XII— fue quemada dos veces, primero por los ingleses en 1322 y más tarde en 1544. La independencia de la región de los Borders también originó conflictos. Desde mediados del siglo XII, las familias poderosas de la región tenían sus propias leyes; cuando no estaban luchando contra los ingleses, los reyes escoceses dirigían incursiones en los Borders para recuperar su control.

A lo largo de los años, el sur de Escocia ha sido escenario de algunos de los episodios más dramáticos de la historia del país. El ejército de Bruce derrotó a un ejército inglés en Glen Trool en 1307; sin embargo, en Flodden (cerca de Coldstream) los escoceses sufrieron su mayor derrota militar en 1513 con la muerte en combate del rey Jacobo IV y de cientos de sus hombres.

Hoy en día, los tranquilos alrededores de los pueblos de los Borders y los bellos parajes montañosos de Dumfries y Galloway parecen desmentir su violento pasado. La región es famosa por sus manufacturas textiles y por sus rutas literarias (Walter Scott vivió en Abbotsford, cerca de St Boswells). Sin embargo, las ruinas de las grandes abadías de los Borders, los castillos y los campos de batallas no dejan de recordar el turbulento pasado del sur de Escocia.

Pescando en las tranquilas aguas del río Tweed, que fluye por la región de los Borders

◁ Las ruinas majestuosas y los jardines coloridos de Melrose Abbey, una de las cuatro grandes abadías de los Borders

Explorando el sur de Escocia

AUNQUE A MENUDO los visitantes —ansiosos por llegar a Edimburgo, Glasgow o las Highlands— la dejan a un lado, la región del sur de Escocia ofrece una geografía variada y encantadora. Las colinas que rodean Glen Trool en Dumfries y Galloway son bellas y espectaculares. Más al este, las colinas de los Borders ofrecen algunas vistas famosas, como el Scott's View. En la costa de Ayrshire se suceden los puntos de veraneo, y la costa de Solway Firth ofrece una zona turística tranquila y pintoresca. En el este, St Abb's Head es una de las reservas naturales más importantes de Escocia.

La abadía gótica de Melrose fue en su día una de las más ricas de Escocia

0 kilómetros   20

CÓMO DESPLAZARSE

Las principales rutas van en dirección norte-sur desde Edimburgo y Glasgow hasta Inglaterra, por lo que viajar de este a oeste o viceversa puede resultar difícil. Los autobuses locales suelen ser poco frecuentes y lentos. Las conexiones ferroviarias desde Edimburgo a la costa este y desde Glasgow a Ayrshire son buenas. También hay trenes desde Glasgow a Stranraer, desde donde salen los transbordadores a Irlanda del Norte. Para descubrir los bellos paisajes del interior es aconsejable ir en coche.

SIGNOS CONVENCIONALES

- Autopista
- Carretera principal
- Ruta panorámica
- Sendero
- Río
- Punto panorámico

EDIMBURGO   DUNBAR

ST ABB'S HEAD
1

A Berwick-upon-Tweed y Newcastle upon Tyne

A6089   COLDSTREAM

ABBOTSFORD HOUSE   MELROSE ABBEY   KELSO 2

EBLES 9

RAQUAIR HOUSE 8   7   6   RUTA DE LAS ABADÍAS 5

SELKIRK   EILDON HILLS 4

JEDBURGH 3

HAWICK

CHEVIOT HILLS

LOCKERBIE

Carlisle

Las Pentland Hills en un frío día de invierno

LUGARES DE INTERÉS

Abbotsford House 7
Burns Heritage Trail 15
Caerlaverock Castle 16
Culzean Castle pp. 92–93 21
Drumlanrig Castle 13
Eildon Hills 4
Galloway Forest Park 19
Jedburgh 3
Kelso 2
Kirkcudbright 17
Melrose Abbey 6
New Lanark 11
Peebles 9

Pentland Hills 10
St Abb's Head 1
Sanquhar 12
The Rhinns of Galloway 20
Threave Castle 14
Traquair House 8
Whithorn 18

Excursión
Ruta de las abadías de los Borders 5

VER TAMBIÉN

- *Alojamiento* pp. 167-168
- *Restaurantes* p. 178

Los riscos y acantilados de St Abb's Head

St Abb's Head ❶

The Borders. 🚆 *Berwick-upon-Tweed.*
🚌 *desde Edimburgo.* 📞 *(01890) 771
443.* ⭕ *Semana Santa-oct: todos los días.*

L OS RECORTADOS acantilados de
St Abb's Head, a 91 m sobre
el mar del Norte (cerca del
extremo suroccidental de
Escocia) ofrecen el fantástico
espectáculo de miles de aves
marinas girando y buceando.
Durante la temporada de cría,
de mayo a junio, esta reserva
natural de 80 hectáreas alberga a
más de 50.000 aves, entre ellas
fulmares, araos, gaviotas tridáctilas y frailecillos. El pueblo de St
Abb's tiene uno de los escasos
puertos activos de la costa este
de Gran Bretaña. Un ferrocarril
recorre el acantilado desde el
centro de información, donde
hay paneles para identificar las
aves y un expositor para que los
más pequeños aprendan todo
sobre alas y plumas.

Kelso ❷

The Borders. 🚶 *6.035.* 🚌 🛈 *The Square
(01573) 223464, Semana Santa-oct.*

E L CENTRO de Kelso —con su
plaza adoquinada de edificios georgianos y victorianos—
está lleno de encanto, y cerca de
aquí se celebran las populares
carreras de caballos del hipó-
dromo **Kelso Race Course.** Sin
embargo, el interés turístico se
centra en las ruinas de la **abadía**
del siglo XII. Fundada por David
I, fue la más antigua y poderosa
de las cuatro abadías de los
Borders, pero padeció las
guerras con Inglaterra y en 1545

sufrió enormes daños. **Floors
Castle,** al norte de Kelso, se conserva en mejor estado. Diseñado
por William Adam hacia 1720, el
castillo fue reconstruido por
William Playfair después de 1837.

🛈 **Kelso Race Course**
📞 *(01573) 224767.* ♿ ♿
♟ **Floors Castle**
📞 *(01573) 223333.* ⭕ *may-oct:
todos los días.* 🖼 ♿ 🎫

Jedburgh ❸

The Borders. 🚶 *4.250.* 🚌
🛈 *Murray's Green (01835) 863435.*

E N LA CIUDAD se encuentra
Jedburgh Castle, construido en 1820 en estilo medieval.
Esta antigua prisión es hoy un
museo sobre la historia local
que ilustra la vida en las
cárceles del siglo XIX.
**Mary, Queen of Scots'
House,** construida hacia 1500,
debe su nombre a una visita de
la reina María Estuardo en
1566. La casa fue convertida en
museo hacia 1930, y en 1987
(en el cuarto centenario de la

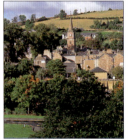

**La iglesia abacial medieval,
en el centro de Jedburgh**

ejecución de la reina) se dedicó
a la vida de María. Entre los
objetos del museo hay una
copia de su máscara mortuoria.
Jedburgh Abbey, junto a
Dryburgh, Kelso y Melrose es
una de las cuatro grandes
abadías del siglo XII de los
Borders. En la iglesia abacial
destaca un interesante
rosetón. El centro de
información es excelente.

♣ **Jedburgh Castle**
📞 *(01835) 863254.* ⭕ *Semana Santa-
oct: todos los días (do: tardes).* 🖼
🏛 **Mary, Queen of Scots'
House**
📞 *(01835) 863331.* ⭕ *mar-nov:
todos los días.* 🖼
🏰 **Jedburgh Abbey**
📞 *(01835) 863925.* ⭕ *todos los
días.* 🖼

**Atardecer en verano sobre las
pintorescas colinas de Eildon Hills**

Eildon Hills ❹

The Borders. 🚌 🛈 *Melrose (01896)
822555, Semana Santa-oct.*

L OS TRES PICOS de Eildon Hills
dominan el perfil de la zona
central de los Borders. Con sus
422 metros, Mid Hill es el más
alto de ellos. En North Hill
hubo un asentamiento de la
edad del bronce anterior al 500
a.C. y más tarde un fuerte
romano. En esta parte del país
el personaje más famoso es
Walter Scott *(ver p. 86),* quien
sentía un afecto muy particular
por estas montañas. **Scott's
View** (al este de Melrose, cerca
de Dryburgh Abbey) es el lugar
ideal para contemplar las
colinas de Eildon elevándose
sobre el Tweed Valley.

Una excursión a los Borders ❺

E N LA ZONA DE LAS FRONTERAS de Escocia abundan
las ruinas de edifrcios antiguos arrasados durante
los conflictos entre Escocia e Inglaterra. Entre ellos
destacan las abadías, cuya arquitectura da fe de su
antiguo poder político y espiritual. Fundadas en el
siglo XII durante el reinado de David I, fueron
destruidas por Enrique VIII en 1545. Junto a las
abadías, la excursión incluye
otros puntos de interés.

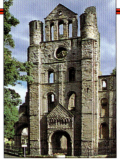

Kelso Abbey ②
La más grande de las cuatro
abadías, fundada en 1128,
tardó 84 años en ser
terminada.

Melrose Abbey ⑥
En esta abadía, en su día una
de las más ricas de Escocia, está
enterrado el corazón de Robert
the Bruce (*ver p. 86*).

Floors Castle ①
Abierta en verano, la casa familiar de los duques de Roxburgh
fue construida por
William Adam en el
siglo XVIII.

Scott's View ⑤
Éste era el mirador
preferido de Walter
Scott. Durante sus exequias
el cortejo fúnebre se detuvo
aquí, igual que había hecho él
en tantas ocasiones en vida.

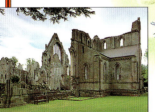

Dryburgh Abbey ④
A orillas del Tweed, el de Dryburgh
es el más evocador de los
monasterios de Escocia. Walter
Scott está enterrado aquí.

SIGNOS CONVENCIONALES

▬▬	Itinerario
═══	Otras carreteras
✲	Punto panorámico

ALGUNOS CONSEJOS

Recorrido: 50 km.
Un alto en el camino: Deje el coche en Dryburgh Abbey y camine
hacia el norte hasta el puente
peatonal que cruza el río Tweed.

0 kilómetros   5

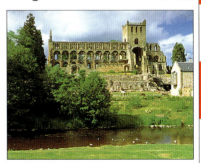

Jedburgh Abbey ③
Aunque fue fundada en 1138, aún se conservan
fragmentos de cantería de una estructura celta
anterior. El centro de información refleja la vida de
los monjes agustinos que la habitaron.

Las ruinas de Melrose Abbey vistas desde el suroeste

Melrose Abbey ❻

Abbey St, Melrose, The Borders.
(01896) 822562. ◯ *todos los días.* 🅿 ♿ *limitado.*

L AS RUINAS ROSÁCEAS de una de las abadías más bellas de la frontera dan fe de la devastación producida como consecuencia de las invasiones inglesas. Construida por David I en 1136 para los monjes cistercienses de Yorkshire para reemplazar un monasterio del siglo VII, Melrose fue saqueada una y otra vez por los ejércitos ingleses, sobre todo en 1322 y 1385. El golpe definitivo —del que no se recuperaría ninguna abadía— se produjo en 1545, con la

política destructiva de Enrique VIII conocida como "Rough Wooing" ("cortejo salvaje"), la cual respondía a la negativa de los escoceses a ratificar el matrimonio entre el hijo del rey y María Estuardo. De la abadía quedan el esqueleto de los claustros y otros edificios monásticos, la cocina y el armazón de la iglesia, con la elevada ventana este y numerosas tallas medievales. En el muro sur hay una gárgola con forma de cerdo tocando la gaita y varias figuras más, entre ellas la de un cocinero con un cucharón. El corazón embalsamado hallado en 1920 perteneció probablemente a un Robert the Bruce, principal benefactor de la abadía, quien decretó que

su corazón fuera llevado a Tierra Santa por un cruzado. El corazón volvió a Melrose cuando su portador, sir James Douglas, murió en España.

Abbotsford House ❼

Galashiels, The Borders. 📞 *(01896) 752043.* 🚌 *desde Galashiels.* ◯ *mediados mar-may y oct: todos los días (do: tardes); jun-sep: todos los días.* 🅿 ♿ 🛍 *limitado.*

P OCAS CASAS están tan íntima-mente ligadas a su dueño como Abbotsford House, la casa de Walter Scott durante los últimos 20 años de su vida. En 1811 compró aquí una granja llamada Clarteyhole ("sucio agujero" en el escocés de los Borders), rebautizándola como Abbotsford en memoria de los monjes de Melrose Abbey, que solían cruzar cerca de allí el río Tweed. Más tarde demolió la casa para construir el edificio con torreones que hoy se conserva. La obra se costeó con las ventas de sus popularísimas novelas.

La biblioteca de Scott contiene más de 9.000 libros raros, y su colección de reliquias históricas refleja su pasión por el pasado heroico. Las paredes están cubiertas de armas y armaduras, entre ellas la espada de Rob Roy *(ver p. 117)*. Entre los recuerdos de los Estuardo figuran un crucifijo de María de Escocia y un rizo del cabello de Bonnie Prince Charlie. La visita incluye el diminuto estudio donde escribió las novelas de *Waverley* y el dormitorio con vistas al río donde falleció en 1832.

WALTER SCOTT

Sir Walter Scott (1771-1832) nació en Edimburgo y llevó a cabo estudios de leyes. Recordado como paladín literario de Escocia, sus poemas y novelas (sobre todo la serie *Waverley)* crearon imágenes perdurables de un paisaje marcado por el romanticismo de los clanes. Los actos que organizó para la visita oficial de Jorge IV a Edimburgo en 1822 constituyeron un alarde de cultura vernácula que contribuyó a la designación del tartán como traje nacional escocés. Fue secretario de juzgados y *sheriff* de Selkirk durante 30 años. Amante de las tierras fronterizas, inmortalizó las Trossachs *(ver pp. 116-117)* en *La dama del lago* (1810). Pasó sus últimos años escribiendo para pagar una deuda de 114.000 libras contraída en 1827 por su fracaso como editor. Murió con las deudas saldadas, y fue enterrado en Dryburgh Abbey en 1832.

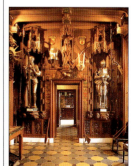

El gran salón de Abbotsford, adornado con armas y armaduras

Traquair House ❽

Peebles, The Borders. ☎ (01896) 830323. 🚌 desde Peebles. 🕐 abr-sep: todos los días; oct: vi-do. 📷 ♿ limitado.

L A CASA HABITADA más antigua de Escocia (más de 900 años) está hondamente enraizada en la historia política y religiosa de Escocia. El edificio, que pasó de torre fortificada a mansión amurallada en el siglo XVII *(ver p. 19)* fue un bastión católico durante 500 años. Aquí se alojó (entre otros monarcas) María Estuardo; sobre su lecho hay un cubrecama confeccionado por ella misma. Las cartas familiares y una colección de vasos jacobitas grabados recuerdan la rebelión de las Highlands.

Debido a un juramento proferido por el quinto conde, las Bear Gates ("puertas del oso") de Traquair, que se cerraron tras la visita del príncipe Bonnie Prince Charlie en 1745, no volverán a abrirse hasta que un Estuardo suba al trono. Una escalera secreta lleva a la habitación del sacerdote, donde los ropajes eclesiásticos que podían camuflarse como

Crucifijo de María, Traquair House

colchas son evidencia de los problemas que afrontaron las familias católicas hasta la legalización de su religión en 1829.

Peebles ❾

The Borders. 🏠 8.000. 🚉 desde Galashiels. 🛈 23 High St (01721) 720138.

E N ESTE PUEBLO encantador hay varios lugares de interés. El **Tweeddale Museum** cuenta con amplios vaciados de parte de los frisos del Partenón y con un friso de 1812 que representa la entrada de Alejandro Magno en Babilonia. Cerca de allí se encuentra el **Scottish Museum of Ornamental Plasterwork**, un pintoresco taller lleno de ornamentaciones para techos y cornisas. Muchos visitantes se acercan desde Edimburgo a los jardines amurallados de **Kailzie** (cerca de Peebles) para pasar el día.

🏛 **Tweeddale Museum**
☎ (01721) 724820. 🕐 Semana Santa-oct: lu-sá; nov-mar: lu-vi.
🏛 **Scottish Museum of Ornamental Plasterwork**
☎ (01721) 720212. 🕐 lu-vi. ● 2 primeras semanas de ago. 📷 ♿
🌷 **Kailzie Gardens**
☎ (01721) 720007. 🕐 todos los días. 📷 📷

Pentland Hills ❿

The Lothians. 🚆 Edimburgo, después en autobús. 🛈 Regional Park Headquarters, Edimburgo (0131) 445 3383.

L AS AGRESTES COLINAS de Pentland se extienden a lo largo de 26 km al suroeste de Edimburgo y son ideales para practicar el montañismo. El excursionista ocasional puede recorrer los múltiples senderos señalizados, y los más aventureros pueden tomar el telesilla en Hillend hasta la explanada desde donde se sube a la colina de Allermuir, a 493 m de altura. La ruta panorámica que bordea la sierra desde Caerketton hasta West Kip ofrece mayores dificultades.

Al este de la A703, al abrigo de las Pentland, se alza la exquisita y elaborada **Rosslyn Chapel**, del siglo XV. Ideada originariamente como capilla, a la muerte de William Sinclair —su fundador— se convirtió en cementerio para sus descendientes. El Apprentice Pillar, delicadamente adornado, recuerda la leyenda del aprendiz que fue asesinado por el maestro cantero en un arrebato de celos por la superior destreza de su discípulo.

🔒 **Rosslyn Chapel**
☎ (0131) 440 2159. 🕐 todos los días. 📷 ♿ www.rosslynchapel.org.uk

Detalle de la elaborada bóveda de piedra labrada de Rosslyn Chapel

Casas de vecinos del siglo XVIII en New Lanark, a orillas del Clyde

New Lanark ⓫

Clyde Valley. 👥 150. 🚆 🚌 *Lanark.*
ℹ️ *Horsemarket, Ladyacre Rd, Lanark*
(01555) 661661. 📅 *lu.*

Sᴵᴛᴜᴀᴅᴏ ᴊᴜɴᴛᴏ al bello
conjunto de cascadas del río
Clyde, New Lanark fue fundado
en 1785 por el industrial David
Dale. El emplazamiento era
ideal para el funcionamiento de

Dᴀᴠɪᴅ Lɪᴠɪɴɢsᴛᴏɴᴇ

El gran misionero y
explorador escocés nació
en Blantyre, donde
empezó a trabajar a los
diez años. Livingstone
(1813-1873) realizó tres
viajes por África a partir de
1840 para "promover el
comercio y el
cristianismo". El primer
europeo que vio las
cataratas Victoria murió en
1873 mientras buscaba las
fuentes del Nilo. Hoy está
enterrado en la abadía de
Westminster, en Londres.

los telares movidos por molinos
de agua, y hacia 1800 el pueblo
se había convertido en el
primer productor de algodón
del país. Dale y Robert Owen,
su yerno y sucesor, fueron
filántropos cuyas reformas
demostraron que el éxito
empresarial no tenía que
lograrse necesariamente a costa
del bienestar de los trabajadores. La actividad productora
continuó hasta finales de los
años sesenta. Hoy convertido
en museo, New Lanark es una
ventana al mundo del trabajo a
principios del siglo XIX. La
Annie McLeod Experience
ilustra con efectos especiales la
vida de una obrera de diez
años en 1820.

Aʟʀᴇᴅᴇᴅᴏʀᴇs: En el pueblo
de Blantyre (a 24 kilómetros
hacia el norte) hay un
monumento al hijo más
famoso del valle de Clyde: el
explorador David Livingstone.

🏛 **Annie McLeod Experience**
New Lanark Visitor Centre.
📞 *(01555) 661345.* 📅 *todos los
días.* 🅿️ ♿ 🎥 *previa cita.*

Sanquhar ⓬

Dumfries y Galloway. 👥 2.500.
🚆 🚌 ℹ️ *The Post Office, High St*
(01659) 50185.

Eʟ ᴘᴜᴇʙʟᴏ ᴅᴇ sᴀɴǫᴜʜᴀʀ jugó
un papel importante en la
historia de los Covenanters.
En la década de 1680 se clava-

ron dos proclamas de oposi-
ción a los obispos en la Cruz
del Mercado, donde hoy se alza
un obelisco de granito. La primera protesta estuvo encabezada por Richard Cameron, un
maestro cuyos seguidores formaron el regimiento camero-
niano. En **Tolbooth,** la antigua
cabina de peaje georgiana
diseñada por William Adam en
1735, hay un museo de historia
local y un centro de información turística. La oficina postal
abierta en 1763, la más antigua
de Gran Bretaña, es anterior al
servicio de coches-correo.

Drumlanrig Castle ⓭

Thornhill, Dumfries y Galloway.
ℹ️ *(01848) 330248.* 🚆 🚌 *a
Dumfries, después en autobús.* 📅
may-ago: lu-do tardes. 🎥 ♿

Eʟ sóʟɪᴅᴏ ᴘᴀʟᴀᴄɪᴏ fortificado de
Drumlanrig, erguido sobre
una planicie cubierta de hierba,
fue construido en arenisca rosa
entre 1679 y 1691 en el emplazamiento de un bastión de los
Douglas del siglo XV. Los formidables torreones del exterior

**Las escaleras barrocas a la
entrada de Drumlanrig Castle**

atesoran una inestimable colección de arte y reliquias jacobitas como la tetera, la faja y el monedero de Bonnie Prince Charlie. En las habitaciones cubiertas con paneles de roble cuelgan cuadros de Leonardo da Vinci, Holbein y Rembrandt. El emblema del corazón con alas y corona recuerda a sir James "Black Douglas", quien vivió aquí y quien, siendo cruzado, llevó el corazón de Robert the Bruce para cumplir el juramento del rey anterior. Al ser herido mortalmente, arrojó el corazón a sus enemigos con estas palabras: "¡Adelante, bravo corazón!"

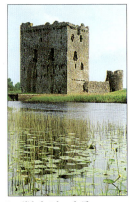

La sólida fortaleza de Threave Castle, en el río Dee

Threave Castle ⑭

(NTS) Castle Douglas, Dumfries y Galloway. █ (01556) 502611. ◈ Dumfries. ◯ abr-sep: todos los días. ⬚

Esta gigantesca y amenazadora torre del siglo XIV situada en una isla del Dee (accesible en barca) domina el puerto ribereño medieval más completo de Escocia. Fue bastión de Black Douglas, cuyas luchas contra los primeros reyes Estuardo acabaron con su rendición en este lugar en 1455. Tras dos meses de asedio, Jacobo II tuvo que traer el cañón Mons Meg para atacar el castillo. Finalmente, Threave fue desmantelado por un ejército de Covenanters protestantes en 1640. En el interior de esta torre sólo se conservan el armazón de la cocina, el gran salón y las dependencias de la servidumbre.

Exterior de Burns Cottage, la casa natal de Robert Burns

Burns Heritage Trail ⑮

South Ayrshire, Dumfries y Galloway. █ Dumfries (01387) 253862, Ayr (01292) 288688.

El poeta escocés por excelencia Robert Burns (1759-1791) legó una variada obra que va desde los poemas satíricos a las tiernas canciones de amor. El Burns Heritage Trail (Ruta de Burns) conduce a los visitantes por los lugares de interés donde vivió el poeta.

En Dumfries se encuentra el **Robert Burns Centre,** dedicado a los años que Burns pasó en la ciudad. **Burns House,** hogar del poeta entre 1793 y 1796, contiene objetos personales y recuerdos; su mausoleo de estilo griego se encuentra en el cementerio de St Michael.

Ellisland Farm, junto al río Nith, alberga otra exposición con algunas posesiones familiares. En Mauchline (a unos 18 km al este de Ayr) se encuentra la **Burns House and Museum,** otra antigua residencia del poeta. Al sur de Ayr, Alloway es el centro neurálgico de la ruta. El **Tam O'Shanter Experience**

es un centro audiovisual con material basado en los poemas de Burns sobre las brujas. **Burns Cottage,** la casa natal del poeta, alberga recuerdos y una colección de manuscritos. Las ruinas de Alloway Kirk (donde está enterrado el padre de Burns) y el Brig o'Doon conservan el aire de la época.

🏛 Robert Burns Centre
Mill Rd, Dumfries. █ (01387) 264808. ◯ abr-sep: todos los días; oct-mar: ma-sá.

🏛 Burns House
Burns St, Dumfries. █ (01387) 255297. ◯ abr-sep: todos los días; oct-mar: ma-sá.

🏛 Ellisland Farm
Holywood Rd, Auldgirth. █ (01387) 740426. ◯ abr-sep: todos los días; oct-mar: ma-sá. ⬚ ⬚ ⬚

🏛 Burns House and Museum
Castle St, Mauchline. █ (01290) 550045. ◯ may-oct: ma-do. ⬚ ⬚ limitado.

🏛 Tam O'Shanter Experience
Murdoch's Lane, Alloway. █ (01292) 443700. ◯ todos los días. ⬚ ⬚ ⬚ previa cita.

🏛 Burns Cottage
Alloway. █ (01292) 443700. ◯ todos los días. ⬚ ⬚

TEJIDOS ESCOCESES

En los Borders escoceses las hilaturas se remontan a la Edad Media, cuando unos monjes flamencos establecieron un próspero comercio de lanas con el continente. El algodón fue una importante fuente de riqueza en el valle del Clyde durante el siglo XIX, cuando los telares manuales fueron reemplazados por los mecánicos. Los populares motivos de Paisley estaban basados en diseños indios.

Un colorido diseño de Paisley

El castillo de cuento de Caerlaverock, con su foso y sus muros de piedra roja

Caerlaverock Castle ⑯

Cerca de Dumfries, Dumfries y Galloway. ℹ️ *Historic Scotland, Edimburgo (0131) 668 8800.* ⭘ *todos los días.* 🅟 ♿

Con su impresionante estructura de planta triangular de piedra roja y su emblemático foso, éste es el castillo medieval más bello del suroeste de Escocia. Situado a 14 kilómetros al sur de Dumfries, fue construido hacia 1270 aprovechando la mampostería de un antiguo castillo cercano.

Caerlaverock cobró importancia durante las guerras de independencia. En 1300 fue sitiado por Eduardo I de Inglaterra, hecho que sentó un precedente para más de tres siglos de tensiones. A pesar de haber sido parcialmente demolido y reconstruido en varias ocasiones debido a los enfrentamientos entre ingleses y escoceses durante los siglos XIV y XVI, el castillo aparece descrito en las crónicas de las aventuras del rey inglés con una forma muy parecida a la actual. Durante todo este periodo Caerlaverock Castle se mantuvo como plaza fuerte de los Maxwell, cuyos lema y blasón continúan sobre la puerta. La contienda entre Robert Maxwell —primer conde de Nithsdale y partidario de Carlos I— y un ejército de Covenanters redujo el castillo a ruinas en 1640.

Kirkcudbright ⑰

Dumfries y Galloway. 👥 *3.600.* 🚉 ℹ️ *Harbour Sq (01557) 330494.* ⭘ *Semana Santa-oct: todos los días.*

Esta atractiva ciudad situada en la desembocadura del río Dee, en Kirkcudbright Bay, posee un importante patrimonio artístico. En una cabina de peaje de finales del siglo XVI se ha instalado el **Tolbooth Art Centre,** que alberga estudios y trabajos de artistas decimonónicos de la ciudad. El más famoso de ellos fue Edward Hornel (1864-1933), un amigo de los Glasgow Boys que pintó impresionantes imágenes de mujeres japonesas. Algunos de sus trabajos se pueden ver en la que fue su casa, Broughton House, en High Street.

En el centro de la ciudad se halla **MacLellan's Castle,** construido en 1583. En las afueras se encuentran las ruinas de Dundrennan Abbey (siglo XII), donde María Estuardo pasó su última noche antes de huir a Inglaterra en mayo de 1568.

🏛 **Tolbooth Art Centre**
High St. 📞 *(01557) 331556.*
⭘ *may-ago: todos los días; oct-abr: lu-sá.* 🅟 ♿

♠ **MacLellan's Castle**
📞 *(0131) 668 8800.* ⭘ *abr-sep: todos los días; oct-mar: sá y do.* ♿

Whithorn ⑱

Dumfries y Galloway. 👥 *1.000.* 🚉 *Stranraer.* 🅟 ℹ️ *Dashwood Sq, Newton Stewart (01671) 402431.*

El centro de culto cristiano más antiguo de Escocia toma su nombre ("casa blanca") de la capilla blanca construida por san Ninian en el año 397. Aunque no quedan restos de la capilla, una visita guiada por las excavaciones arqueológicas muestra los restos de asentamientos anglos, vikingos y escoceses desde el siglo V hasta el XIX. **Whithorn: Cradle of Christianity** es un centro de información audiovisual sobre las excavaciones que contiene una rica colección de piedras talladas, una de las cuales data del año 450.

🏛 **Whithorn: Cradle of Christianity**
45–47 George St. 📞 *(01988) 500508.* ⭘ *abr-oct: todos los días.* 🅟 ♿

Galloway Forest Park ⑲

Dumfries y Galloway. 🚉 *Stranraer.* ℹ️ *Clatteringshaws Forest Wildlife Centre, New Galloway (01644) 420285.* ⭘ *Semana Santa-oct: todos los días.*

La zona más agreste del sur de Escocia posee lugares de interés histórico y una gran belleza. Justo al norte de

Casas tradicionales de piedra en Kirkcudbright

Robert the Bruce combatió a los ingleses en Loch Trool

The Rhinns of Galloway ⓴

Dumfries y Galloway. 🚂 *Stranraer.* 🚌 *Stranraer, Portpatrick.* ⛴ *Stranraer.* 🛈 *28 Harbour St, Stranraer (01776) 702595.*

Newton Stewart, el parque tiene una extensión de 670 km². En Clatteringshaws Loch (al noreste) existe un centro de información, pero el lugar más importante de la zona es Loch Trool. El Martyrs' Monument —junto a Caldons Wood, en el extremo oeste del lago— señala el lugar donde seis Covenanters fueron asesinados mientras oraban en 1685. Sobre la orilla norte, Bruce's Stone conmemora la derrota del ejército inglés a manos de Robert the Bruce en 1307.

Las enormes colinas al norte de Loch Trool merecen una visita. Bennan mide 562 metros, mientras que Benyellary alcanza los 719 metros. Merrick, con sus 843 metros, es la montaña más alta del sur de Escocia.

La ruta de ida y vuelta desde Loch Trool hasta la cima de Merrick por las arenas plateadas de Loch Enoch (al este) es de 15 kilómetros.

ESTA PENÍNSULA, en el extremo suroccidental de Escocia, está casi separada del resto del país por Loch Ryan y Luce Bay. Entre otros atractivos está el **Logan Botanic Garden,** creado en 1900 cerca de Port Logan, donde las especies subtropicales se benefician del clima templado de la zona.

Stranraer, en Loch Ryan, es la ciudad principal y el puerto de los transbordadores hacia Irlanda del Norte. Cerca de allí, en el bonito pueblo de **Portpatrick** se hallan una iglesia en ruinas de 1629 y los restos del Dunskey Castle, del siglo XVI.

🌿 **Logan Botanic Garden**
Port Logan, Stranraer. 📞 *(01776) 860 231.* 🕐 *mar-oct: todos los días.* 🎫 ♿

EXCURSIÓN POR EL GALLOWAY FOREST PARK

Desde el aparcamiento, descienda en dirección este por una carretera privada hasta una casa de huéspedes, cruzando un puente y tomando un camino en dirección noreste que atraviesa un prado. Siga el valle de Gairland Burn durante 1,5 km hasta llegar a Loch Valley. A pocos minutos en dirección norte se encuentra el solitario Loch Neldricken, desde donde se puede volver por la misma ruta o tomar otra más escarpada a través de la cresta de Buchan Hill. Esta zona es una mezcla de colinas y pequeños lagos situados en depresiones causadas por el hielo hace miles de años. También se pueden hacer excursiones más cortas alrededor de Loch Trool.

SIGNOS CONVENCIONALES

▪ ▪ Sendero
═ Carretera de acceso
☀ Punto panorámico
🅿 Aparcamiento

ALGUNOS CONSEJOS

Punto de partida: *aparcamiento de Bruce's Stone, en Loch Trool.*
Recorrido: *10 km.*
Cómo llegar en coche: *saliendo de la A714, a unos 14 km al norte de Newton Stewart, a lo largo de una carretera de acceso durante 8 km.*

Loch Enoch
Loch Aaron
Loch Neldricken
Loch Valley
Long Loch of Glenhead
Round Loch of Glenhead
Loch Trool

0 kilómetros   2

Culzean Castle ㉑

Robert Adam, por George Willison

E N UNA EXTENSA FINCA al borde de un acantilado se encuentra Culzean Castle, una fortaleza del siglo XVI que estuvo habitada por los condes de Cassillis. Reformada entre los años 1777 y 1792 por Robert Adam y restaurada en los años setenta, el castillo es un buen ejemplo del estilo de los últimos años del arquitecto neoclásico. La finca se convirtió en el primer parque público de Escocia en 1969. La combinación de cultivos agrícolas y jardinería ornamental refleja las labores cotidianas y de ocio de una gran hacienda rural.

Vista de Culzean Castle (1815), de Nasmyth

Los aposentos de lord Cassillis contienen mobiliario del siglo XVIII, incluyendo un armario de caballero de 1740.

PLANO DE CULZEAN CASTLE

PRIMERA PLANTA

- Salón azul
- Pinacoteca
- Aposentos de lord Cassillis
- Dormitorio
- Antecámara
- Vestidor
- Salón
- Eisenhower Presentation
- Vestíbulo
- Entrada
- Antiguo comedor
- Tienda
- Comedor
- Sala de maquetas
- Armería
- Sala del Benefactor
- Escalera oval

PLANTA BAJA

La torre del reloj, que da a una plaza circular, fue en su día cochera y caballeriza; el reloj se añadió en el siglo XIX. Actualmente, las instalaciones se emplean con fines educativos y como residencia.

RECOMENDAMOS

★ **Salón**

★ **Escalera oval**

Armería
En las paredes cuelgan las hojas de bayoneta y los trabucos de chispa enviados al West Lowland Fencible Regiment cuando Napoleón amenazó con invadir la isla a principios de 1800.

INFORMACIÓN ESENCIAL

(NTS) a 6 km al oeste de Maybole, Ayrshire. 📞 (01655) 760269. 🚉 Ayr, después en autobús. **Castillo** ⬛ abr-oct: 10.00-17.30 todos los días. **Parque** ⬛ todos los días hasta el atardecer. 🖼️ ♿ 📷 🍴 🛍️

La Eisenhower Presentation, en la última planta de Culzean, honra al general en agradecimiento a sus servicios en la II Guerra Mundial.

Fountain Court
Este jardín es un buen punto de partida para recorrer la finca hacia el este.

Paso de carruajes

★ Salón
Con sus sillas Luis XVI y sus colores dieciochescos, este elegante salón se asoma al borde del acantilado, a 46 metros sobre el Firth of Clyde. La alfombra copia un diseño de Adam.

★ Escalera oval
Iluminada por una claraboya, la escalera con pilares jónicos y corintios es una de las obras maestras de Adam.

GLASGOW

G LASGOW MANIFIESTA SU AUDACIA *en todos los terrenos: en las siluetas de sus nuevos edificios, como el Armadillo, ampliación del Scottish Exhibition and Conference Centre, en las tiendas de diseño y en el ingenio de su gente. Aunque en los años 70 aún era una ciudad con un pasado industrial en declive y sin perspectivas de futuro, desde entonces ha experimentado grandes cambios.*

El centro de la ciudad, en la orilla norte del río Clyde, ha estado poblado desde tiempos antiguos. Ya hace unos 2.000 años los romanos anduvieron por la zona, y desde el siglo VI existió aquí una comunidad religiosa. Los archivos revelan la importancia creciente de Glasgow como ciudad mercantil a partir del siglo XII.

Los edificios históricos —como el Provand's Lordship, una casa del siglo XV— evocan las raíces preindustriales de la ciudad, aunque la ciudad moderna surgió de las riquezas del Imperio Británico y de la revolución industrial. En el siglo XVIII la ciudad importaba ron, azúcar y tabaco de las colonias. En el siglo XIX se especializó en la manufactura del algodón para más tarde acoger importantes astilleros y empresas de ingeniería pesada que atrajeron inmigrantes de las zonas pobres de las Highlands, las islas e Irlanda. Entre las décadas de 1870 y 1880 la población pasó de unos 40.000 a más de 500.000 habitantes, y los límites de la ciudad se extendieron. A pesar de la depresión económica de entreguerras, Glasgow recuperó su importancia industrial hasta bien entrada la década de los setenta, cuando la disminución de la demanda de sus productos marcó el inicio de un periodo difícil para la ciudad. El International Garden Festival en 1988, la elección como Capital Europea de la Cultura en 1990, los edificios reformados y la espectacular vida nocturna contribuyeron al renacimiento de la ciudad, que ha acabado el milenio con el nombramiento de Ciudad de la Arquitectura del Reino Unido.

Elegantes *brasseries* en la zona renovada de Merchant City, en Glasgow

◁ Vidriera del arquitecto y diseñador Charles Rennie Mackintosh, cuya obra se puede admirar por toda la ciudad

Explorando Glasgow

E L CENTRO DE GLASGOW es una ordenada red de calles que van de este a oeste y de norte a sur en la orilla septentrional del río Clyde. En esta pequeña zona se hallan las principales estaciones de tren, los mejores establecimientos comerciales y la oficina de turismo, en George Square. En las afueras, Byres Road (al oeste de Kelvingrove Park) es el centro del distrito del West End, donde abundan los bares y los restaurantes cercanos a la Universidad. En el suroeste, el Pollok Country Park alberga la extraordinaria Burrell Collection.

Detalle de la fachada falsamente antigua del St Mungo Museum

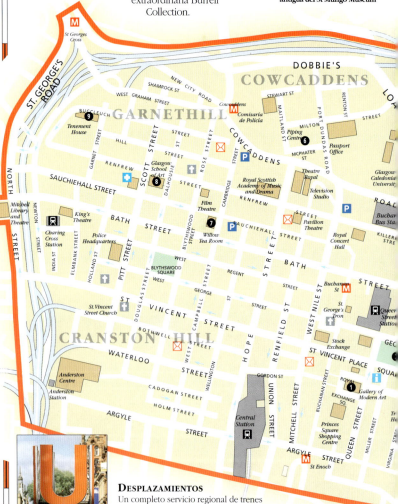

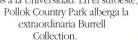

La característica "U" del metro de Glasgow

DESPLAZAMIENTOS

Un completo servicio regional de trenes une Glasgow con los suburbios. Dentro de la ciudad una línea de metro realiza circuitos diarios por el centro, al norte y al sur del río Clyde (con horario limitado los domingos). La autopista M8 pasa por el centro de Glasgow, uniendo Inverclyde y el aeropuerto (al oeste) con Edimburgo, al este. Los autobuses y los tradicionales taxis negros constituyen otra opción.

LUGARES DE INTERÉS

Calles y edificios históricos
George Square ❷
Catedral de Glasgow
   y necrópolis ❺
Pollok House ⓱
Willow Tea Room ❼

Museos y galerías
Burrell Collection pp. 104–105 ⓲
Gallery of Modern Art ❶
Hunterian Art Gallery ⓭
Kelvingrove Art Gallery
   and Museum ⓫
Museum of Transport ⓬

People's Palace ⓯
Provand's Lordship ❸
St Mungo Museum of
   Religious Life and Art ❹
Tenement House ❾

Parques y jardines
Botanic Gardens ⓮

Centros artísticos
Glasgow School of Art ❽
House for an Art Lover ⓰
Piping Centre ❻
Scottish Exhibition Centre ❿

Sauchiehall Street, corazón
de la bulliciosa zona comercial

VER TAMBIÉN
• *Alojamiento* pp. 168-169
• *Restaurantes* pp. 178-180

SIGNOS CONVENCIONALES
Lugar de interés
Estación de autobuses
Estación del ferrocarril
M Estación de metro
P Aparcamiento
Información turística
Oficina de correos
Hospital
Iglesia

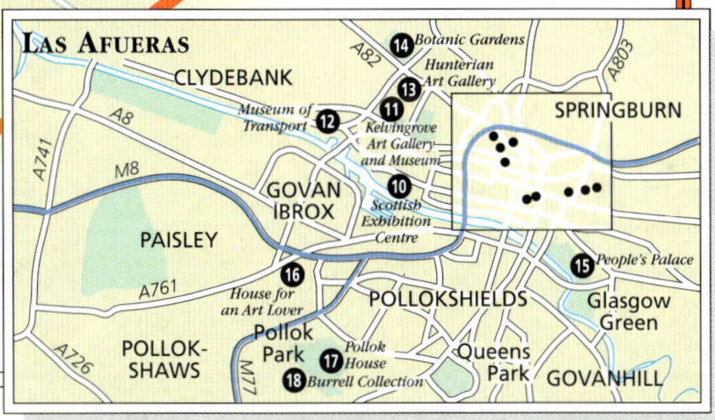

0 metros   300

El impresionante City Chambers en George Square, con la estatua de Walter Scott sobre la columna central

Gallery of Modern Art ❶

Queen Street. **(** (0141) 229 1996.
◐ todos los días. **&** **✓**
www.goma.glasgow.gov.uk

E STE EDIFICIO construido en 1829, antigua sede de la Bolsa de Glasgow, incorpora la mansión de finales del siglo XVIII que ocupaba el solar. El Ayuntamiento se hizo cargo del edificio justo después de la II Guerra Mundial, y durante muchos años se utilizó como biblioteca hasta que en 1996 se convirtió en la Gallery of Modern Art. Una controvertida política de adquisiciones y un presupuesto limitado han llevado a la galería a decantarse por obras de artistas vivos. En un afán por atraer a un público más amplio se exponen las figuras regordetas de Beryl Cook y las desnudas imágenes fotográficas de Jo Spence. Los artistas contemporáneos escoceses como John Bellany, Elizabeth Blackadder y la nueva generación de los Glasgow Boys están representados en las cuatro plantas

La elaborada torre de la Gallery of Modern Art

temáticas dedicadas a cada uno de los cuatro elementos: aire, agua, tierra y fuego.

George Square ❷

Centro de la ciudad. **City Chambers**
((0141) 287 2000. **◐** 10.30 y 14.30 lu-mi y vi para visitas guiadas.
& **✓** Merchant House **(** (0141) 221 8272. **✓** previa cita.

E STA PLAZA TRAZADA a finales del siglo XVIII como zona residencial se convirtió con la reestructuración de la época victoriana en el centro neurálgico de la ciudad, y todavía lo sigue siendo. El único edificio que no se vio afectado por estos cambios es el Copthorne Hotel (1807), en el lado norte de la plaza.

En la década de 1870 se construyeron la antigua oficina de correos (1876), en la esquina sureste, y la **Merchant House** (1877), en el lado oeste. Esta última alberga la sede de la Cámara de Comercio de Glasgow, fundada en 1871, la organización más antigua de su clase en el Reino Unido.

El imponente edificio que domina George Square es **City Chambers,** en el lado este. Diseñado por William Young en estilo renacentista italiano, fue

inaugurado por la reina Victoria en 1888. Con las elegantes proporciones de su interior decorado con mármoles y mosaicos, la opulencia del conjunto hace de éste el edificio más impresionante de su clase en Escocia.

Provand's Lordship ❸

3 Castle St. **(** (0141) 287 2699.
● hasta el año 2000 por reformas.

P ROVAND'S LORDSHIP fue construida como casa de un canónigo en 1471. La vivienda más antigua de la ciudad alberga hoy un museo. Sus techos bajos y su mobiliario austero de madera dan una idea clara de la vida en una casa acaudalada del siglo XV. Parece ser que María Estuardo (ver p. 44) se hospedó aquí cuando viajó a Glasgow en 1566 para visitar a Lord Darnley, su primo y marido.

Provand's Lordship, la única casa medieval de Glasgow

St Mungo Museum of Religious Life and Art ❹

2 Castle St. ☎ (0141) 553 2557.
⏰ todos los días.&♿ 📷 previa cita.

GLASGOW TIENE fuertes raíces religiosas, ya que el asentamiento que originó la ciudad actual surgió alrededor de un monasterio fundado en el siglo VI por Mungo, un sacerdote que murió a principios del siglo VII. Su cuerpo está enterrado bajo la catedral de Glasgow, construida en el siglo XII en unas tierras bendecidas por san Ninian hacia el año 397.

Ante el creciente aumento del número de visitantes se pensó en construir un centro de información turística. Sin embargo, a pesar de los esfuerzos de la Sociedad de Amigos de la Catedral de Glasgow, no se recaudaron fondos suficientes. El Ayuntamiento se hizo cargo y propuso un proyecto más ambicioso: un museo sobre la vida y el arte religiosos. Como

Detalle del St Mungo Museum

emplazamiento para el nuevo edificio se escogió el solar del desaparecido Castle of the Bishops (siglo XIII), contiguo a la catedral. Aunque fue terminado en 1993, el museo tiene el aspecto de una casa fortificada de hace varios siglos.

En la planta superior se cuenta la historia de la religión en el país desde una perspectiva no religiosa. En la muestra están representadas las creencias protestante y católica, así como otras religiones de la Escocia moderna. Se pueden contemplar muchos y variados objetos relacionados con la comunidad musulmana (que tiene una mezquita en la ciudad desde 1984) o con los seguidores del behaísmo.

Las restantes plantas del museo están dedicadas a diferentes obras de arte. La joya de la colección es el *Cristo de San Juan de la Cruz* de Dalí (1951), cuyo traslado a Glasgow en 1952 resultó muy controvertido. El cuadro, destrozado en 1961 y posteriormente restaurado, se encuentra junto a variados objetos religiosos y obras de arte: discos mortuorios de la China neolítica (2000 a.C.), dibujos contemporáneos de aborígenes australianos y excelentes vidrieras escocesas de principios del siglo XX.

Otras zonas del museo albergan exposiciones que versan sobre cuestiones universales como la guerra, las persecuciones, la muerte y la vida después de ésta, y sobre diversas culturas, desde África occidental hasta México. Alrededor del edificio existe un jardín zen —creado por Yasutaro Tanaka— semejante a los que fomentan la contemplación en los templos budistas desde principios del siglo XVI.

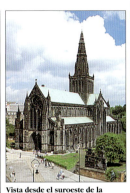

Vista desde el suroeste de la catedral medieval de Glasgow

Catedral de Glasgow y necrópolis ❺

Cathedral Square. **Catedral**
☎ (0141) 552 6891. ⏰ todos los días. &♿ **Necrópolis** ⏰ todos los días.

LA CATEDRAL DE Glasgow adoptó el culto protestante durante la Reforma escocesa *(ver p. 44),* lo que la salvó de la destrucción. Esto explica que sea una de las escasas iglesias del siglo XIII que se conservan casi completas. Fue construida en el solar de una capilla fundada por el santo patrono de la ciudad, san Mungo, un obispo de Strathclyde del siglo VI. Según la leyenda, Mungo depositó el cadáver de un hombre santo llamado Fergus en un carro uncido a dos toros salvajes y les dijo que lo llevaran al lugar ordenado por Dios. El "verde y amado lugar" donde se detuvieron los toros fue el elegido para construir la iglesia.

Al estar situada en un talud, la catedral tiene dos niveles. La cripta guarda la tumba de san Mungo, rodeada por un bosque de columnas que forman bóvedas nervadas de delicada talla. La nave Blacader, construida sobre un cementerio bendecido por san Ninian, tiene el techo lleno de claves decorativas.

Detrás de la catedral, un retrato del reformista protestante John Knox *(ver p. 44)* contempla la ciudad desde su pilar dórico, con vistas al cementerio victoriano. La necrópolis está llena de restos de monumentos a los muertos de las familias de ricos comerciantes de la ciudad.

Cristo de San Juan de la Cruz de Dalí, en el St Mungo Museum of Religious Life and Art

Piping Centre ❻

30–34 McPhater St. 📞 *(0141) 353 0220.* ⭘ *todos los días.* 📷 ♿

El PIPING CENTRE abrió sus puertas en 1996 en una iglesia reconstruida con el fin de promover el estudio y el conocimiento de la historia de la gaita en Escocia. Además de impartir clases a todos los niveles el centro alberga el **National Museum of Piping,** que reconstruye la historia del instrumento. La exposición muestra que la gaita fue introducida en Escocia ya en el siglo XIV, aunque su edad de oro fueron los siglos XVII y

Gaitas tradicionales

XVIII. Fue en tiempos de los MacCrimmons de Skye (los gaiteros herederos de los jefes del clan MacLeod) cuando se escribieron populares canciones de estructura compleja (*ceol mor,* "la gran música") para reuniones de clanes y batallas en forma de lamentos.

Willow Tea Room ❼

217 Sauchiehall St. 📞 *(0141) 332 0521.* ⭘ *lu-sá, do tardes.*

Este es el único superviviente de una serie de salones de té deliciosamente frívolos creados por el diseñador Charles Rennie Mackintosh *(ver página siguiente)* para la

Interior del Willow Tea Room, diseñado por Mackintosh

famosa restauradora Kate Cranston a finales del siglo XIX. Todos los objetos del salón, desde las sillas de espaldar alto hasta la cubertería y las mesas fueron diseñados por Mackintosh. La original **Room de Luxe** (1904), con su sorprendente mobiliario de malva y plata, las vidrieras de colores y una llamativa puerta de cristales emplomados es un lugar muy especial para tomar té con pastas y molletes.

Fachada de la Glasgow School of Art, la obra maestra de Mackintosh

Glasgow School of Art ❽

167 Renfrew St. 📞 *(0141) 353 4526.* ⭘ *lu-sá (previa cita)..* ⬤ *26 jun-2 jul, 20 dic-4 ene.* 📷 ❌ ♿ *limitado.* www.gsa.ac.uk

Considerada por muchos como la mejor obra arquitectónica en la ilustre carrera de Charles Rennie Mackintosh, la Glasgow School of Art fue construida entre 1897 y 1909, después de que el diseño del arquitecto fuera elegido en un concurso. Por razones económicas se construyó en dos fases; la primera parte, la mitad este, es muy sobria y ha sido comparada por un crítico contemporáneo con una cárcel. La segunda mitad, la oeste, es de líneas más suaves.

Un estudiante de arte le enseñará la galería de los muebles, la sala de juntas y la biblioteca, una obra de arte de composición espacial. Cada una de las salas supone un ejercicio de contras-

tes de altura, luz y sombras, con unos detalles innovadores que recuerdan los temas arquitectónicos de la estructura. La Glasgow School of Art sigue funcionando como prestigioso centro de estudios artísticos, por lo que la entrada a algunas salas está limitada en ciertas épocas.

Tenement House ❾

(NTS) 145 Buccleuch St. 📞 *(0141) 333 0183.* ⭘ *mar-oct: todos los días (tardes).* 📷 ❌ *previa cita.*

Más parecida a una máquina del tiempo que a un museo, Tenement House refleja fielmente la vida en una casa de vecinos de principios del siglo XX. Gran parte de la vitalidad y del buen ambiente vecinal de Glasgow provenía de las casas de vecinos, aunque en años posteriores el excesivo número de inquilinos y la pobreza en la que vivían hicieron que perdieran su buena reputación; muchas de ellas han sido demolidas.

La vivienda perteneció en un principio a Agnes Toward, quien vivió aquí de 1911 a 1965. Gracias al sentido del orden y de la conservación de la señorita Agnes, la casa es hoy un auténtico tesoro de historia social. En el salón, que sólo se usaba en ocasiones especiales, se conserva el servicio de té sobre un elegante mantel de encaje blanco. La cocina con hornillo de carbón está repleta de utensilios del pasado, como una plancha para hacer *waffles* (tortitas crujientes), una tabla para lavar y una botella de agua caliente de piedra.

En el cuarto de baño las medicinas y aguas de lavanda siguen ordenadas como si Agnes hubiera salido un momento hace nada menos que setenta años y hubiera olvidado volver.

Cocina eduardiana conservada en Tenement House

Los artistas de Glasgow

Detalle de la House for an Art Lover

LOS ÚLTIMOS AÑOS del siglo XIX en Glasgow constituyeron un periodo de gran actividad artística, con pintores tan influyentes como James Guthrie o Robert McGregor. El esnobismo de los poderosos círculos artísticos de Edimburgo hizo que estos artistas tuvieran que salir a menudo fuera de Escocia para alcanzar el reconocimiento. A raíz de una exposición en Londres en 1890 se acuñó el término "Glasgow School", aunque los artistas se autodenominaban los "Glasgow Boys". El diseñador modernista Charles Rennie Mackintosh contribuyó con su genio al ambiente artístico de la ciudad y a la construcción de la Glasgow School of Art, completada en dos etapas (1899 y 1909). Más recientemente, el término "Glasgow Boys" ha sido utilizado para referirse a los artistas que asistieron a la School of Art en la década de los 70 y de los 80.

Estación de Stirling, *de William Kennedy (1859-1918) muestra un andén abarrotado de gente. Los colores vivos y el humo de los trenes contribuye a crear el ambiente de esta animada estación.*

Una estrella *(1891), de sir John Lavery, es una muestra del estilo vaporoso y elegante del artista. Nacido en Belfast, Lavery estudió en Glasgow y formó parte de la Glasgow School, influida por los impresionistas y por Whistler.*

En El caminante, *de Edward Arthur Walton (1860-1922), el tortuoso sendero conduce al espectador hacia la lejanía siguiendo la mirada del caminante.*

Diseñada por Mackintosh en 1901, *la House for an Art Lover (ver p. 103)* (ver p. 103) *fue construida en 1996. El diseño del edificio y todo el mobiliario se mantienen fieles a los planes originales.*

Los tulipanes estilizados *sobre fondo cuadriculado de Mackintosh son un ejemplo de decoración de estilo modernista por la yuxtaposición de lo orgánico y lo geométrico.*

La fluidez formal de Mackintosh *se puede observar en esta vidriera conservada en la House for an Art Lover.*

CHARLES RENNIE MACKINTOSH

El diseñador más famoso de Glasgow (1868-1928) ingresó en la Glasgow School of Art con 16 años. Tras su éxito con el Willow Tea Room, se convirtió en una figura destacada del movimiento modernista. Las líneas rectas y los detalles de suaves curvaturas caracterizan el estilo de principios del siglo XX.

Scottish Exhibition Centre ❿

Finnieston. 📞 *(0141) 248 3000.* ♿
📠 *previa cita.* www.secc.co.uk

L A APERTURA DE este centro en 1985 dotó a Glasgow de unas instalaciones excelentes para la celebración de conferencias, exposiciones y espectáculos. El auditorio principal (con capacidad para 9.000 personas) acoge importantes conciertos de rock. El centro revitalizó una franja abandonada del Clyde y, con ocasión del Glasgow Garden Festival —celebrado en 1988 en la otra orilla— se construyó el puente peatonal Bell's Bridge.

El exterior del centro (que deja mucho que desear) le ha valido el apelativo de "barraca ignominiosa", pero en 1997 se completó una ampliación cuyo diseño fue muy aplaudido. El impresionante edificio (conocido como el Armadillo) recuerda a la estructura metálica simétrica de la Ópera de Sydney. Cerca de aquí, la grúa de Clyde Navigation Trustees recuerda el pasado industrial de la ciudad.

Kelvingrove Art Gallery and Museum ⓫

Argyle St, Kelvingrove. 📞 *(0141) 287 2699.* ⭘ *todos los días.* ♿ 📠

E STE IMPONENTE edificio de arenisca alberga la magnífica colección de la galería de arte más famosa de Escocia. Conocida por sus

***Dama japonesa con abanico** (1894), de George Henry, en Kelvingrove*

cuadros holandeses del siglo XVII y franceses del XIX, la colección comenzó como un regalo de un carrocero de Glasgow que, al morir en 1854, donó obras de Botticelli, Giorgione y Rembrandt. Entre los artistas continentales más importantes destacan Degas, Millet y Monet, mientras que en la Scottish Gallery se puede contemplar el famoso cuadro de James Hamilton (1853-1894) *La masacre de Glencoe* (*ver p. 134*) junto a obras de los Glasgow Boys (*ver p. 101*). También hay cerámica, plata, armas y armaduras europeas y una exposición sobre geología escocesa. El apartado de arqueología incluye una reconstrucción de la Muralla Antonina, construida por los romanos para señalar los límites de la Escocia ocupada.

Museum of Transport ⓬

1 Bunhouse Rd. 📞 *(0141) 287 2000.* ⭘ *todos los días.* ♿ 📠

I NSTALADO EN Kelvin Hall, este imaginativo museo refleja el optimismo y la energía del apogeo industrial de la ciudad. Barcos en miniatura, relucientes motores de vapor construidos en Escocia, coches y motocicletas evocan el siglo XIX y los inicios del XX, cuando la supremacía de Glasgow en los astilleros, el comercio y las manufacturas la convirtieron en la "segunda ciudad" del Imperio Británico. El Glasgow antiguo se puede contemplar en las fascinantes secuencias cinematográficas de la ciudad y en la reconstrucción de una calle de 1938.

Reconstrucción de una calle de 1938 con una estación de metro, Museum of Transport

Hunterian Art Gallery ⓭

82 Hillhead St. 📞 *(0141) 330 5431.* ⭘ *lu-sá.* ⬤ *24 dic-5 ene.*

C ONSTRUIDA PARA albergar una serie de cuadros legados por el físico y ex-alumno William Hunter (1718-1783) a la Universidad de Glasgow, la Hunterian Art Gallery contiene la colección más completa de grabados de Escocia, así como obras de muchos importantes artistas europeos desde el siglo XVI. Las obras del diseñador C.R. Mackintosh (*ver p. 101*) se complementan con una reconstrucción completa del nº 6 de Florentine Terrace, la casa donde vivió de 1906 a 1914. Entre los importantes artistas

La Kelvingrove Art Gallery y la Universidad de Glasgow, vistas desde el sur

escoceses de los siglos XIX y XX se encuentra William McTaggart (1835-1910), pero el más importante es el pintor estadounidense formado en París James McNeill Whistler (1834-1903), quien influyó en muchos de los pintores de la escuela de Glasgow.

Esbozo para Annabel Lee (1869) de Whistler, Hunterian Art Gallery

Botanic Gardens **14**

Great Western Rd. 🕻 *(0141) 334 24 22.* 🕐 *todos los días.* ♿ 📷 *previa cita.*

ESTOS JARDINES ofrecen un remanso de paz en el corazón del West End, junto al río Kelvin. Creados originariamente en 1817 en otra zona, fueron transportados a su emplazamiento actual en 1839 y abiertos al público tres años después. Junto a la gran variedad de plantas de los invernaderos, lo más interesante es el **Kibble Palace.** Construido por

el ingeniero victoriano John Kibble en el Loch Long de las Highlands, este palacio de cristal fue transportado a su actual emplazamiento a principios de la década de 1870, perdiendo gran parte de su antiguo esplendor.

People's Palace **15**

Glasgow Green. 🕻 *(0141) 554 0223.* 🕐 *todos los días.* ♿

ESTE EDIFICIO victoriano de arenisca construido en 1898 como museo para los habitantes del East End ilustra la historia social de Glasgow desde el siglo XII hasta el siglo XX con todo tipo de objetos, desde octavillas o carteles sufragistas hasta estandartes sindicales o las botas en forma de plátano del cómico Billy Connolly.

Detrás del edificio hay un fabuloso invernadero con un exótico jardín invernal lleno de plantas y pájaros tropicales.

House for an Art Lover **16**

Bellahouston Park, Dumbreck Rd. 🕻 *(0141) 353 4791.* 🕐 *todos los días.* ● *durante las funciones (llamar para informase).* 📷 ♿

MACKINTOSH y su compañera Margaret Macdonald diseñaron los planos de la House for an Art Lover para un concurso convocado por una revista alemana en el verano de

Piano de Mackintosh en la sala de música de la House for an Art Lover

1900. Se trataba de crear un retiro campestre para un amante del arte elegante y con buen gusto. Al tratarse de un ejercicio teórico la pareja no se preocupó por cuestiones logísticas o presupuestarias, ganando un premio especial por sus esfuerzos.

Durante 80 años los planos quedaron olvidados hasta que el ingeniero Graham Roxburgh (quien ya había trabajado en la reconstrucción de otros interiores de Mackintosh en Glasgow, como el de Craigie Hall) decidió intentar construir la House for an Art Lover. Las obras comenzaron en 1989 y terminaron en 1996. El edificio acoge un estudio de diseño digital, un centro de estudios de postgrado para los estudiantes de la School of Art y un café.

En las habitaciones del piso principal se revelan la personal visión de Mackintosh y el talento artístico de Macdonald. La habitación oval, pensada como lugar de descanso para señoras, es un espacio bellamente proporcionado pintado en un solo color tenue. La sala de música, con el maravilloso piano que realza el ambiente de la época, es luminosa y sugerente.

La sala principal —más oscura que otras habitaciones— conduce al comedor, con su mesa alargada, un aparador y una chimenea de piedra. Impresiona la enorme atención a los detalles presente en toda la casa, en el artesonado, los juegos de luces y otros elementos. Lo mismo ocurre en el exterior, que constituye una obra maestra del diseño.

Uno de los invernaderos del tranquilo jardín botánico de Glasgow

Vista desde el sur de Pollok House, de estilo georgiano

Pollok House ⑰

(NTS) 2060 Pollokshaws Rd. 🄲 *(0141) 616 6410.* ⏰ *abr-oct: 10.00-17.00 todos los días; nov-mar: 11.00-16.00 todos los días.*

POLLOK HOUSE —la mejor muestra de arquitectura civil de Glasgow del siglo XVIII— contiene la colección de pintura española más valiosa de Gran Bretaña. El cuerpo central de estilo neoclásico se terminó en 1750; su sobrio exterior contrasta con los exuberantes estucados del interior. Los Maxwell han vivido en Pollok desde mediados del siglo XIII, pero la línea paterna terminó con sir John Maxwell, quien añadió el inmenso vestíbulo en la década de 1890. Amante de las plantas, también diseñó los jardines y el parque.

Junto a la plata, la porcelana, el papel chino pintado a mano y la cristalería escocesa del siglo XVII destacan los cuadros de las escuelas inglesa y holandesa, con lienzos como *Sir Geoffrey Chaucer y los veintinueve peregrinos* (1745) de William Blake y el retrato de William Hogarth de James Thomson, autor de la letra de *Rule Britannia*.

Predominan los pintores españoles de los siglos XVI al XIX; *La dama de los armiños* (1541) de El Greco cuelga en la biblioteca, mientras que el salón atesora obras de Goya y Murillo. En 1966, Anne Maxwell MacDonald cedió la casa con sus 146 hectáreas de terreno a la ciudad de Glasgow. En el amplio parque se edificó la sede

Burrell Collection ⑱

EN 1944 SIR WILLIAM BURRELL (1861-1958), un adinerado naviero, regaló a la ciudad esta colección de fama internacional. Esta joya del renacimiento de Glasgow cuenta con piezas de gran interés en los campos más variados. El edificio se construyó en 1983 para albergar el museo; cuando brilla el sol, las vidrieras resplandecen y los tapices en sombra parecen formar parte de los jardines.

Cabeza de toro
Esta cabeza de bronce turca del siglo VII a.C. formaba parte del asa de un caldero.

Comedor de Hutton Castle
Ésta es una reconstrucción del comedor de Hutton Castle, la casa de Burrell del siglo XVI cercana a Berwick-upon-Tweed. También pueden contemplarse el salón y el vestíbulo.

Portal de Hornby
Este arco del siglo XIV con temas heráldicos proviene del castillo de Hornby, en Yorkshire.

Entrada principal

RECOMENDAMOS

★ **Vidrieras**

★ **Tapices**

Rembrandt van Rijn
Este autorretrato firmado y fechado en 1632 ocupa un lugar preferente entre la pintura holandesa de la sala de los siglos XVII y XVIII.

Entresuelo

18

5
1
16   17
6
1   15
7
4
4   8
12

Figura de un Lohan
Esta escultura de un discípulo de Buda data de la dinastía Ming (1484).

Planta baja

★ **Vidrieras**
El hombre al calor del fuego es uno de los muchos temas laicos de las vidrieras; esta pieza del siglo XV decoró una iglesia de Suffolk.

INFORMACIÓN ESENCIAL

2060 Pollokshaws Rd, Glasgow.
(0141) 649 7151. *Pollok-shaws West.* 45, 48, 50, 57 desde Glasgow. 10.00-17.00 lu-sá; 11.00-17.00 do.

GUÍA DEL MUSEO
Salvo los grandes maestros, que están en el entresuelo, las exposiciones se encuentran en la planta baja. A la derecha del vestíbulo están las salas de tapices, vidrieras y esculturas; las civilizaciones antiguas, el arte oriental y las galerías de época se hallan más adelante.

DISTRIBUCIÓN POR PLANTAS

☐ Civilizaciones antiguas

☐ Arte oriental

☐ Arte europeo medieval y postmedieval, vidrieras y tapices

☐ Galerías de época

☐ Salas de Hutton Castle

☐ Pinturas y dibujos

☐ Exposiciones temporales

El herrero
Esta obra de Constantin Meunier (1831-1905) sobre la dignidad del trabajo se encuentra en la Bronze Gallery.

★ **Tapices**
Detalle de la labor suiza de lana Escenas de la vida de Cristo y la Virgen *(1450), uno de los muchos tapices expuestos.*

DE COMPRAS POR GLASGOW

Broche de Ortak

GLASGOW ES EL PRINCIPAL centro comercial de casi la mitad de la población escocesa, ya que a sus 625.000 habitantes hay que añadir los de los núcleos urbanos de la región centro-occidental de Escocia, cuya vida gira alrededor de Glasgow. El gran número de clientes se debe en parte a que se trata de la ciudad más consciente de la moda en Escocia. El resurgimiento en los años 90 de algunas fortunas ha propiciado la aparición de tiendas elegantes y de grandes superficies. En contraste, el animado mercado callejero de Barras (los fines de semana) ofrece una manera más tradicional —aunque algo anárquica— de ir de compras en Glasgow.

El centro comercial de St Enoch Centre

GRANDES ALMACENES Y CENTROS COMERCIALES

ABIERTO EN 1968, **Princes Square** está considerado como el centro comercial más elegante de Escocia. El **Italian Centre,** en la zona de Merchant City, alberga boutiques de diseño. **House of Fraser** y **John Lewis** (abierto en la primavera de 1999) están entre los grandes almacenes más importantes.

MERCADOS

NO DEJE DE VISITAR **The Barras,** un mercado situado en el extremo este del centro que se celebra los fines de semana. El nombre, una versión dialectal de "The Barrows" (las carretillas), se remonta a los tiempos en los que las mercancías se vendían en carretillas.

El emplazamiento actual —entre Gallowgate y London Road— es un mercado oficial desde los años 20. Los fines de semana los amantes de los saldos invaden los puestos, donde se puede encontrar de todo.

MODA

MUCHAS DE LAS tiendas de ropa de diseño están en los centros comerciales del centro. Fuera de éstos, **Cruise** vende las marcas más conocidas para hombre y mujer. **Diesel,** una de las marcas de moda más experimentadas, tiene una tienda en Buchanan Street. Siguiendo esta calle, **Karen Millen** viste a las ejecutivas modernas; **Smiths** (en Renfield Street) es la versión para caballeros del mismo estilo. **Schuh** es una cadena de tiendas con gran variedad de calzado de moda para ambos sexos, mientras que **Pied à Terre** vende calzado elegante para mujer. **Pandora's Hats** es la mejor tienda de complementos. Para encontrar ropa interior lujosa, vaya a **Pampas Lingerie.** Las tiendas de segunda mano se encuentran por toda la ciudad. **Flip** ofrece artículos de estilo americano de los 50; la ropa de **Starry Starry Night** es más clásica.

Graham Tiso es la mejor tienda al aire libre de la ciudad, con todo tipo de prendas, desde botas y chaquetas a equipos de escalada. Si busca un buen tartán vaya a **Hector Russell,** un sastre de las Highlands que confecciona *kilts* a medida.

ALIMENTACIÓN

Whisky Glenlivet

LA MEJOR charcutería independiente de Glasgow es **Fratelli Sarti,** que ofrece productos italianos tradicionales y una buena selección de vinos. La cadena **Peckham's** tiene una sucursal excelente en Central Station, con una oferta muy variada. **Iain Mellis** —para algunos el mejor quesero del Reino Unido— abrió una tienda en Glasgow en 1995; se trata

Típico puesto de fruta en el tradicional mercado The Barras

del mejor establecimiento del oeste de Escocia para comprar quesos artesanos de leche no pasteurizada. **Roots and Fruits** es la tienda de frutas y verduras más importante de la ciudad, y **Le Petit Sablis** elabora panes estupendos. Aparte de las cadenas nacionales de cerveza, vino y licores como **Oddbins** existe **The Whisky Shop**, en el centro comercial de Princes Square, así como la **Ubiquitous Chip Wine Shop.**

De compras por las numerosas tiendas de Argyle Street

LIBRERÍAS

L A VETERANA LIBRERÍA de Glasgow **John Smith & Son** (fundada en 1751) tiene su central en St Vincent Street. La conocida cadena **Waterstone's** posee una enorme tienda de cinco pisos en Sauchiehall Street, con café para internautas y cafetería.

ARTE Y DISEÑO

E XISTEN PEQUEÑAS galerías donde se pueden adquirir las obras expuestas. Muchas de ellas (**Glasgow Print Studio** y **Art Exposure** entre otras) se encuentran en las calles situadas detrás de Tron Theatre. La **Glasgow Art Fair** (celebrada todos los años a mitad de abril) es una buena oportunidad para adquirir arte contemporáneo. Los amantes de las antigüedades pueden visitar **Heritage House**, en Yorkhill Quay, o **Lansdowne Antiques**, en Park Road. Para muebles y diseño de interiores visite **Designworks** o **Inhouse.**

INFORMACIÓN GENERAL

GRANDES ALMACENES Y CENTROS COMERCIALES

House of Fraser
21–45 Buchanan St, G1 3HR.
(0141) 221 3880.

Italian Centre
7 John St, G1 1HP.
(0141) 552 6368.

John Lewis
Buchanan Galleries, G1 2GF.
(0141) 353 6677.

Princes Square
48 Buchanan St, G1 3JX.
(0141) 221 0324.

MODA

Cruise
180 Ingram St, G1 1DN.
(0141) 552 9989.

Diesel
116–121 Buchanan St, G1 2JW.
(0141) 221 5255.

Flip
70–72 Queen St, G1 3EN.
(0141) 221 2041.

Graham Tiso
129 Buchanan St, G1 2JA.
(0141) 248 4877.

Hector Russell
110 Buchanan St, G1 2JN.
(0141) 221 0217.

Karen Millen
36 Buchanan St, G1 3JX.
(0141) 243 2136.

Pampas Lingerie
78 Hyndland Rd, G12 9UT.
(0141) 357 2383.

Pandora's Hats
5 Sinclair Drive, G42 9PR.
(0141) 649 7714.

Pied à Terre
Unit 20 Princes Square, Buchanan St, G1 3JD.
(0141) 221 0463.

Schuh
118–120 Argyle St, G2 8BH.
(0141) 248 7331.

Smiths
14–16 Renfield St, G2 5AL.
(0141) 221 0603.

Starry Starry Night
19–21 Dowanside Lane, G12 9BZ.
(0141) 337 1837.

ALIMENTACIÓN

Fratelli Sarti
133 Wellington St, G2 2XD.
(0141) 248 2228.

Iain Mellis
492 Great Western Rd, G12 8EW.
(0141) 339 8998.

Le Petit Sablis
493 Great Western Rd, G12 8HL.
(0141) 576 0220.

Oddbins
26 Hope St, G2 6AA.
(0141) 248 3082.

Peckham's
Caledonian Centre, Central Station, G1 3SH.
(0141) 248 4012.

Roots & Fruits
351 Byres Rd, G12 8AU.
(0141) 339 5164.

Ubiquitous Chip Wine Shop
12 Ashton Lane, G12 8SJ.
(0141) 334 5007.

The Whisky Shop
Unit 12 Princes Square, 48 Buchanan St, G1 3JX.
(0141) 226 8446.

LIBRERÍAS

John Smith & Son
57 St Vincent St, G2 5TB.
(0141) 221 7472.

Waterstone's
153–157 Sauchiehall St, G2 3EW.
(0141) 332 9105.

ARTE Y DISEÑO

Art Exposure
19 Parnie St, G1 5RJ.
(0141) 552 7779.

Designworks
38 Gibson St, G12 8NX.
(0141) 339 9520.

Glasgow Art Fair
(0141) 552 6027.

Glasgow Print Studio
22 King St, G1 5QP.
(0141) 552 0704.

Heritage House
3b Yorkhill Quay Estate, G3 8QE.
(0141) 334 4924.

Inhouse
24–26 Wilson St, G1 1SS.
(0141) 552 3322.

Lansdowne Antiques
10 Park Rd, G4 9JG.
(0141) 339 7211.

DISTRACCIONES EN GLASGOW

LA MÚSICA DE BAILE de los años 90 ha encontrado su ambiente ideal en Glasgow, cuya vida nocturna es quizás la más espectacular de Escocia. La música popular está muy bien representada, tanto en el Scottish Exhibition Centre (donde hay dos grandes salas de rock) como en Barrowlands. La ciudad cuenta con cines comerciales y con el Glasgow Film Theatre, que exhibe películas de estreno y

**Bandera con el eslogan
"Glasgow, ciudad acogedora"**

de arte y ensayo. El Celtic Connections Festival celebrado en enero es un acontecimiento internacional de música tradicional acompañado de múltiples manifestaciones culturales por toda la ciudad. Algunas orquestas importantes, el Scottish Ballet y la Scottish Opera tienen aquí su base. Entre los teatros destaca el prestigioso Citizens'; el Tramway y el Arches representan obras innovadoras.

La Scottish Opera representando *Eugenia Onegin* en el Theatre Royal

FUENTES DE INFORMACIÓN

LA REVISTA quincenal *The List* informa sobre todos los acontecimientos culturales de Glasgow y Edimburgo.

MÚSICA CLÁSICA Y ÓPERA

LA SCOTTISH OPERA —la compañía de ópera nacional de Escocia— tiene su base en el **Theatre Royal**, donde representa unas ocho obras por temporada.

El **Glasgow Royal Concert Hall** (con capacidad para 2.400 personas) es la base de la Royal Scottish National Orchestra y escenario de importantes orquestas internacionales. Cuando fue inaugurado en 1990 sustituyó al **City Hall** como la sala más importante, aunque la Scottish Chamber Orchestra sigue actuando en esta última.

Para albergar funciones menos multitudinarias la **Royal Scottish Academy of Music and Drama** cuenta con dos salas más pequeñas, y existen otras salas donde ocasionalmente se organizan recitales y conciertos.

ROCK, JAZZ Y MÚSICA INTERNACIONAL

LOS GRUPOS DE ROCK disponen del auditorio principal de la **Scottish Exhibition and Conference Centre** y del **Armadillo,** en el mismo centro. Sin embargo, el principal escenario es **Barrowlands.** Los conciertos de jazz se celebran en el City Hall y en el **Cottier's Theatre.** El Celtic Connections

Músicos de jazz tocando frente al City Chambers durante un festival

Festival tiene lugar en el Royal Concert Hall, que como el **Old Fruitmarket** alberga conciertos de música internacional.

CINE

EN GLASGOW abundan los cines. El **ABC Film Centre** y el **Odeon City Centre** cuentan con seis salas; el **Odeon at the Quay** tiene doce. En el **Glasgow Film Theatre** (conocido por sus iniciales, GFT) se exhiben películas en lengua extranjera y de arte y ensayo. El **Grosvenor** ofrece películas comerciales e independientes.

La elegante cafetería del Tron Theatre, en el centro de la ciudad

TEATRO Y DANZA

CUANDO LO HACE en Glasgow, el Scottish Ballet siempre actúa en el Theatre Royal (*ver Música clásica y ópera),* el cual recibe también a compañías de danza de muy diferentes estilos. El teatro está incluido en un importante circuito de compañías inglesas y extranjeras.

El **Citizens' Theatre** —considerado como el mejor teatro de Escocia— está especializado en espectáculos dramáticos, desde tragedias griegas a obras modernas. Tanto el **Tramway** como el **Arches** han representado obras de vanguardia; sus trabajos experimentales son muy prestigiosos. Espectáculos con menos pretensiones se pueden ver en el **Tron** y en el Cottier's Theatre *(ver Rock, jazz y música internacional)*. Los musicales y las comedias están casi monopolizados por el popular **King's.**

Original señal viaria en el West End

BARES Y CLUBES

E L VISITANTE PUEDE elegir entre los *pubs* tradicionales que conservan el ambiente típico o los bares modernos, de ambiente más actual. Los *pubs* son muy populares; entre ellos están el **Horseshoe,** en el centro, el **Griffin** en Bath Street y el **Halt,** en Woodlands Road. Los establecimientos modernos son más difíciles de encontrar, pero **Bargo** (en Merchan City) y el bar del primer piso del **Cul de Sac** (en el West End) están muy concurridos. La tradición de los clubes es una de las mejores del Reino Unido.

Cada establecimiento oferta diversos tipos de música en noches diferentes, desde el *hip-hop* al *tecno* o la música disco. The Arches *(ver Teatro y danza)*, **The Sub Club, The Tunnel** y **Archaos** están entre los mejores.

DEPORTES

G LASGOW CUENTA con los mejores equipos de fútbol del país: el **Celtic** y el **Glasgow Rangers,** ambos con estadios impresionantes. La temporada tiene lugar en los meses comprendidos entre agosto y mayo, con un mínimo de un partido por semana. El reformado **Hampden National Stadium** acoge las finales de las competiciones coperas en noviembre y en mayo, así como importantes partidos internacionales.

Seguidores del Celtic animando a su equipo desde las gradas

INFORMACIÓN GENERAL	Old Fruitmarket Albion St, G1 1NQ. (0141) 287 5511.	**TEATRO Y DANZA**	Griffin 226 Bath St, G2. (0141) 331 5171.
MÚSICA CLÁSICA Y ÓPERA	**Scottish Exhibition and Conference Centre/Armadillo** Finnieston, G3 8YW. (0141) 248 3000.	Arches 30 Midland St, G1 4PR. (0141) 221 4001.	Halt 160 Woodlands Rd, G3 6LF. (0141) 564 1527.
City Hall Candleriggs, G1 1NQ. (0141) 287 5511.		Citizens' Theatre 119 Gorbals St, G5 9DS. (0141) 429 0022.	Horseshoe 17 Drury St, G2 5AE. (0141) 229 5711.
Glasgow Royal Concert Hall 2 Sauchiehall St, G2 3NY. (0141) 287 5511.	**CINE** **ABC Film Centre** 326 Sauchiehall St, G2 3JB. (0141) 332 9513.	King's 294 Bath St, G2 4JN. (0141) 287 5511. Tramway 25 Albert Drive, G41 2PE. (0141) 422 2023.	The Sub Club 22 Jamaica St, G1 4QD. (0141) 248 4600. The Tunnel 84 Mitchell St, G1 3NA. (0141) 204 1000.
Royal Scottish Academy of Music and Drama 100 Renfrew St, G2 3DB. (0141) 332 5057.	**Glasgow Film Theatre** 12 Rose St, G3 6RB. (0141) 332 8128.	Tron 63 Trongate, G1 5HB. (0141) 552 4267.	**DEPORTES**
Theatre Royal 282 Hope St, G2 3QA. (0141) 332 9000.	**Grosvenor** Ashton Lane, G12 8SJ. (0141) 339 4298.	**BARES Y CLUBES** Archaos 25–27 Queen St, G1 3EF. (0141) 204 3189.	Celtic Celtic Park, 95 Kerrydale St, G40 3RE. (0141) 551 8653.
ROCK, JAZZ Y MÚSICA INTERNACIONAL	**Odeon at the Quay** Paisley Road West, G5 8NP. (0141) 418 0111.	Bargo 80 Albion St, G1 1NY. (0141) 553 4771.	Glasgow Rangers Ibrox Stadium, G51 2YX. (0141) 427 8800.
Barrowlands 244 Gallowgate, G4 0TS. (0141) 552 4601.		Cul de Sac 44–46 Ashton Lane, G12 8SJ. (0141) 334 8899.	**Hampden National Stadium** Hampden Park, Letherby Drive, G42 9BA. (0141) 632 1275.
Cottier's Theatre 93 Hyndland St, G11 5PX. (0141) 357 3868.	**Odeon City Centre** 56 Renfield St, G2 1NF. (0141) 332 3413.		

ESCOCIA CENTRAL

E N ESCOCIA CENTRAL *conviven dos mundos bien distintos, uno moderno e industrializado, con grandes centros urbanos, y otro más antiguo y agreste de paisajes pintorescos. Aquí se hallaba la frontera entre las Lowlands angloparlantes y las Highlands, de habla gaélica. Esta sensación de transitoriedad aún se percibe cuando se viaja hacia el norte.*

La falla de las Highlands atraviesa Escocia central desde Arran, en el suroeste, a Stonehaven, en la costa noreste. La falla separa las Highlands de las Lowlands, haciendo de Escocia central una región de contrastes entre zonas montañosas y tierras de labranza. Durante cientos de años, esta línea fue también punto de encuentro —o frontera— entre dos culturas muy diferentes. Al norte y al oeste vivía un pueblo de habla gaélica, gobernado por los jefes de los clanes. Este modo de vida empezó a perderse a finales del siglo XVIII, cuando las Lowlands, con mayor influencia inglesa, empezaron a ejercer su hegemonía.

La industria escocesa se desarrolló en las Lowlands con la extracción de carbón en los distritos de Lanarkshire y Lothians, mientras que las Highlands quedaban despobladas y eran convertidas más tarde en terrenos de crianza de ganadería ovina y en zonas deportivas.

Los mundos industrial y preindustrial conviven en Escocia central debido a su carácter compacto, todo lo contrario a las Highlands y las Lowlands. Stirling Castle, parte del cual data del siglo XVI, está situado junto a plantas petroquímicas y centrales eléctricas en la parte alta del río Forth. A las tranquilas Trossachs y las colinas de Arran se llega fácilmente desde Glasgow, la ciudad más grande e industrializada de Escocia.

La primera fundición accionada por carbón fue construida en 1759 en Carron, donde trece años antes Bonnie Prince Charlie había conseguido una de sus últimas victorias militares como pretendiente al trono británico. Los importantes centros comerciales de Perth y Dundee están situados a poca distancia de las más bien agrestes Highlands; no existe en Escocia otra región con contrastes tan enormes.

Vista de las impresionantes montañas de Arran desde Goat Fell Ridge, cerca de Brodick

◁ Muchas de las casas solariegas de Escocia central están dotadas con campos de golf

Explorando Escocia central

ESCOCIA CENTRAL es región de grandes contrastes. En la costa oeste, los senderistas pueden disfrutar de las mejores rutas isleñas de la región en Goat Fell Ridge, en la isla de Arran; más al norte, la isla de Bute es un tranquilo centro de veraneo. Ya en tierra firme, las Trossachs (cerca de Callander) constituyen una zona montañosa de impresionante belleza, muy distinta a las tierras bajas de Forth Valley, al este. Stirling Castle se alza en la desembocadura del Forth, a la sombra de las Ochil Hills; posición parecida ocupa Perth, en este caso en el río Tay. En el estuario con amplias vistas de este río se encuentra Dundee, la cuarta ciudad de Escocia.

Loch Katrine visto desde las Trossachs

CÓMO DESPLAZARSE

A las principales ciudades de tierra firme (Stirling, Perth y Dundee) se llega fácilmente en tren o por autopista desde Edimburgo o Glasgow. Para acceder a las zonas montañosas (las Trossachs y otras sierras menores) se recomienda ir en coche. En el caso de las islas de Arran o Bute, lo mejor es coger el coche o el tren desde Glasgow para cruzar después en transbordador desde Ayrshire (Ardrossan, Wemyss Bay). El reducido tamaño de las islas permite recorrerlas en bicicleta.

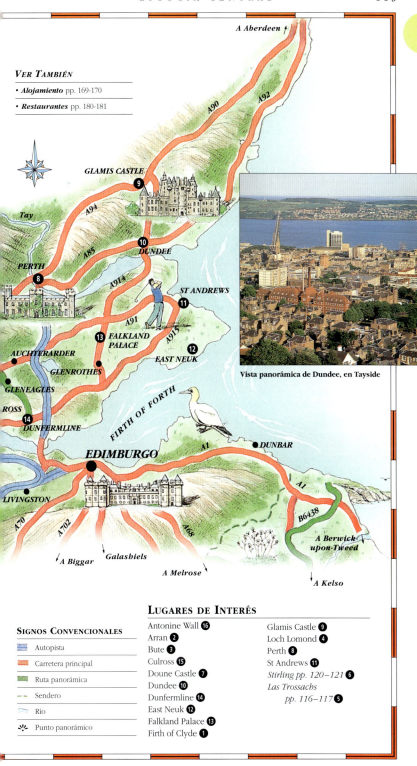

VER TAMBIÉN

- *Alojamiento* pp. 169-170
- *Restaurantes* pp. 180-181

GLAMIS CASTLE **9**

A90 **A92**

A Aberdeen

Tay

A94

A85

10 DUNDEE

PERTH **8**

A914

ST ANDREWS **11**

A91

13 FALKLAND PALACE

A915

AUCHTERARDER

12 EAST NEUK

GLENROTHES

GLENEAGLES

ROSS

FIRTH OF FORTH

14 DUNFERMLINE

EDIMBURGO

A1

DUNBAR

LIVINGSTON

A1

A70

A702

A468

B6438

A Biggar   Galashiels

A Berwick-upon-Tweed

A Melrose

A Kelso

Vista panorámica de Dundee, en Tayside

LUGARES DE INTERÉS

Antonine Wall **16**	Glamis Castle **9**
Arran **2**	Loch Lomond **4**
Bute **3**	Perth **8**
Culross **15**	St Andrews **11**
Doune Castle **7**	*Stirling pp. 120–121* **6**
Dundee **10**	*Las Trossachs*
Dunfermline **14**	*pp. 116–117* **5**
East Neuk **12**	
Falkland Palace **13**	
Firth of Clyde **1**	

SIGNOS CONVENCIONALES

	Autopista
	Carretera principal
	Ruta panorámica
– –	Sendero
	Río
☼	Punto panorámico

Firth of Clyde ➊

Numerosos condados al oeste de Glasgow. 🚆 *Helensburgh y Dumbarton en el norte; Troon y Ayr en el sur.* ⛴ *desde Largs a Great Cumbrae; desde Gourock a Dunoon.* ℹ️ *Largs (01475) 673765; Dumbarton (01389) 742306.*

El ESTUARIO DEL CLYDE conserva muchas huellas de su pasado industrial, ya que siempre ha sido una importante vía fluvial desde Glasgow, antiguo centro industrial del Imperio Británico *(ver p. 46)* hasta el mar de Irlanda y el Atlántico. En **Greenock** (a unos 40 kilómetros al oeste de Glasgow) había unos astilleros. Aunque el pueblo no destaca por su belleza, el **McLean Museum and Art Gallery,** con sus exposiciones sobre el ingeniero natural de Greenock James Watt *(ver p. 22)* merece una visita. Desde Princes Pier parten excursiones en barca por el Clyde. **Dumbarton,** a 24 km de Glasgow en la orilla norte, fue fundado en el siglo V; su viejo castillo cuelga de una peña desde la que se contempla el resto del pueblo.

El estuario con forma de L se abre hacia el noroeste pasado el Erskine Bridge. Al llegar a Gourock, justo al oeste de Greenock, el estuario se extiende hacia el sur a mar abierto. En Kip Marina, en la cercana **Inverkip** se practica la vela, mientras que en muchos pueblos de la costa de Ayrshire veranean habitantes de Glasgow desde la época victoriana. En **Largs,** escenario de una batalla entre escoceses y vikingos en 1263, hay un centro multimedia sobre los vikingos en Escocia

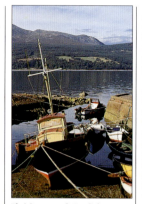

El viejo puerto de Brodick, con Goat Fell Ridge al fondo

con un monumento a dicha batalla. Un transbordador realiza el viaje a **Great Cumbrae Island,** frente a la costa. El principal pueblo de la isla es Millport, situado en una pintoresca bahía. El lado oeste del Firth of Clyde, bordeado por las colinas y los lagos de la península de Cowal, está mucho menos urbanizado. El único pueblo interesante de esta zona agreste es **Dunoon,** centro de veraneo ya en la época victoriana, cuya economía sigue dependiendo del turismo. Durante muchos años hubo una fuerte influencia estadounidense en Dunoon debido a la ahora cerrada base de submarinos nucleares situada en Holy Loch.

🏛 **McLean Museum and Art Gallery**
Union St, Greenock. 📞 *(01475) 723741.* 🕐 *lu-sá.*

Arran ➋

North Ayrshire. 🚹 *4.500.* ⛴ *desde Ardrossan a Brodick; desde Claonaig (isla de Mull) a Lochranza (sólo abr-oct).* ℹ️ *Brodick (01770) 302140.*

SE CREE QUE ARRAN ya estaba poblada a finales de las últimas glaciaciones. Así lo indican los descubrimientos de algunas cámaras mortuorias, entre ellas las de **Torrylinn,** en el sur, cerca de Lagg. También hay círculos de piedra de la edad del bronce alrededor de **Machrie,** en la costa oeste. Los vikingos llegaron aquí hacia el año 800 y ejercieron su dominio durante más de cuatro siglos. Tras la batalla de Largs (1263), en la que Alejandro III venció a los nórdicos, Escocia compró Arran a los vikingos en 1266.

En la actualidad, son las actividades al aire libre lo que atrae a sus visitantes, especialmente el golf, con campos de 18 hoyos en Brodick, Whiting Bay y Lamlash *(ver p. 189);* la pesca también es muy popular. El único pueblo de la isla es Brodick. Las zonas más montañosas ofrecen las rutas de senderismo más espectaculares de Escocia central; las escarpadas **Goat Fell Ridge** (al este de Glen Rosa) y **Beinn Tarsuinn**

Golfista en la isla de Arran

son particularmente bellas.

Robert the Bruce estuvo en Arran tras su vuelta a Escocia en 1308. Sus seguidores habían acosado a la guardia del **Brodick Castle,** ocupado después por los seguidores del rey de Inglaterra. Según la leyenda, Bruce se encontraba en Arran cuando unas señales de fuego provenientes de la costa de Ayrshire le indicaron que podía volver a tierra firme sin peligro para dirigir la campaña contra los ingleses *(ver p. 43).* Aunque el castillo ha sufrido muchos cambios, todavía quedan partes del siglo XIII.

♣ **Brodick Castle**
(NTS) Brodick. 📞 *(01770) 302202.* **Castillo** 🕐 *abr-oct: todos los días.* **Jardines** 🕐 *todos los días.* 🅿️♿

La playa de Largs, punto de partida hacia Great Cumbrae Island

El pico nevado de Ben Lomond se eleva majestuoso sobre Loch Lomond, parte del West Highland Way

Bute ❸

Argyll y Bute. 🚶 *7.000.* 🚢 *desde Wemyss Bay a Rothesay; desde Colintraive a Rhubodach.* 🚌 *desde Dunoon.* ℹ️ *Rothesay (01700) 502151.*

BUTE ES CASI una continuación de la península de Cowal. El transbordador tarda sólo cinco minutos en cruzar Kyles of Bute desde Colintraive hasta Rhubodach, en la isla. Pero esta ruta queda lejos de Glasgow; por ello, es más común salir de Wemyss Bay, en el Forth of Clyde, hasta Rothesay, el pueblo principal de la isla.

Con sólo 25 km de largo y 8 km en su parte más ancha, Bute ha estado poblado al menos desde la edad del bronce. Los restos de la capilla en St Ninian's Point, en el oeste, datan de alrededor del siglo VI. La estructura de **Rothesay Castle,** hoy en ruinas, data en su mayor parte del siglo XII; en el siglo XIII fue escenario de enfrentamientos entre los isleños y los vikingos.

En los últimos 120 años Bute se ha convertido en un plácido centro de veraneo. Uno de los principales atractivos es **Mount Stuart House,** a 5 km al sur de Rothesay, una enorme casa nobiliaria construida en 1877 por el tercer marqués de Bute en unos jardines del siglo XVIII. Algunos detalles del hermoso edificio gótico reflejan el interés del marqués por la mitología, la religión y la astronomía.

⚓ **Rothesay Castle**
Castle Hill St, Rothesay. 🅲 *(01700) 502691.* ⭘ *abr-sep: todos los días; oct-mar: sá-ju por la mañana (do: sólo tardes).* 🚫

⚓ **Mount Stuart House**
Mount St. 🅲 *(01700) 503877.* ⭘ *may-mediados oct: mi, vi-lu; mediados oct-abr: lu-vi previa cita.* 🚫 📷 ♿

Vista de Bute con Kames Castle (siglo XIV), en la bahía de Kames

Loch Lomond ❹

West Dunbartonshire, Argyll y Bute, Trossachs. 🚆 *Balloch, Tarbet.* 🚌 *Balloch, Balmaha.* ℹ️ *Dumbarton (01389) 742306.*

DE LOS NUMEROSOS lagos de Escocia, Loch Lomond es quizás el más famoso y apreciado. Su cercanía a Glasgow —a sólo 30 km al noroeste— ha contribuido a su popularidad. El lago constituye la mayor extensión de agua dulce de las islas Británicas, con 35 km de longitud y una anchura máxima de 8 km en el sur, donde se encuentran diseminadas más de 30 islas, algunas con ruinas antiguas. El extremo norte es más estrecho y profundo.

Desde Duncryne, una pequeña colina a unos 5 km al noreste de **Balloch** (en la costa sureste) hay unas excelentes vistas del lago. En general, la costa norte está más urbanizada, con pueblos turísticos como **Luss** y **Tarbet.**

El contraste entre el lago y sus alrededores montañosos contribuye a la belleza del lugar. El pico de **Ben Ime,** situado en los Arrochar Alps, mide 1.011 m; **Ben Lomond,** en la parte este, alcanza los 974 m de altura. Por aquí pasan los caminantes que recorren el West Highland Way *(ver p. 191),* el camino más largo y popular de Escocia, que une Glasgow con Fort William bordeando la costa este. Hay excursiones por el lago desde Balloch Pier, y los amantes de los deportes acuáticos pueden alquilar lanchas motoras, kayacs y esquíes acuáticos.

Las Trossachs ❺

COMBINANDO LA ASPEREZA de los montes Grampians con el sosiego pastoril de los Borders, esta hermosa región de lagos luminosos y montañas abruptas marca la confluencia de las Lowlands y las Highlands. Hábitat de numerosas especies —entre ellas el águila real, el halcón peregrino, el ciervo común y el gato montés—, las Trossachs han inspirado a numerosos escritores, entre ellos Walter

Águila real

Scott *(ver p. 86)*, quien ambientó aquí varias de sus novelas. Fue también ésta la tierra del popular héroe escocés Rob Roy, tan conocido en vida que llegó a protagonizar la novela *El bribón de las Highlands* (1723), atribuida a Daniel Defoe.

Loch Katrine
Escenario de La dama del lago *(1810) de Walter Scott, este lago de agua dulce se puede recorrer en el vapor victoriano* Sir Walter Scott, *que zarpa de Trossachs Pier.*

Loch Lomond
El mayor lago de agua dulce de Gran Bretaña quedó inmortalizado en la balada compuesta por un soldado jacobita que murió lejos de su tierra. En ella se lamenta de que, aunque volverá al hogar antes que sus compañeros, no dejará de hacerlo por el "low road", el sendero de los muertos.

El West Highland Way es una ruta idónea para conocer la región.

Luss
Con sus pintorescas casas de campo, Luss es una de las aldeas más bonitas de Escocia central. Rodeada de colinas, ocupa uno de los rincones más espectaculares de la orilla oeste de Loch Lomond.

FORT WILLIAM

Inveruglas

LOCH ARKLET

Tarbet

BEN LOMOND
▲
974 m

Kinlochar

BEN UIRD
▲
596 m

Luss

Balmaha

L O C H
L O M O N D

Balloch

A GLASGOW

SIGNOS CONVENCIONALES

🛈	Información turística
	Carretera principal
	Carretera secundaria
	Camino
	Sendero
✳	Punto panorámico

0 kilómetros   5

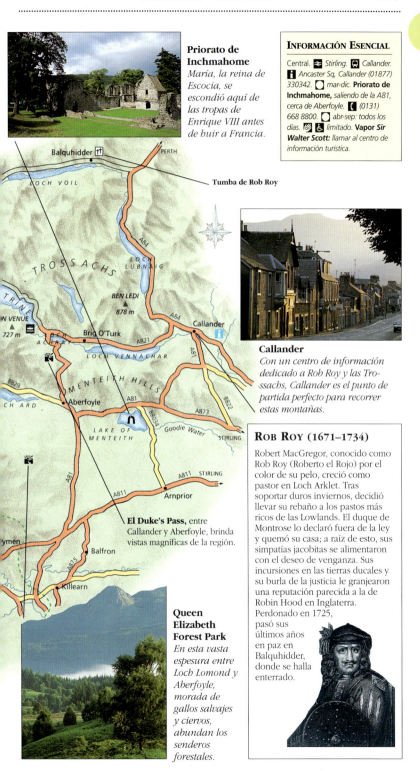

Priorato de Inchmahome
María, la reina de Escocia, se escondió aquí de las tropas de Enrique VIII antes de huir a Francia.

Balquhidder ⛪   PERTH

— Tumba de Rob Roy

LOCH VOIL

T R O S S A C H S

LOCH LUBNAIG

BEN LEDI
878 m

A84

N VENUE
727 m

Brig O'Turk   A821

Callander 🛈

LOCH ACHRAY

LOCH VENNACHAR   A81

M E N T E I T H   H I L L S

B829

CH ARD   Aberfoyle   A81

A873

B8034   Goodie Water

LAKE OF MENTEITH   STIRLING

B822

A811   STIRLING

A811

Arnprior

El Duke's Pass, entre Callander y Aberfoyle, brinda vistas magníficas de la región.

ymen   Balfron

A875

Killearn

Callander
Con un centro de información dedicado a Rob Roy y las Trossachs, Callander es el punto de partida perfecto para recorrer estas montañas.

ROB ROY (1671–1734)

Robert MacGregor, conocido como Rob Roy (Roberto el Rojo) por el color de su pelo, creció como pastor en Loch Arklet. Tras soportar duros inviernos, decidió llevar su rebaño a los pastos más ricos de las Lowlands. El duque de Montrose lo declaró fuera de la ley y quemó su casa; a raíz de esto, sus simpatías jacobitas se alimentaron con el deseo de venganza. Sus incursiones en las tierras ducales y su burla de la justicia le granjearon una reputación parecida a la de Robin Hood en Inglaterra. Perdonado en 1725, pasó sus últimos años en paz en Balquhidder, donde se halla enterrado.

Queen Elizabeth Forest Park
En esta vasta espesura entre Loch Lomond y Aberfoyle, morada de gallos salvajes y ciervos, abundan los senderos forestales.

Casa de los duques de Argyll (siglo XVII), en Stirling

Stirling ❻

Central. 👥 28.000. 🚆 🚌
ℹ 41 Dunbarton Rd (01786) 475019.

Situado entre Ochil Hills y Campsie Fells, el pueblo de Stirling creció alrededor de su castillo, una de las más importantes fortalezas en la historia de Escocia. Bajo el castillo, el casco antiguo está rodeado por las murallas originales, construidas en el siglo XVI para mantener a salvo de Enrique VIII a María, reina de Escocia. La medieval **Church of the Holy Rude,** en Castle Wynd, donde fue coronado Jacobo VI, posee uno de los pocos techos con vigas de roble que quedan en Escocia. Delante de la iglesia, la fachada ornamentada de **Mar's Wark** es lo único que queda de un espléndido palacio encargado por el primer conde de Mar en 1570. Nunca llegó a ser terminado, y fue destruido por los jacobitas en 1746. Frente a él se encuentra la hermosa casa de los duques de Argyll, del siglo XVII.

Alrededores: A tres kilómetros al sur de Stirling se encuentra el **Bannockburn Heritage Centre,** situado junto al lugar donde Robert the Bruce venció a los ingleses en 1314 *(ver p. 43).* Tras la batalla, el castillo fue demolido para que no volviera a caer en manos inglesas. Una estatua ecuestre de bronce recuerda al hombre que se erigió en símbolo de la independencia escocesa.

ℹ **Bannockburn Heritage Centre**
(NTS) Glasgow Rd. 📞 *(01786) 812664.* ⏰ *mar-23 dic: todos los días.* ⏹ *24 dic-feb.* ♿ ♿

◁ **Loch Ard, cerca de Stirling, en las Trossachs**

Stirling Castle

Encaramado en un risco, este imponente castillo —testigo de la historia escocesa durante siglos— es una de las muestras más bellas de la arquitectura renacentista en Escocia. Aunque la leyenda asegura que fue arrebatado por el rey Arturo a los sajones, no hay señales de un castillo anterior a 1124. El edificio actual, que data de los siglos XV y XVI, fue defendido por última vez en 1746 contra los jacobitas.

Gárgola en el muro

De 1881 a 1964 fue utilizado como cuartel de los reclutas de los Highlanders de Argyll y Sutherland, pero hoy ya no se emplea para fines militares.

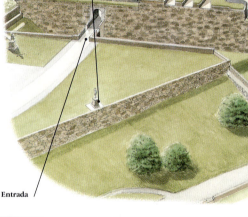

Robert the Bruce
Esta estatua representa a Robert the Bruce envainando la espada tras la batalla de Bannockburn en 1314.

Torre del príncipe

Muro defensivo

Entrada

El castillo de Stirling en tiempos de los Estuardo, de Johannes Vorsterman (1643-1699)

★ Palacio

En los sobrios aposentos reales se encuentran las Stirling Heads, unos medallones renacentistas cuyas 38 figuras representan al parecer a los miembros de la corte real de la época.

INFORMACIÓN ESENCIAL

Castle Wynd, Stirling. ☎ *(01786) 450000.* ☐ *abr-sep: 9.30-18.00 todos los días; oct-mar: 9.30-17.00 todos los días (última admisión: 45 min antes del cierre).* 🎫 🚫 *museo.* ♿ *limitado.* 🎫 ⑪ 🖥 🛍

El antiguo edificio del rey alberga el Museo del Regimiento de los Highlanders de Argyll y Sutherland.

★ Capilla Real

Reconstruida en 1594, está adornada con frescos de Valentine Jenkins del siglo XVII.

El gran salón (1500) posee un techo similar al del castillo de Edimburgo *(ver pp. 60-61).*

RECOMENDAMOS

★ **Palacio**

★ **Capilla Real**

La torre de Elphinstone fue allanada para convertirla en plataforma de tiro en 1714.

LAS BATALLAS DE STIRLING

Stirling, situado en el punto navegable más alto del Forth y cerrando el paso a las Highlands, desempeñó un papel crucial en las luchas independentistas escocesas. Desde el castillo se divisan siete campos de batalla; el Wallace Monument (67 m), en Abbey Craig, recuerda la derrota de los ingleses a manos de William Wallace en 1297 en Stirling Bridge, anticipo de la victoria de Bruce en 1314.

El Wallace Monument,
de estilo victoriano

Batería mayor
Este parapeto se edificó en 1708 para fortalecer el castillo tras los desórdenes causados por la deposición de los Estuardo (ver p. 45).

Perth visto desde el este, al otro lado del río Tay

Doune Castle ❼

Doune, Central. [tel] *(01786) 841742.* [train] [bus] *Stirling, después en autobús.* [open] *abr-oct: todos los días; nov-mar: sá-ju.* [closed] *21 dic-8 ene.* [fee] [access] *limitado.*

CONSTRUIDO A FINALES del siglo XIV como residencia de Robert, duque de Albany, **Doune Castle** fue bastión de los Estuardo hasta que quedó en ruinas en el siglo XVIII. Se trata de uno de los castillos mejor acabados de la época; hoy, totalmente restaurado, ofrece una visión única de la vida de la realeza medieval.

La torre-puerta, antes residencia independiente, conduce al patio central, desde donde se accede al gran salón. Con su techo de armadura vista reconstruido, la galería de juglares y la chimenea central, el salón se halla contiguo a los aposentos del señor, que conservan el retrete y la cisterna originales. Las numerosas escaleras privadas y los estrechos corredores eran utilizados por la familia real para protegerse en caso de peligro.

Perth ❽

Perthshire. [pop] *45.000.* [train] [bus] [info] *45 High St (01738) 638353.*

EL RICO LEGADO de la antigua capital de la Escocia medieval se refleja en sus edificios. En la **iglesia de Saint John,** fundada en 1126, John Knox pronunció los vehementes sermones que provocaron la destrucción de los monasterios escoceses. De aire victoriano, la **Fair Maid's House** (hacia 1600) de North Port es una de las casas más antiguas de la ciudad. En ella vivió la protagonista de *La hermosa doncella de Perth* (1828), de Walter Scott.

En **Balhousie Castle,** el Museum of the Black Watch recuerda al primer regimiento de las Highlands. El **Art Gallery and Museum** está dedicado a la industria local y la pintura escocesa.

ALREDEDORES: A 3 km al norte de Perth, el gótico **Scone Palace** se alza en el solar de una abadía destruida por los seguidores de John Knox en 1559. Entre los siglos IX y XIII Scone guardó la sagrada Piedra del Destino, actualmente en el castillo de Edimburgo *(ver pp. 60-61)*, sobre la cual eran coronados los reyes de Escocia. Aquí se exhiben junto a otros muchos objetos de valor incalculable los bordados de María, reina de Escocia.

[icon] **Balhousie Castle**
RHQ Black Watch, Hay St. [tel] *(0131) 310 8530.* [open] *abr-sep: lu-sá; oct-abr: lu-vi.* [closed] *23 dic-6 ene, último sá de jun.*

[icon] **Art Gallery and Museum**
78 George St. [tel] *(01738) 632488.* [open] *lu-sá.* [closed] *24 dic-4 ene.* [access]

[icon] **Scone Palace**
A93 a Braemar. [tel] *(01738) 552300.* [open] *Viernes Santo-mediados oct: todos los días.* [icon] [access]

Glamis Castle ❾

Glamis, a las afueras de Forfar, Tayside. [tel] *(01307) 840242.* [train] [bus] *Dundee, después en autobús.* [open] *abr-oct: todos los días.* [icon] [icon] [access] *al parque.*

CON LA SILUETA estilizada de un castillo del Loira, la imponente fortaleza medieval de **Glamis Castle** empezó

Glamis Castle, con las estatuas de Jacobo VI (izquierda) y Carlos I (derecha)

siendo pabellón real de caza en el siglo XI y fue ampliamente reconstruida en el siglo XVII. Aquí residió de niña la actual Reina Madre; el retrato de juventud pintado por Henri de Laszlo (1878-1956) adorna su antiguo dormitorio.

En el interior del castillo de muros de color rosa grisáceo muchas estancias están abiertas al público, entre ellas Duncan's Hall, donde el famoso dramaturgo William Shakespeare situó la muerte del rey en *Macbeth*. En su conjunto, las salas exhiben una colección de porcelanas, cuadros, tapices y muebles que abarca cinco siglos. En los jardines, unas puertas de hierro forjado conmemoran el 80 cumpleaños de la Reina Madre en 1980.

Vista de St Andrews desde las ruinas de la catedral

Dundee ❿

Tayside. 🚶 150.000. ✈ 🚆 🚌
🛈 7–21 Castle St (01382) 527527.
📅 ma, vi-do.

FAMOSO POR EL PASTEL y por la mermelada, **Dundee** fue un importante astillero durante los siglos XVIII y XIX, época que bien puede evocarse dando un paseo por Victorian Docks.

HMS Unicorn, el buque de guerra más antiguo construido en el país (1824) se conserva tal y como quedó tras su último viaje. En Craig Pier está anclado el ***Discovery,*** un buque científico construido en 1901 para el primer viaje del capitán Scott a la Antártida, uno de los últimos barcos de vela construidos en Gran Bretaña. Un edificio gótico victoriano alberga las **McManus**

Galleries, especializadas en el legado industrial de Dundee, la arqueología y el arte victoriano.

ALREDEDORES: En la costa, el bello pueblo de **Arbroath** es famoso por sus piedras rojas, su vieja abadía y su *Arbroath Smokies* (abadejo ahumado). En el St Vigean's Museum hay una copia de la *Declaración de Arbroath*, testimonio de la independencia de Escocia.

🏛 HMS Unicorn
Victoria Docks.
📞 (01382) 200900.
🕐 10.00-17.00 todos los días. ⬤ finales dic-ene. ♿ 🅿 limitado.
www.frigateunicorn.org
🏛 Discovery
Discovery Point. 📞 (01382) 201245. 🕐 todos los días. ♿ 🅿 previa cita.
🏛 McManus Galleries
Albert Institute, Albert Square.
📞 (01382) 432020. 🕐 lu-do.

St Andrews ⓫

Fife. 🚶 1.000. 🚆 Leuchars. 🅿 🛈
70 Market St (01334) 472021.

ST ANDREWS, LA PRIMERA ciudad universitaria de Escocia y antigua capital eclesiástica, es hoy un santuario para los golfistas de todo el mundo. Sus calles principales y sus numerosas callejuelas empedradas de fachadas curvadas, así como los dignos edificios universitarios y las iglesias medievales convergen en las ruinas de la **catedral**, del siglo XII. Las piedras de la catedral, en otro tiempo la mayor de Escocia, fueron utilizadas para edificar la ciudad. En **St Andrew's Castle,** construido en 1200 como residencia episcopal, todavía se conservan las mazmorras donde estuvieron presos muchos reformistas religiosos. Los campos de golf, a los que se puede acceder por un precio módico, se encuentran al norte. El **British Golf Museum** narra cómo el Royal and Ancient Golf Club estableció las reglas del golf.

Insignia de St Mary's College, St Andrews University

♠ St Andrew's Castle
The Scores. 📞 (01334) 477196.
🕐 todos los días. ♿ 🚻
🏛 British Golf Museum
Bruce Embankment. 📞 (01334) 478880. 🕐 Semana Santa-mediados oct: todos los días; mediados oct-Semana Santa: ju-lu. ♿ 🅿

LA CUNA DEL GOLF

El juego nacional de Escocia *(ver pp. 188-189)* nació en los campos de arena de St Andrews. La primera mención a este juego data de 1457, cuando fue prohibido por Jacobo II por impedir las prácticas de tiro con arco de sus súbditos. María

de Escocia, gran aficionada a la práctica de este deporte, fue censurada en 1568 por jugar poco después del asesinato de su esposo lord Darnley.

María de Escocia en St Andrews, en 1563

El patio central del Falkland Palace, bordeado de rosales

East Neuk 🔟

Fife. 🚲 *Leuchars.* 🚌 *Glenrothes y Leuchars.* 🛈 *St Andrews (01334) 472021.*

UN ROSARIO de bonitos pueblos pesqueros jalona la costa del **East Neuk** (esquina este) de Fife, que va desde Earlsferry a Fife Ness. Gran parte de las rutas del comercio medieval de Escocia con Europa pasaba por estos puertos, lo que explica los gabletes escalonados de inspiración flamenca de muchas casas. Aunque la industria del arenque ha decaído y la región es hoy una tranquila zona de veraneo, el mar sigue marcando el ritmo de vida. El puerto es el corazón de St Monans, un precioso pueblo de calles angostas. En Pittenweem se encuentra la flota pesquera de East Neuk.

El pueblo también es conocido por **St Fillan's Cave,** retiro de un ermitaño del siglo IX con cuyas reliquias fue bendecido el ejército de Robert the Bruce antes de la batalla de Bannockburn. Entre las callejuelas empedradas y las pintorescas casas de Crail se alza una iglesia; según la leyenda, la piedra que hay junto a ella fue lanzada por el Diablo desde la isla de May.

En el pueblo de Anstruther varias casas de los siglos XVI al XIX integran el **Scottish Fisheries Museum,** donde los interiores de casas, los barcos y los objetos relativos a la caza de la ballena ilustran la historia de la región. Desde el pueblo se llega en barco a la reserva natural de la **isla de May,** refugio de aves marinas y focas grises. En Lower Largo, la estatua de Alexander Selkirk recuerda a un joven de la localidad que por desavenencias con su capitán fue abandonado en una isla desierta, donde pasó cinco años. Esta historia inspiró a Daniel Defoe la novela *Robinson Crusoe* (1719).

🏛 Scottish Fisheries Museum

Harbour Head, St Ayles, Anstruther. 📞 *(01333) 310628.* 🕐 *todos los días.* 🈂️ 💶 ♿

Falkland Palace 🔱

(NTS) Falkland, Fife. 📞 *(01337) 857397.* 🚲 🚌 *Ladybank, Kirkcaldy, después en autobús.* 🕐 *abr-oct: todos los días (do: tardes).* 🈂️

ESTE DESLUMBRANTE palacio renacentista fue diseñado como pabellón de caza de los reyes Estuardo. Jacobo IV ordenó su construcción en 1500, pero casi toda la obra fue ejecutada por su hijo Jacobo V en la década de 1530. Influido por sus dos esposas francesas, empleó a obreros franceses para decorar la fachada del East Range con mansardas, contrafuertes y medallones y para construir el South Range, de bellas proporciones. El palacio quedó en ruinas durante los años de la Commonwealth, y en 1715 fue ocupado temporalmente por el legendario Rob Roy *(ver p. 117)*.

Tras adquirir la finca en 1887, el tercer marqués de Bute se convirtió en custodio del palacio, restaurándolo en su forma actual. En el interior cubierto de ricos paneles abundan los muebles exquisitos y los retratos de los Estuardo. La pista de tenis del jardín, construida en 1539 para Jacobo V, es la más antigua del país.

Dunfermline 🔲

Fife. 🏃 *45.000.* 🚲 🚌 🛈 *13–15 Maygate (01383) 720999.* 🕐 *abr-oct.*

CAPITAL DE ESCOCIA hasta 1603, Dunfermline está presidida por las ruinas de una abadía y palacio del siglo XII que recuerda su pasado real. La ciudad floreció en el siglo XI como sede de la corte del rey Malcolm III, quien fundó un priorato donde hoy se encuentra **Abbey Church.** De nave normanda y con un coro del siglo XIX, la iglesia guarda las tumbas de 22 reinas y reyes escoceses, entre ellos Robert the Bruce.

Las ruinas del **palacio** donde Malcolm se casó con Margaret se elevan sobre los hermosos jardines de Pittencrieff Park. El filántropo Andrew Carnegie (1835-1919), a quien habían prohibido la entrada al parque siendo un

La nave normanda de Abbey Church (siglo XII), en Dunfermline

muchacho, compró toda la finca Pittencrieff y la donó al pueblo de Dunfermline. Natural de esta ciudad, siendo adolescente se trasladó con su familia a Pensilvania, donde amasó una inmensa fortuna en la industria del hierro y del acero. El que llegó a ser uno de los hombres más ricos del mundo donó unos 350 millones de dólares a beneficio de la humanidad. El **Carnegie Birthplace Museum** ilustra su carrera meteórica y sus múltiples obras de caridad. La decoración y la disposición de los objetos se han mantenido tal y como estaban cuando Carnegie vivió aquí.

🏛 **Carnegie Birthplace Museum**
Moodie St. 📞 *(01383) 724302.* 🕐 *todos los días.* ▨ 🚻

Culross ⓯

Fife. 🚶 *450.* 🚆 *Dunfermline.* 🚌 *Dunfermline.* 🛈 *National Trust, The Palace (01383) 880359.* 🕐 *abr-sep: todos los días.* ▨ 🚻 *limitado.*

IMPORTANTE CENTRO religioso en el siglo VI, Culross fue el pueblo donde nació san Mungo en el año 514. Hoy tiene el aspecto de una aldea de los siglos XVII y XVIII perfectamente conservada. La población floreció en el siglo XVI con las industrias de la sal y del carbón, gracias al genio de sir George Bruce. Descendiente de Robert the Bruce, sir George se hizo cargo de la mina de carbón de Culross en 1575 y creó un sistema de drenaje (llamado "rueda egipcia") que vaciaba una mina de 1,5 km bajo el río Forth.

Durante su posterior declive, Culross permaneció inalterado durante más de 150 años. El National Trust for Scotland comenzó a restaurar el pueblo en 1932, y hoy ofrece una visita guiada que parte del **centro de información,** situado en lo que era la antigua cárcel.

Construido en 1577, el **palacio** de Bruce tiene las ventanas decoradas, las tejas rojas y los gabletes escalonados típicos de la época. El interior conserva unos techos pintados a principios del siglo XVII que figuran entre los mejores de Escocia. Cruzando la plaza, tras pasar por la **Oldest House** (1577) camine rumbo al oeste

hacia la **Town House;** detrás de ella, una calle empedrada conocida como Back Causeway (con una sección elevada para la nobleza) conduce al **Study,** un torreón construido en 1610 para el obispo de Dunblane. En la sala principal destaca el techo noruego. Siguiendo hacia el norte, de camino hacia la abadía en ruinas, la bella iglesia y Abbey House no deje de pararse a contemplar los hermosos gabletes flamencos de la **House with the Evil Eyes.**

Techo decorado del Study (siglo XVII), en Culross

Antonine Wall ⓰

Falkirk. 🛈 *2–4 Glebe St (01324) 620244.* 🚆 *Falkirk.* 🕐 *lu-sá.*

LOS ROMANOS llegaron a Escocia hacia el año 80. Unos 40 años más tarde se replegaron hacia el sur, alzando la muralla Hadrian's Wall entre Solway y el Tyne. Hacia el año 140, en tiempos del emperador Antonio, volvieron a dirigirse hacia el norte. El gobernador Lollius Urbicus supervisó la construcción de una línea defensiva que cruzara Escocia central desde Old Kilpatrick (en el Firth of Clyde) hasta el este de Bo'ness, en el Forth. La Antonine Wall, de 60 km de longitud, contaba con un foso y con fortines en los puntos estratégicos. Aún quedan vestigios de la muralla original, especialmente en Rough Castle, al oeste de Falkirk, donde existió una fortificación romana. El foso y algunas secciones de la muralla se conservan en buen estado.

El palacio del siglo XVI del empresario George Bruce, en Culross

LAS HIGHLANDS Y LAS ISLAS

L A MAYORÍA DE LOS TÓPICOS *que enriquecen la imagen popular de Escocia —como los clanes y tartanes, el whisky y el porridge o las gaitas y el brezo— tienen su origen en las Highlands. Sin embargo, lo cierto es que, durante siglos, los Highlanders (ganaderos de lengua gaélica) tuvieron poco en común con sus vecinos del sur.*

Los restos de los antepasados anteriores a los celtas de los Highlanders yacen esparcidos por las Highlands y las islas en forma de círculos megalíticos y fuertes de más de 5.000 años de antigüedad. A finales del siglo VI ya habían llegado desde Irlanda los celtas que hablaban gaélico y san Columba, introductor del cristianismo y fundador de la primera iglesia en la isla de Iona. Su fusión con la cultura vikinga en los siglos VIII y IX dio lugar a la catedral de San Magnus, en las islas Orcadas.

Durante más de 1.000 años la sociedad celta de las Highlands se basó en el sistema de clanes, cimentado sobre lazos familiares que creaban grupos leales dependientes del señor feudal. Sin embargo, los clanes fueron disueltos de manera sistemática por Inglaterra a partir de 1746, tras el intento fallido de los jacobitas encabezados por Bonnie Prince Charlie de acceder al trono inglés (*ver p. 153*). A principios del siglo XIX comenzó a surgir una visión más romántica de las Highlands debida en gran parte a sir Walter Scott, cuyas novelas y poesías difundieron la grandeza y majestad de un país considerado hasta entonces pobre y bárbaro. Sin embargo, tras este sentimentalismo la dura realidad económica forzó a generaciones de agricultores a emigrar en busca de una nueva vida allende los mares.

En la actualidad, más de la mitad de los habitantes de las Highlands y las islas todavía viven en comunidades de menos de 1.000 habitantes. No obstante, las industrias petrolera y turística han complementado a las del whisky y la pesca, y la población de la zona va en aumento.

Los grupos de frailecillos en las rocas son corrientes en las islas escocesas

◁ **El castillo de Eilean Donan, en Loch Duich (Glen Shiel)**

Explorando las Highlands y las islas

AL NORTE Y AL OESTE de Stirling (el acceso histórico a las Highlands) se extienden formidables montañas y cañadas, costas angulosas e islas solitarias que constituyen lo más característico del paisaje escocés. Inverness, la capital de las Highlands, es un buen punto de partida para explorar Loch Ness y las Cairngorms, mientras que Fort William da acceso a Ben Nevis. En el interior de Aberdeen se encuentran Royal Deeside y el valle de Spey, capital del whisky. A las románticas islas Hébridas se llega en transbordador desde Oban, Mallaig o Ullapool.

0 kilómetros 25

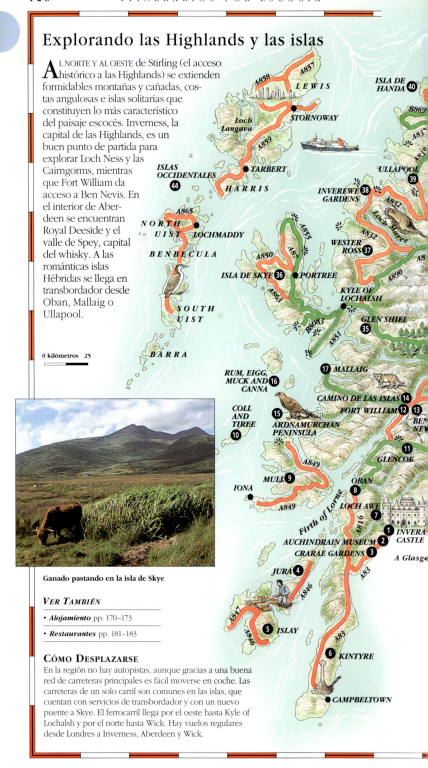

Ganado pastando en la isla de Skye

VER TAMBIÉN

• *Alojamiento* pp. 170–173

• *Restaurantes* pp. 181–183

CÓMO DESPLAZARSE

En la región no hay autopistas, aunque gracias a una buena red de carreteras principales es fácil moverse en coche. Las carreteras de un solo carril son comunes en las islas, que cuentan con servicios de transbordador y con un nuevo puente a Skye. El ferrocarril llega por el oeste hasta Kyle of Lochalsh y por el norte hasta Wick. Hay vuelos regulares desde Londres a Inverness, Aberdeen y Wick.

CAPE WRATH Y LA COSTA NORTE ❹❶

THURSO **JOHN O' GROATS**

A836 A9

A838

Thurso **WICK**

Loch Naver

Helmsdale

Loch Shin

A949 ❸❹ **DORNOCH**

A9

Moray Firth

STRATHPEFFER ❸❸ **ELGIN**

❸❷ **BLACK ISLE** A96 ❷❻

INVERNESS ❷❼ **FORT GEORGE**

❸❶ ❷❾ **CAWDOR CASTLE**

❸❶ ❷❽ **CULLODEN**

THE GREAT GLEN A9 Spey A95 ❷❺ A96

SPEYSIDE MALT WHISKY TRAIL A96

LAS CAIRNGORMS ❷❷ **BALLATER**

B970 **ABERDEEN** ❷❸

ROYAL DEESIDE ❷❹

A93 Dee

A93

BLAIR CASTLE ❶❾

KILLIECRANKIE ❶❽ South Esk

❷❶ **PITLOCHRY** *A Dundee*

A9 A924 A93

❷❶ **DUNKELD** *A Perth*

Loch Tay

A84

↓ *Stirling*

ISLAS SHETLAND ❹❸

LERWICK

ISLAS ORCADAS ❹❷

KIRKWALL

JOHN O'GROATS

0 kilómetros 50

SIGNOS CONVENCIONALES

━━ Carretera principal

━━ Ruta panorámica

- - - Sendero

〰️ Río

⚡ Punto panorámico

LUGARES DE INTERÉS

Aberdeen pp. 142–143 ❷❸
Ardnamurchan Peninsula ❶❺
Auchindrain Museum ❷
Ben Nevis ❶❸
Black Isle ❸❷
Blair Castle ❶❾
Las Cairngorms pp. 140–141 ❷❷
Cape Wrath y la costa norte ❹❶
Cawdor Castle ❷❾
Coll and Tiree ❶❶
Crarae Gardens ❸
Culloden ❷❽
Dornoch ❸❹
Dunkeld ❷❶
Elgin ❷❻
Fort George ❷❼
Fort William ❶❷

Glencoe ❶❶
Glen Shiel ❸❺
The Great Glen pp. 148–149 ❸❶
Isla de Handa ❹❶
Inveraray Castle ❶
Inverewe Gardens ❸❽
Inverness ❸❶
Islay ❺
Isla de Skye pp. 152–153 ❸❻
Jura ❹
Kintyre ❻
Loch Awe ❼
Mallaig ❶❼
Mull ❾
Oban ❽

Islas Orcadas ❹❷
Pitlochry ❷❶
Rum, Eigg, Muck y Canna ❶❻
Islas Shetland ❹❸
Speyside Malt Whisky Trail ❷❺
Strathpeffer ❸❸
Ullapool ❸❾
Islas Occidentales ❹❹
Wester Ross ❸❼

Paseos y excursiones
Killiecrankie ❶❽
Camino de las Islas ❶❹
Royal Deeside ❷❹

Inveraray Castle ●

Inveraray, Argyll y Bute. 🚂 Arrochar, después en autobús. 📞 *(01499) 302203.* 🕐 *abr-jun, sep-oct: sá-ju; jul-ago: todos los días.* 🚻 ♿ *limitado.*

El exterior gótico con pináculos de Inveraray Castle

E STE PALACIO pseudogótico lleno de torreones es la residencia familiar del poderoso clan Campbell, duques de Argyll desde 1701. Fue construido en 1745 por los arquitectos Roger Morris y William Adam sobre las ruinas de un castillo del siglo XV. Las torres cónicas se añadieron tras el incendio de 1877.

Los fastuosos interiores diseñados por Robert Mylne en la década de 1770 encierran varios tesoros: muebles de estilo Regencia, una vasta colección de porcelana oriental y europea y una serie de retratos de Ramsay, Gainsborough y Raeburn. También se exhiben las armas antiguas que reunieron los Campbell para luchar contra los rebeldes jacobitas. El Combined Operations Museum recuerda a los soldados aliados que se entrenaron aquí durante la II Guerra Mundial.

Auchindrain Museum ❷

Inveraray, Argyll y Bute. 📞 *(01499) 500235.* 🚌 Inveraray, después en autobús. 🕐 *abr-sep: todos los días.* 🚻 ♿ *limitado.*

E L PRIMER MUSEO al aire libre de Escocia ilustra la vida en las comunidades campesinas de las Highlands hasta finales del siglo XIX. En este asentamiento, un municipio de unas veinte casas con techo de paja, se cultivaron las tierras en común hasta que se retiró el último arrendamiento en 1962. Los visitantes pueden recorrer el interior de las casas, que en su mayoría combinan alcoba, cocina y establo bajo un mismo techo. Amuebladas con camas rústicas y lámparas de junco y rodeadas de plantas y hierbas aromáticas, las casas de Auchindrain son testimonio de los remotos tiempos anteriores a la agricultura comercial.

Arado tradicional en el Auchindrain Museum

Crarae Gardens ❸

Crarae, Argyll y Bute. 📞 Semana Santa-oct:*(01546) 886614;* nov-mar:*(01546) 886388.* 🚌 Inveraray, después en autobús. 🕐 *todos los días.* 🚻 📷 *previa cita.* ♿ *limitado.* www.crarae-gardens.ork

C ONSIDERADO POR muchos como el más cautivador de los numerosos jardines de las Highlands occidentales, Crarae Gardens *(ver también pp. 20-21)* fueron creados en la década de 1920 por lady Grace Campbell, tía del explorador Reginald Farrer, cuyos especímenes del Tíbet iniciaron una colección de plantas exóticas. Los jardines se nutren del calor de la Corriente del Golfo y de las frecuentes lluvias. Además de los rododendros del Himalaya florecen plantas exóticas de Tasmania, Nueva Zelanda y Estados Unidos, así como otras muchas aportadas por grandes coleccionistas de plantas. La mejor época para verlo es al final de la primavera.

Jura ❹

Argyll y Bute. 🚶 *250.* ⛴ *desde Kennacraig hasta Islay, desde Islay a Jura.* ℹ *Bowmore (01496) 810254.*

Y ERMA, MONTAÑOSA y poblada por ciervos rojos, la isla de Jura tiene una sola carretera que conecta el único pueblo de Craighouse con el transbordador de Islay. Aunque las excursiones están restringidas durante la temporada de caza del ciervo, entre agosto y octubre, la isla ofrece buenas rutas de senderismo, sobre todo en las laderas de los Paps of Jura, los tres picos principales; el más alto es Beinn An Oir, de 784 m. Pasada la punta norte de la isla están los peligrosos remolinos de Corryvreckan. George Orwell, quien escribió en la isla su última novela, *1984,* estuvo a punto de perder la vida al caerse al agua aquí en 1946. Existe una leyenda que cuenta que, para ganar la mano de una princesa, el príncipe Breackan

La destilería de Lagavulin, productora de uno de los mejores whiskys escoceses de malta, en Islay

La bruma sobre las cumbres de Jura durante el crepúsculo

intentó mantener su barca anclada en el remolino durante tres días. Aguantó así hasta que una de las cuerdas —tejida con los cabellos de una muchacha que había sido infiel— acabó por romperse, precipitando al príncipe a las aguas, donde se ahogó.

Islay ❺

Argyll y Bute. 🚶 *3.500.* 🚢 *desde Kennacraig.* ❗ *Bowmore (01496) 810254.*

I SLAY, LA MÁS meridional de las islas Occidentales, es la patria de whiskys de malta pura *(ver p. 30)* tan afamados como Lagavulin y Laphroaig. La gran mayoría de las destilerías de la isla elaboran maltas con un fuerte aroma a turba y un característico sabor a mar. En el pueblo georgiano de Bowmore se encuentra la destilería más antigua de la isla y una iglesia circular diseñada para reducir al mínimo los posibles escondrijos del Diablo. El **Museum of Islay Life**, en Port Charlotte, contiene información abundante sobre la historia natural y social de la isla. A 11 km al este de Port Ellen se alza la cruz de Kildalton, un bloque de piedra gris adornado con escenas del Antiguo Testamento, una de las cruces célticas del siglo VIII más bellas de Gran Bretaña. Por su interés

arqueológico e histórico, merece la pena visitar **Finlaggan,** la fortaleza medieval de los Señores de las Islas, donde se están realizando excavaciones. Las magníficas playas de Islay acogen una gran variedad de aves, algunas de las cuales pueden verse en la reserva de la RSPB (Real Sociedad para la Protección de las Aves), en Gruinart.

🏛 Museum of Islay Life
Port Charlotte. ❗ *(01496) 850358.* ◗ *Semana Santa-oct: todos los días.* ♿ ♿

Kintyre ❻

Argyll y Bute. 🚶 *8.000.* 🚆 *Oban.* 🚌 *Campbeltown.* ❗ *Campbeltown (01586) 552056.*

L A LARGA Y ESTRECHA península de Kintyre, al sur de Glasgow, tiene espléndidas vistas de las islas de Gigha, Islay y Jura. El canal de Crinan (14 km), abierto en 1801, es una bella vía fluvial en cuyas 15

esclusas abundan en verano las embarcaciones de recreo. La ciudad de Tarbert (que significa "istmo" en gaélico) toma su nombre del brazo de tierra sobre el que se asienta, lo bastante estrecho como para arrastrar una barca atravesándolo entre Loch Fyne y West Loch Tarbert. La proeza fue ejecutada por primera vez por el rey vikingo Magnus Barfud, a quien en virtud de un tratado se otorgó en 1198 tanta tierra como pudiera circunnavegar. Pasando Campbeltown hacia el sur, la carretera B842 termina en el cabo de Mull of Kintyre, famoso por la canción que le dedicó Paul McCartney adaptando la tonada tradicional para gaita del mismo nombre. Al oeste de Kintyre se encuentra la isla de Rathlin, donde Robert the Bruce aprendió a ser paciente en su lucha constante contra los ingleses observando cómo una araña tejía su tela en una cueva.

Barcas amarradas en el puerto de Tarbert, en Kintyre

Loch Awe ❼

Argyll. 🚂 🚌 *Dalmally.* ℹ️ *Inveraray*
(01499) 302063.

Este lago de agua dulce, uno de los más largos de Escocia, se extiende 40 km por una cañada al suroeste de las Highlands. A corta distancia en coche desde el pueblo de Lochawe se encuentran las ruinas de **Kilchurn Castle,** un castillo que fue abandonado tras ser alcanzado por un rayo en el siglo XVIII. El castillo se ve empequeñecido por la mole de Ben Cruachan (1.125 m), a cuya cima se llega por el estrecho paso de Brander, donde Robert the Bruce luchó contra el clan MacDougal en 1308. Cerca del pueblo de Taynuilt, el Lorn Furnace de Bonawe es un recuerdo de los altos hornos que destruyeron gran parte de los bosques de la región en el pasado.

En la A816, al sur del lago, se encuentra **Kilmartin House,** en cuyo museo pueden verse objetos prehistóricos de la zona y reconstrucciones de barcas, utensilios y joyas que ilustran la vida en la Escocia prehistórica.

🏛 Kilmartin House
Kilmartin. 📞 *(01546) 510278.* ⭕
todos los días. 🈲 ♿ www.kht.org.uk

El perfil de MacCaig's Tower, recortado sobre las casas y barcas de Oban

Oban ❽

Argyll. 🏘 *8.500.* 🚂 🚌 ⛴
ℹ️ *Argyll Square (01631) 563122.*

Conocido como "la puerta de las islas", este concurrido puerto en el Firth of Lorne posee vistas magníficas de la costa de Argyll. La orilla de la "pequeña bahía" que da nombre a Oban está flanqueada de comercios, y en el muelle puede comprarse pescado fresco a todas horas. Los transbordadores salen con regularidad hacia Mull, Coll, Tiree, Barra, South Uist, Islay, Colonsay y Lismore.

El pueblo, construido sobre una colina empinada, está dominada por la **MacCaig's Tower,** una excéntrica imitación del Coliseo romano construida en el siglo XIX. También destacan la catedral de granito rosa y las ruinas de **Dunollie Castle,** de 600 años de antigüedad.

A principios de agosto los yates acuden para la celebración de la West Highland Week, mientras que a finales del mes tienen lugar los Oban's Highland Games. Otros pueblos cercanos que celebran juegos de verano son Kilmore, Taynuilt y Tobermory, en Mull.

Alrededores: A pocos kilómetros al norte de Oban, saliendo de la A85 se encuentra el castillo del siglo XIII de **Dunstaffnage,** donde Flora MacDonald fue brevemente encarcelada por ayudar a escapar a Bonnie Prince Charlie en 1746. Más al norte en Barcaldine está el **Oban Sealife Centre,** en cuyos acuarios panorámicos pueden contemplarse todo tipo de criaturas marinas. En el **Rare Breeds Park** (a 3 km al sur de Oban) se crían variedades raras de animales de granja, como ovejas de Soay y Jacobs y ganado de las Highlands. En Kilninver, **A World in Miniature** cuenta con una colección de más de 50 casas de muñecas, algunas con interiores de Charles Rennie Mackintosh *(ver p. 101).* Más hacia el sur se encuentra el **Arduaine Garden,** célebre por las espectaculares muestras de rododendros y azaleas.

♠ Dunstaffnage Castle
Connel. 📞 *(01631) 562465.*
⭕ *todos los días.* ⬤ *oct-mar: ju tarde y vi.* 🈲 🇬🇧

🦌 Oban Sealife Centre
Barcaldine, cerca de Connel.
📞 *(01631) 720386.* ⭕ *todos los días.* 🈲 ♿

🦌 Rare Breeds Park
New Barren. 📞 *(01631) 770608.*
⭕ *abr-oct: todos los días.* 🈲 ♿

🏛 A World in Miniature
Kilninver. 📞 *(01852) 316202.*
⭕ *Semana Santa-sep: todos los días.*
🈲 ♿

🌷 Arduaine Garden
(NTS) Kilmelford. 📞 *(01852) 200366.*
⭕ *todos los días.* 🈲 ♿ 🇬🇧 *previa cita.*

Las ruinas de Kilchurn Castle, a orillas del Loch Awe

El pintoresco conjunto de casas de colores brillantes de Tobermory, uno de los lugares más turísticos de Mull

Mull ❾

Argyll. 🚶 2.800. 🚢 desde Oban,
Lochaline y Kilchoan; desde
Fionnphort, en Mull, a Iona.
ℹ️ Tobermory (01688) 302182;
Craignure (01680) 812377.

L A MÁS GRANDE de las islas
Hébridas cuenta con
brezales, el pico de Ben More y
una playa espléndida en
Calgary. La mayoría de las
carreteras recorren el litoral y
ofrecen vistas maravillosas del
mar. Desde Craignure, el ferrocarril de Mull y West Highland
llega a **Torosay Castle,** cuyo
interior conserva ricas pinturas
y mobiliario del siglo XIX.

En un promontorio al este se
encuentra **Duart Castle** (siglo
XIII), morada del jefe del clan
Maclean. Se pueden visitar la
sala de banquetes, los aposentos oficiales y las mazmorras
donde estuvo presa la tripulación de un galeón español
hundido por Donald Maclean
en 1588. En el extremo norte de
Mull se encuentra **Tobermory.**
Construido como pueblo pesquero en 1788, en la actualidad
funciona como puerto turístico.

ALREDEDORES: La pequeña y
hermosa isla de **Iona** es una de
las grandes atracciones de la
costa oeste de Escocia. Existe
una abadía levantada sobre el
lugar donde el misionero irlandés san Columba comenzó su
cruzada en el año 563, convir-
tiendo a Iona en "la cuna de la
cristiandad" de Europa. Se dice
que en el camposanto de la abadía yacen 48 reyes escoceses.

Con buen tiempo merece la
pena visitar **Fingal's Cave,** en

la isla de Staffa *(ver p. 15),* una
de las maravillas naturales de
Escocia. La gruta está rodeada
por los "tubos de órgano" de
basalto que inspiraron a Men-
delssohn al componer su *Ober-
tura de las Hébridas.* Desde
Fionnphort y Ulva hay barcos
que llegan hasta aquí y hasta las
siete islas de **Treshnish,** un
conjunto de islotes deshabita-
dos que sirven de refugio a
miles de aves marinas. Dutch-
man's Cap es la más interesante
en cuanto a forma, pero es a
Lunga adonde van la mayoría
de los barcos.

⚓ **Torosay Castle**
Cerca de Craignure. 📞 *(01680) 812421.*
Castillo ⬜ *Semana Santa-mediados*
oct: todos los días. 🌿 **Jardines** ⬜
todos los días. 🏷️ 🚻 *jardines.*
⚓ **Duart Castle**
Saliendo de la A849, cerca de
Craignure. 📞 *(01680) 812309.* ⬜
may-mediados oct: todos los días. 🏷️
🏰 **Fingal's Cave y**
Treshnish Isles
🚢 *Semana Santa-oct.* 📞 *(01688)*
400242. Horarios variables, llamar
para informarse. 🏷️

Coll y Tiree ❿

Argyll. 🚶 950. 🚢 desde Oban.
✈️ sólo desde Glasgow a Tiree.
ℹ️ Oban (01631) 563122.

E STAS ISLAS BAJAS y fértiles son
las más occidentales de las
Hébridas Interiores. A pesar de
los frecuentes avisos de
temporal en invierno, poseen
el promedio de horas de sol
más alto de Gran Bretaña. Son
básicamente agrícolas y ofrecen
bellas playas con olas impresionantes. La tierra de Tiree está
compuesta en un 60% por
arena de concha, por lo que no
pueden crecer árboles.

Perteneciente al clan Maclean
hasta 1750, el Breacachadh
Castle (siglo XV) domina una
bahía al sur de Coll (el castillo
está cerrado al público). Tiree
cuenta con dos museos
gratuitos: el **Sandaig Thatched**
House Museum, con objetos
cotidianos de finales del siglo
XIX y principios del XX, y el
Skerryvore Lighthouse
Museum, en Hynish, un faro
situado a 20 km de la orilla.

Casa rural tradicional en la isla de Coll

Los majestuosos picos de las Tres Hermanas a finales del otoño

Glencoe ⓫

Lochaber. 🚉 *Fort William.*
🚌 *Glencoe.* ℹ️ *NTS Visitor Centre,*
Ballachulish (01855) 811296.
🅿️ *mar-oct: todos los días.* 🏞️ ♿

Renombrado por sus sobrecogedores parajes y su violenta historia, Glencoe fue calificado por Dickens como "cementerio de una raza de gigantes". Los precipicios de Buachaille Etive Mor y los cortantes riscos de Aonach Eagach constituyen un desafío hasta para los montañeros más veteranos.

Con los abruptos picachos y el impetuoso río Coe como telón de fondo, la cañada de Glen es ideal para caminar en verano; es imprescindible llevar calzado resistente e impermeable y estar atento a las señales de seguridad. En el centro de información se pueden obtener los detalles de las rutas, que pueden ir de la media hora entre el centro y Signal Rock hasta los 10 km de ascenso por la Devil's Staircase ("escalera del diablo"). En verano, el NTS Ranger Service organiza excursiones guiadas. Al este de Glencoe se encuentra

Rannoch Moor, una de las zonas más desiertas de Gran Bretaña, que puede contemplarse desde el telesilla en el **Glencoe Ski Centre.**

Al suroeste, una carretera conduce por el empinado Glen Etive hasta la costa cerca de Oban. Serpenteando alrededor de los muchos lagos de agua marina, esta carretera cruza la península de Appin y ofrece una vista magnífica del castillo privado de Stalker.

En el puente de Ballachulish una carretera lateral lleva a Kinlochleven, un pueblo situado al pie de un bonito lago.

🎿 **Glencoe Ski Centre**
Kingshouse, Glencoe. 📞 *(01855)*
851226. 🅿️ *todos los días.* 🏞️ ♿
limitado.

Fort William ⓬

Lochaber. 🚶 *11.000.* 🚉 🚌
ℹ️ *Cameron Sq (01397) 703781.*

Fort William, una de las mayores ciudades de la costa oeste, es célebre no sólo por su belleza sino también por su situación a los pies del Ben Nevis. El **Jacobite Steam Train** es un pintoresco tren de vapor que llega hasta Mallaig *(ver p. 137).*

🚂 **Jacobite Steam Train**
Fort William. 📞 *(01397) 703791.*
Salida: 10.20 lu-vi finales jun-sep;
también do finales jul-principios sep.

La Masacre de Glencoe

En 1692, el jefe de los MacDonald de Glencoe se retrasó cinco días en presentar un juramento de lealtad a Guillermo III, lo que proporcionó al gobierno una excusa para acabar con un nido de jacobitas. Durante diez días, 130 soldados capitaneados por Robert Campbell fueron agasajados con la mayor hospitalidad por los MacDonald, que nada sospechaban. Al amanecer del 13 de febrero los soldados acorralaron a sus anfitriones y mataron a más de 38 MacDonalds; muchos más murieron en sus helados escondrijos de las montañas. La masacre supuso un escándalo político, aunque no hubo reprimendas oficiales hasta tres años después.

Detalle de *La
masacre de Glencoe,*
de James Hamilton

Ben Nevis ⑬

Lochaber. 🚂 Fort William. 🚗 Glen
Nevis. ℹ️ Ionad Nibheis Visitor Centre,
Glen Nevis (01397) 705922. ○
Semana Santa-oct: todos los días. ♿

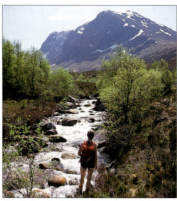

Vista de Ben Nevis desde el noroeste

L A CIMA DE LA montaña más
alta de Gran Bretaña,
mezcla de rocas metamórficas y
volcánicas, está coronada por
nubes nueve de cada diez días;
las tormentas de nieve se forman en cualquier época del
año. La cara nororiental es todo
un desafío hasta para los montañeros más veteranos; por ello,
miles de visitantes suben a la
cima por el camino de la cara
occidental, que es relativamente
fácil aunque largo y pedregoso.
Motocicletas e incluso coches
han subido por este camino,
que se llena de corredores
durante la carrera anual de Ben
Nevis Race. En uno de los raros
días soleados, quien consiga
llegar a la cima se verá
recompensado con vistas sobre-
cogedoras. Si está nublado, es
preferible dar un paseo por el
frondoso paisaje de Glen Nevis

antes que subir a
la cima, en la que
verá poco más
que un obser-
vatorio en mal
estado y monu-
mentos dedicados
a las trágicas
muertes de monta-
ñeros y escalado-
res causadas por
el frío o las caídas.
Al norte de Ben
Nevis, la **Nevis
Range Gondola**
ofrece acceso a la
estación de esquí,
al restaurante y a
otras instalaciones
turísticas, todas
ellas situadas a 650 m de altitud.

🚠 **Nevis Range Gondola**
Saliendo de la A82, en Torlundy.
📞 (01397) 705825. ○ mediados
dic-mediados oct: todos los días.

ASCENSO A BEN NEVIS

El Old Bridle Path —el mejor camino para subir a Ben
Nevis— empieza en Glen Nevis. Deludidos por las suaves
condiciones climáticas de Glen, muchos visitantes se suelen
confiar demasiado, a veces con resultados nefastos. Lleve
calzado resistente (evite las zapatillas de deporte), guantes,
bufanda, gorro y suficientes capas de ropa como para resistir
temperaturas bajo cero en la cima incluso en verano.
Aunque piense que no va a necesitarlos, lleve también
bastante comida y bebida, un buen
mapa de cartografía militar y una
brújula. Es increíblemente fácil
salirse del camino si hay
nubes o nieve, sobre todo
al comenzar el
descenso.

ALGUNOS CONSEJOS

Punto de partida ①: Centro de
información. **Punto de partida** ②:
Achintee. **Punto de partida** ③: A
400 m de la zona de acampada
(aparcamiento muy limitado).
Recorrido: 16 km; de 6 a 8
horas ida y vuelta.
Información meteorológica:
Metcall (0891) 500441.
Dificultad: Moderada en un día
seco, aunque hay cambios
repentinos de tiempo;
extremadamente difícil con nieve.

SIGNOS CONVENCIONALES

- ■ ■ Old Bridle Path
- ══ Carretera secundaria
- Ⓐ Zona de acampada
- ☀ Punto panorámico
- Ⓟ Aparcamiento
- ℹ️ Centro de información

0 metros   1.000

Camino de las islas ⑭

ESTE RECORRIDO panorámico pasa por grandes barrancos, bellas playas de arena blanca y diminutos pueblos antes de llegar a Mallaig, donde hay conexiones con las islas de Skye, Rum, Eigg, Muck y Canna. Junto a la belleza del paisaje, la zona está cargada de historia jacobita *(ver p. 147)*.

(ver p. 147).

ALGUNOS CONSEJOS

Recorrido: 72 km.
Altos en el camino: En Glenfinnan NTS Visitors' Centre (01397 722250) se explican los levantamientos jacobitas y se sirven bebidas; el Arisaig House Hotel (Beasdale) sirve excelente comida escocesa.

Mallaig ⑦
El recorrido termina en Mallaig, un pequeño y activo puerto pesquero con servicio de transbordador a la isla de Skye *(ver pp. 152-153)*.

Morar ⑥
La carretera pasa por Morar, célebre por sus arenas blancas, y por Loch Morar, un lago donde según los rumores vive un monstruo de 12 m llamado Morag.

Prince's Cairn ⑤
Cruzando la península de Ardnish hasta Loch Nan Uamh, un mojón marca el lugar desde donde Bonnie Prince Charlie partió hacia Francia en 1746.

Ardnamurchan Peninsula ⑮

Argyll. 🚢 desde Fishnish, Tobermory (Mull) a Kilchoan. 🛈 Kilchoan (01972) 510222; Fort William (01397) 703781.

EL CONJUNTO de la península, Moidart y Morvern es característico por su litoral sinuoso, sus montañas rocosas y sus playas; algunas de las mejores se encuentran en la punta de la península, el extremo más occidental de Gran Bretaña.

El **Ardnamurchan Point Visitor Centre,** en Kilchoan, cuenta la historia de la vida en los faros. En Glenmore se puede visitar el galardonado **Ardnamurchan Natural History Centre,** en cuyo "edificio vivo" con techo de hierba habitan animales salvajes y ciervos. Se puede coger la encantadora carretera boscosa que va de Salen a Strontian o ir hacia el norte, a Acharacle. El **Mingarry Museum** está dedicado a los ladrones de huevos de aves y a las destilerías ilegales de whisky.

Vista de las islas de Eigg y Rum desde Roshven, cerca de Arisaig

🛈 **Ardnamurchan Point Visitor Centre**
Kilchoan. 📞 (01972) 510210. 🕐 abr-oct: todos los días. 🈂 🚻

🏛 **Ardnamurchan Natural History Centre**
Glenmore. 📞 (01972) 500254. 🕐 abr-oct: todos los días. 🈂 sólo exposición. 🚻

🏛 **Mingarry Museum**
Mingarry. 📞 (01967) 431662. 🕐 Semana Santa-sep: lu-sá. 🈂 🚻 limitado.

Rum, Eigg, Muck y Canna ⑯

Small Isles. 🚶 150. 🚢 desde Mallaig o Arisaig. 🚻 sólo en Canna. 🛈 Mallaig (01687) 462170.

CADA UNA DE LAS cuatro "pequeñas islas" tiene un ambiente y un carácter propios, pero todas comparten la tranquilidad. Canna es una isla estrecha rodeada de acantilados y salpicada de yacimientos

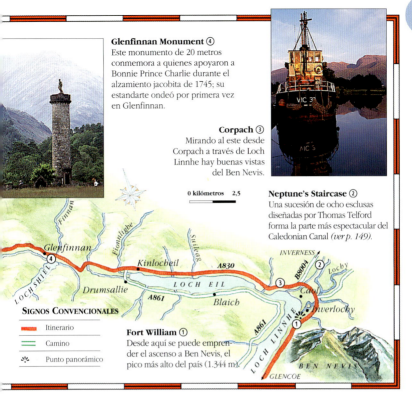

Glenfinnan Monument ④
Este monumento de 20 metros
conmemora a quienes apoyaron a
Bonnie Prince Charlie durante el
alzamiento jacobita de 1745; su
estandarte ondeó por primera vez
en Glenfinnan.

Corpach ③
Mirando al este desde
Corpach a través de Loch
Linnhe hay buenas vistas
del Ben Nevis.

0 kilómetros   2,5

Neptune's Staircase ②
Una sucesión de ocho esclusas
diseñadas por Thomas Telford
forma la parte más espectacular del
Caledonian Canal (ver p. 149).

Glenfinnan
Finnan
Fionnlighe
Sileag
INVERNESS
Kinlocheil A830
Lochy
B8004
②
Lochy
Drumsallie LOCH EIL ③
LOCH SHIEL A861 *Blaich* *Caol*
Inverlochy
①

SIGNOS CONVENCIONALES

▬▬	Itinerario
═══	Camino
☆	Punto panorámico

A861

LOCH LINNHE

BEN NEVIS

GLENCOE

Fort William ①
Desde aquí se puede emprender el ascenso a Ben Nevis, el
pico más alto del país (1.344 m).

---

arqueológicos sin excavar que
perteneció al estudioso del
gaélico John Lorne Campbell.
La isla es ahora propiedad del
National Trust for Scotland;
tiene pocos habitantes y escaso
alojamiento.

Eigg, dominada por la colina
Sgurr of Eigg, es la más variada
de las cuatro islas. Las "arenas
cantarinas" de su magnífica
playa producen sonidos con el
roce de los pies o
del viento. Los isle-
ños son un claro
ejemplo de espíritu
comunitario: tras
una exitosa campa-
ña, los habitantes
han conseguido
comprar la isla al
terrateniente que la
poseía.

Muck recibe su
nombre de la pala-
bra gaélica "cerdo",
debido a su silueta
semejante a la del
animal. La más
pequeña (pero no
menos encantado-
ra) de las islas es

propiedad de una familia que
regenta una granja y un hotel.
Rum es la más grande y magnífica de todas. En sus picos
escabrosos de nombres nórdicos vive una insólita colonia de
pardelas pinochetas. La isla
(perteneciente al Scottish
Natural Heritage) es un centro
de investigación del ciervo
rojo. Antes perteneció a la
acaudalada familia Bullough,

Barcas de pesca en el puerto de Mallaig

la cual construyó **Kinloch
Castle**, un castillo cuyos
diseño y mobiliario fueron
revolucionarios en la época.

♠ **Kinloch Castle**
🄲 (01687) 462037. 🄿 abri-oct:
todos los días; nov-mar: llamar para
informarse. 🗗 & 🗗

Mallaig ⓱

Lochaber. 🏘 980. 🚆 🄿 🛳 desde
Ardvasar (Skye). 🄸 (01687) 462170.

EL CORAZÓN DE Mallaig es su
puerto, que cuenta con una
activa flota pesquera y con
transbordadores que van a las
"pequeñas islas" y a Skye. El
ambiente es más bien comercial, pero la zona posee una
gran belleza. En el pueblo se
encuentra el **Mallaig Marine
World**, donde hay acuarios y
una exposición permanente
sobre la industria pesquera.

🐟 **Mallaig Marine World**
🄲 (01687) 462292. 🄿 mar-oct: todos
los días; nov-feb: lu-sá. 🄿 finales ene.
🗗 & 🗗 previa cita.

Un paseo por Killiecrankie ⓲

En una zona famosa por sus paisajes y por su historia, este recorrido circular ofrece vistas típicas de las Highlands. La ruta es bastante llana, pese a estar rodeada de montañas y serpentear por una garganta boscosa, pasando por Soldier's Leap y por un viaducto victoriano. A lo largo del camino hay varios lugares ideales para merendar; las orillas del lago artificial Loch Faskally están flanqueadas de árboles. Al volver por el río Tummel, la ruta cruza una de las zonas favoritas de la reina Victoria antes de torcer para completar el circuito.

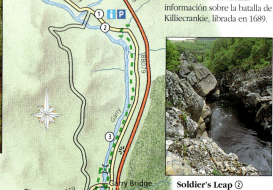

Killiecrankie ①
El centro turístico facilita información sobre la batalla de Killiecrankie, librada en 1689.

Soldier's Leap ②
El soldado inglés Donald MacBean saltó desde aquí al río para no caer en manos de los jacobitas en la batalla de 1689.

Killiecrankie Pass ③
Este camino fue abierto por el general Wade en la década de 1600.

Linn of Tummel ⑦
El sendero pasa por una poza bajo las cascadas de Tummel y continúa por una bonita pista forestal.

Coronation Bridge ⑥
Este puente peatonal sobre el río Tummel se construyó en 1860 en honor a Jorge IV.

Memorial Arch ⑤
El arco recuerda a los trabajadores fallecidos durante la construcción de la presa de Clunie.

Clunie Foot Bridge ④
Este puente cruza el Loch Faskally, creado artificialmente para represar el río Tummel en los años cincuenta.

Mapa

BLAIR ATHOLL
B8079
A9
B8079
Garry
Garry Bridge
B8019
B8019
T U M M E L
F O R E S T
P A R K
Faskally House
L O C H   F A S K A L L Y
A9
PITLOCHRY

SIGNOS CONVENCIONALES

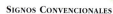

- 🟩 Ruta
- 🟧 Carretera principal
- 🟨 Carretera secundaria
- ⬜ Camino estrecho
- ☀ Punto panorámico
- 🅿 Aparcamiento
- ℹ Centro de información

0 kilómetros   1

ALGUNOS CONSEJOS

Punto de partida: *NTS Visitor Centre, Killiecrankie.* 📞 *(01796) 473233.*
Cómo llegar: *En autobús desde Pitlochry o Aberfeldy.*
Recorrido: *10 km.*
Dificultad: *Mínima.*

La característica fachada blanca y las torres de Blair Castle

Blair Castle ⓳

Blair Atholl, Perthshire. ⓒ *(01796) 481207.* 🚇 *Blair Atholl.* ⌚ *abr-oct: todos los días.* 📷 🎫 ♿ *limitado.*

LAS NUMEROSAS reformas y ampliaciones que durante 700 años de historia ha sufrido este laberíntico castillo permiten ahondar en la historia y la evolución de los gustos de la aristocracia de las Highlands. El ala del siglo XVIII, con sus elegantes estucados y sus pasillos adornados con cornamentas, guarda los guantes y la pipa de Bonnie Prince Charlie *(ver p. 153)*, quien pasó aquí dos días recabando apoyo para la causa jacobita *(ver p. 147)*. Los retratos familiares abarcan 300 años e incluyen cuadros de maestros como Johann Zoffany y Peter Lely. En la sala de baile cuelga *La muerte de un ciervo,* pintado por Edwin Landseer cerca de aquí.

En su visita al castillo en 1844 la reina Victoria concedió a los duques de Atholl —sus propietarios— la distinción de poseer un ejército privado, los Atholl Highlanders, que todavía existen.

Pitlochry ⓴

Perthshire. 🚶 *2.500.* 🚇 🚌 ⓘ *22 Atholl Rd (01796) 472215.*

RODEADO DE colinas de pinos, Pitlochry se hizo famoso cuando fue descrito por la reina Victoria como uno de los mejores lugares de recreo de Europa.

A principios del verano, los salmones salvajes remontan la escalera construida en el pantano Power Station Dam en su camino hacia el río. El **Power Station Visitor Centre** describe el sistema hidroeléctrico que represa las aguas del Tummel.

La **Blair Atholl Distillery,** cuna del whisky Bell's, ofrece visitas guiadas que explican la elaboración del whisky *(ver pp. 30-31).*

El **Festival Theatre,** uno de los más famosos de Escocia, presenta una temporada veraniega cuya programación cambia todos los días.

🏭 **Blair Atholl Distillery**
Perth Rd. ⓒ *(01796) 472234.* ⌚ *Semana Santa-sep: todos los días (do tardes); oct-Semana Santa: lu-vi.* 📷 🎫 ♿ *limitado.*

🎭 **Festival Theatre**
Port-na-Craig. ⓒ *(01796) 472680.* ⌚ *mediados may-oct: todos los días.* 📷 *en las representaciones.* ♿ 🎫 www.pitlochry.org.uk

ⓘ **Power Station Visitor Centre**
Port-na-Craig. ⓒ *(01796) 473152.* ⌚ *finales mar-oct: todos los días.* 📷 🎫

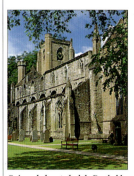

Ruinas de la catedral de Dunkeld

Dunkeld ㉑

Tayside. 🚶 *2.200.* 🚇 *Birnam.* 🚌 ⓘ *The Cross (01350) 727688.*

SITUADO JUNTO al río Tay, este pueblo antiguo y encantador fue casi destruido durante la derrota jacobita en la batalla de Dunkeld, en 1689. Las **Little Houses** de Cathedral Street —las primeras casas reconstruidas— constituyen un buen ejemplo de restauración imaginativa.

Las tristes ruinas de la **catedral** del siglo XIV están situadas en unos idílicos terrenos sombreados junto al Tay, respaldadas por colinas boscosas. En el muro norte del coro hay un pequeño agujero —llamado Leper's Squint— por el que los leprosos podían ver el altar durante la misa. Mientras pasaba las vacaciones en el campo de Dunkeld, la escritora de literatura infantil Beatrix Potter se inspiró para escribir los populares cuentos de Peter Rabbit.

La escalera que remontan los salmones en el pantano de Pitlochry

Las Cairngorms ㉒

C ON SUS 1.309 m, las Cairngorms son las montañas más altas de Gran Bretaña. En el Cairn Gorm, al que se puede subir en telesilla, se encuentra una de las estaciones de esquí más importantes del país. En la cima del pico hay una estación meteorológica; los informes regulares que facilita resultan esenciales en esta zona famosa por sus bruscos cambios de tiempo. Desde aquí hay vistas fantásticas del valle de Spey, en el que hay muchas fincas con instalaciones en las que se introduce al visitante en la agricultura de las Highlands.

Cabra montesa

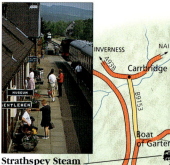

Strathspey Steam Railway
Esta vía férrea entre Aviemore y Boat of Garten data de 1863.

Aviemore, el centro comercial de las Cairngorms, tiene autobuses a la estación de esquí, a 13 km.

Kincraig Highland Wildlife Park
El recorrido en coche por el parque permite ver bisontes, osos, lobos y jabalíes, todos ellos antiguos habitantes del valle de Spey.

INVERNESS   NAI

Carrbridge

Boat of Garter

Aviemore

Coylumbr

Kincraig

LOCH AN EILEIN

Kingussie

NEWTONMORE

PERTH

B970

Tolvah

Feshie

BRAERIACH
▲
1.295 m

LOCH EINICH

0 kilómetros   5

Las Cairngorms, vistas desde Aviemore

Rothiemurchus Estate
En esta hacienda hay ganado de las Highlands entre otros animales; el centro de información organiza visitas guiadas y explica la vida en una finca de la región.

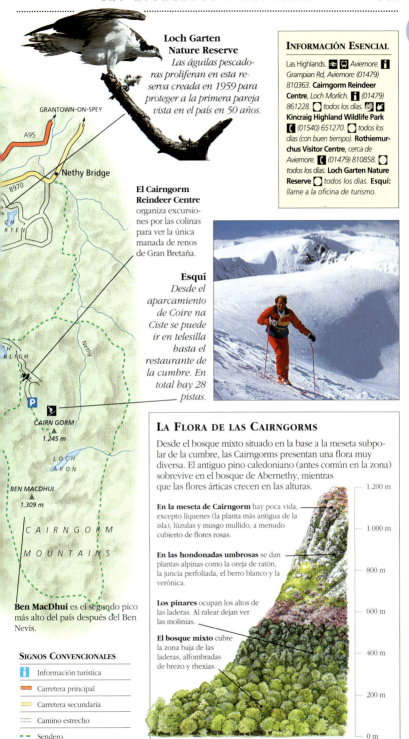

Loch Garten Nature Reserve

Las águilas pescadoras proliferan en esta reserva creada en 1959 para proteger a la primera pareja vista en el país en 50 años.

GRANTOWN-ON-SPEY

A95

Nethy Bridge

B970

El Cairngorm Reindeer Centre

organiza excursiones por las colinas para ver la única manada de renos de Gran Bretaña.

Esquí

Desde el aparcamiento de Coire na Ciste se puede ir en telesilla hasta el restaurante de la cumbre. En total hay 28 pistas.

CAIRN GORM
1.245 m

LOCH AVON

BEN MACDHUI
1.309 m

CAIRNGORM

MOUNTAINS

Ben MacDhui es el segundo pico más alto del país después del Ben Nevis.

SIGNOS CONVENCIONALES

i	Información turística
▬	Carretera principal
▬	Carretera secundaria
=	Camino estrecho
- - -	Sendero
☆	Punto panorámico

INFORMACIÓN ESENCIAL

Las Highlands. 🚂 🚌 *Aviemore.* 🛈 *Grampian Rd, Aviemore (01479) 810363.* **Cairngorm Reindeer Centre**, *Loch Morlich.* 🛈 *(01479) 861228.* ⏰ *todos los días.* 🅿 ♿ **Kincraig Highland Wildlife Park** 📞 *(01540) 651270.* ⏰ *todos los días (con buen tiempo).* **Rothiemurchus Visitor Centre**, *cerca de Aviemore.* 📞 *(01479) 810858.* ⏰ *todos los días.* **Loch Garten Nature Reserve** ⏰ *todos los días.* **Esquí:** *llame a la oficina de turismo.*

LA FLORA DE LAS CAIRNGORMS

Desde el bosque mixto situado en la base a la meseta subpolar de la cumbre, las Cairngorms presentan una flora muy diversa. El antiguo pino caledoniano (antes común en la zona) sobrevive en el bosque de Abernethy, mientras que las flores árticas crecen en las alturas.

En la meseta de Cairngorm hay poca vida, excepto líquenes (la planta más antigua de la isla), lúzulas y musgo mullido, a menudo cubierto de flores rosas.

En las hondonadas umbrosas se dan plantas alpinas como la oreja de ratón, la juncia perfoliada, el berro blanco y la verónica.

Los pinares ocupan los altos de las laderas. Al ralear dejan ver las molinias.

El bosque mixto cubre la zona baja de las laderas, alfombradas de brezo y rhexias.

1.200 m
1.000 m
800 m
600 m
400 m
200 m
0 m

Perfil de la meseta de Cairngorm

Aberdeen ㉓

L A TERCERA CIUDAD de Escocia y capital petrolífera de Europa ha conocido la prosperidad con el descubrimiento en los años 70 de crudo en el mar del Norte, cuyo lecho marino ha proporcionado hasta ahora 50 pozos. Conocida como la Ciudad del Granito, su perfil macizo y adusto se ve suavizado por los suntuosos mantos de flores que cubren todo el año sus jardines, entre ellos los Duthie Park Winter Gardens, los mayores de Europa. El puerto pesquero tiene su mejor momento por la mañana, cuando se subasta el pescado en la lonja más grande de Escocia.

Las agujas de Aberdeen recortadas sobre el puerto de la ciudad

Explorando Aberdeen

El centro urbano se extiende a lo largo de Union Street (1,5 km), que termina al este en la cruz del mercado, situada junto a Castlegate, donde en otros tiempos estuvo el castillo (ahora hay un mercado). Desde aquí, la empedrada Shiprow serpentea hacia el suroeste y pasa por Provost Ross's House de camino hacia el puerto. Se puede coger un autobús a 1,5 km al norte del centro para ir a Old Aberdeen, el casco antiguo, con sus calles medievales y sus callejas estrechas. El tráfico está prohibido en algunas calles.

🏫 King's College

College Bounds, Old Aberdeen. 📞 (01224) 273702. ○ todos los días. ♿

Fundado en 1495 como Universidad, el colegio alberga hoy un centro de información. La capilla, en un principio dedicada a varias religiones, después católica y por último protestante, tiene un cimborrio reconstruido en 1633. Las vidrieras de Douglas Strachan añaden un toque moderno al interior, donde hay un púlpito (1540) que fue labrado posteriormente con cabezas de los Estuardo.

⛪ St Andrew's Cathedral

King St. 📞 (01224) 640119. ○ may-sep: lu-sá. ♿ 📷 previa cita.

Iglesia matriz de la Comunión Episcopaliana de América, St Andrew's tiene un monumento a Samuel Seabury, primer obispo episcopaliano en los Estados Unidos, quien fue consagrado en Aberdeen en 1784. Los escudos de armas que adornan el techo sobre las naves norte y sur —en vivo contraste con los muros y pilares blancos— representan los estados de América y las familias jacobitas de Aberdeenshire.

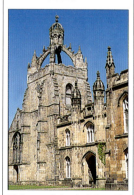

El elegante cimborrio de la capilla de King's College

🏛 Art Gallery

Schoolhill. 📞 (01224) 646333 ○ todos los días. 🌐 www.aberdeen.net.uk

Instalada en un edificio neoclásico, la Art Gallery encierra una amplia gama de exposiciones centradas en el arte contemporáneo. Entre las artes decorativas de la planta baja hay una colección de plata de Aberdeen. La colección permanente de arte de los siglos XVIII al XX atesora obras de Toulouse-Lautrec, Raeburn y Reynolds. El magnate del granito Alex Macdonald legó gran parte de las obras expuestas.

⛪ Church of St Nicholas

George St. ○ may-sep: todos los días; oct-abr: lu-vi (mañanas). ♿

Fundada en el siglo XII, St Nicholas es la mayor iglesia parroquial de Escocia. Aunque el edificio actual data de 1752, dentro hay vestigios de épocas anteriores. Tras los daños causados por la Reforma, el interior se dividió en dos. La capilla del este contiene los anillos de hierro que se usaban para aherrojar a las brujas en el siglo XVII, y en la del oeste hay unos bordados atribuidos a Mary Jameson (1597-1644).

🏛 Maritime Museum

Shiprow. 📞 (01224) 337700. ○ todos los días. ♿

El Museo Marítimo está instalado en una de las residencias más antiguas de la ciudad, un edificio de 1593 junto al puerto en Provost Ross's House. En él se traza la larga tradición marítima de Aberdeen, con ilustraciones sobre naufragios, rescates y construcción de barcos hasta maquetas de las numerosas plataformas petrolíferas situadas en la costa este de Escocia.

⛪ St Machar's Cathedral

The Chanonry. 📞 (01224) 485988. ○ todos los días. 🌐 www.isb.net/stmachar

Dominando Aberdeen, esta catedral del siglo XV es el edificio de granito más antiguo de la ciudad. La piedra labrada de uno de los arcos data del siglo XIV. La nave hace las funciones de iglesia parroquial, y su magnífico artesonado de roble está adornado con los escudos de 48 papas, emperadores y príncipes de la cristiandad.

PROVOST SKENE'S HOUSE

Guestrow. (01224) 641086. lu-sá.

La que fue casa de sir George Skene, preboste *(provost)* de Aberdeen en el siglo XVII, es una de las más antiguas de la ciudad desde su contrucción en 1545. En su interior, el diseño de las habitaciones abarca 200 años de historia. El duque de Cumberland se alojó aquí antes de tomar parte en la batalla de Culloden *(ver p. 146).*

INFORMACIÓN ESENCIAL

Grampian. 220.000.
a 13 km al NO de Aberdeen.
Guild St. Broad St (01224) 632727. ju, vi, sá.

El salón dieciochesco, con el clavecín de nogal y las sillas forradas junto a la chimenea, era el lugar informal donde se tomaba el té en familia.

La sala estilo Regencia ejemplifica la elegancia de los albores del siglo XIX. Hay un arpa de 1820 junto a un sofá de estilo griego y un escritorio francés.

La galería pintada contiene uno de los ciclos de arte religioso más importantes de Escocia. Los paneles de comienzos del siglo XVII son de un artista desconocido.

El gran salón del siglo XVII contiene un comedor de roble; sobre la chimenea cuelga el escudo de armas del preboste.

El comedor georgiano de diseño clásico fue el salón formal durante el siglo XVI. Aún conserva las losas primitivas del suelo.

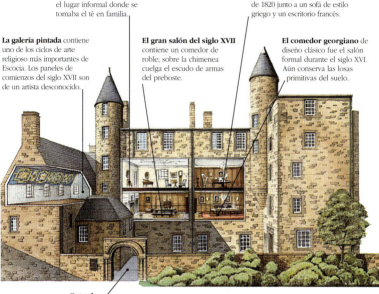

Entrada

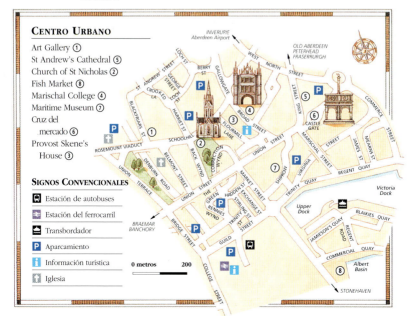

CENTRO URBANO

Art Gallery ①
St Andrew's Cathedral ⑤
Church of St Nicholas ②
Fish Market ⑧
Marischal College ④
Maritime Museum ⑦
Cruz del mercado ⑥
Provost Skene's House ③

SIGNOS CONVENCIONALES

Estación de autobuses
Estación del ferrocarril
Transbordador
Aparcamiento
Información turística
Iglesia

0 metros 200

Royal Deeside Tour ㉔

D ESDE QUE LA REINA VICTORIA adquirió el castillo de Balmoral en 1852, Deeside es conocido sobre todo por ser la residencia veraniega de la familia real, aunque sus lazos con la realeza se remontan a Robert the Bruce, allá por el 1300. Esta ruta sigue el curso del Dee —uno de los ríos más ricos en salmones del mundo— a través del soberbio paisaje de los montes Grampians.

Muir of Dinnet Nature Reserve ④
El centro de información de la A97 es una base excelente desde donde explorar el bosque, formado por los glaciares de la última edad del hielo.

Balmoral ⑥
El castillo fue adquirido por la reina Victoria en 1852 después de que su propietario se ahogara con una espina de pescado. Fue reconstruido en estilo baroniano escocés por deseo del príncipe Alberto.

Ballater ⑤
El antiguo pueblo ferroviario de Ballater luce el emblema real en muchas tiendas. Fue balneario en el siglo XIX, y sus aguas tenían fama de ayudar a curar la tuberculosis.

Speyside Malt Whisky Trail ㉕

Grampian. 🛈 *Elgin (01343) 542666.*

G RACIAS AL CLIMA y a la geología de los montes Grampians y de las cañadas que bordean al río Spey, la mitad de las destilerías de whisky de Escocia se encuentran en Speyside. Se extienden en una zona bastante amplia, por lo que conviene utilizar el coche para visitarlas. La ruta (señalizada como "Malt Whisky Trail") recorre un taller de fabricación de barriles y siete destilerías; todas ellas ofrecen excelentes centros de información y visitas guiadas.

La elaboración del whisky no tiene secretos *(ver pp. 30-31)*: los granos de cebada se empapan en agua y se dejan germinar en el proceso de malteado; a continuación se secan con humo de turba, se muelen, se mezclan con agua y se dejan fermentar; el líquido espumoso pasa por un proceso

Barriles de roble empleados para envejecer el whisky en las destilerías

doble de destilación, y el resultado final es un whisky áspero y fuerte que se almacena en barriles de jerez de roble entre 3 y 16 años para que envejezca y se suavice. En todo el mundo se vende una media de 30 botellas de whisky escocés por segundo.

Los excelentes centros de información de cada destilería ofrecen visitas guiadas y repor-

tajes audiovisuales sobre su historia. El importe de la entrada se suele devolver con la compra de una botella de whisky. Aunque la visita a una sola destilería puede ser suficiente, conviene visitar el **Speyside Cooperage,** donde se puede observar el proceso de fabricación de los barriles que se emplean para envejecer el whisky.

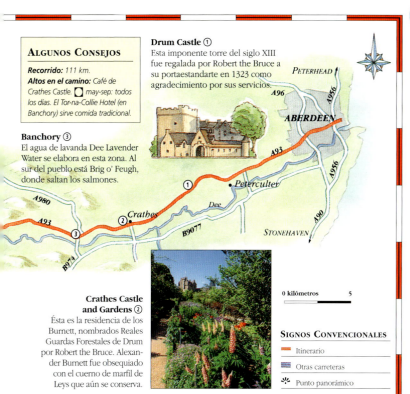

Algunos Consejos

Recorrido: 111 km.
Altos en el camino: Café de Crathes Castle. may-sep: todos los días. El Tor-na-Collie Hotel (en Banchory) sirve comida tradicional.

Drum Castle ①

Esta imponente torre del siglo XIII fue regalada por Robert the Bruce a su portaestandarte en 1323 como agradecimiento por sus servicios.

PETERHEAD

ABERDEEN

Banchory ③

El agua de lavanda Dee Lavender Water se elabora en esta zona. Al sur del pueblo está Brig o' Feugh, donde saltan los salmones.

Peterculter

Crathes

Dee

STONEHAVEN

Crathes Castle and Gardens ②

Ésta es la residencia de los Burnett, nombrados Reales Guardas Forestales de Drum por Robert the Bruce. Alexander Burnett fue obsequiado con el cuerno de marfil de Leys que aún se conserva.

0 kilómetros   5

Signos Convencionales

⎯⎯ Itinerario

⎯⎯ Otras carreteras

☼ Punto panorámico

Cardhu Distillery
Knockando. (01340) 872550.
jul-sep: todos los días; oct-jun: lu-vi.

Dallas Dhu Distillery
Forres. (01309) 676548. abr-sep: todos los días; oct-mar: sà-ju.

Glenfarclas Distillery
Ballindalloch. (01807) 500245. lu-vi (jun-sep: todos los días).

Glenfiddich Distillery
Dufftown. (01340) 820373. lu-vi (Semana Santa-mediados oct: todos los días).

Glen Grant Distillery
Rothes. (01542) 783303. mediados mar-oct: todos los días. limitado.

The Glenlivet Distillery
Glenlivet. (01542) 783220. mediados mar-oct: todos los días. limitado.

Speyside Cooperage
Craigellachie. (01340) 871108. lu-vi (jun-sep: lu-sà). limitado.

Strathisla Distillery
Keith. (01542) 783044. feb-mediados mar: lu-vi; mediados mar-nov: todos los días. limitado.

Elgin ㉖

Grampian. 25.000.
17 High St (01343) 542666. sà.

CON SU MERCADO empedrado y sus callejas sinuosas, Elgin conserva parte de su trazado medieval. Las ruinas de la **catedral** del siglo XIII son todo lo que queda de una de las proezas arquitectónicas de Escocia. Conocida en su día como la Linterna del Norte, la catedral resultó gravemente dañada en 1390 por el Lobo de Badenoch (hijo de Roberto II), quien la arrasó para vengarse del obispo de Moray que le había excomulgado. La iglesia sufrió más estragos en 1576, cuando el regente de Moray ordenó arrancar los emplomados del techo. Entre los restos destaca la cruz picta de la nave central y la pila bautismal. En el **Elgin Museum** hay exposiciones antropológicas y geológicas, y el **Moray Motor Museum** muestra más de 40 vehículos fabricados desde 1904.

Elgin Museum
1 High St. (01343) 543675. Semana Santa-oct: todos los días (do tardes).

Moray Motor Museum
Bridge St, Bishopmill. (01343) 544933. Semana Santa-oct: todos los días.

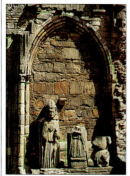

Detalle de la torre central de la catedral de Elgin

Vista aérea de la imponente situación de Fort George

Fort George ㉗

Inverness. (01667) 462777. Inverness, Nairn. todos los días.

UNA DE LAS OBRAS capitales de la arquitectura militar europea se alza sobre el promontorio batido por el viento que se adentra en Moray Firth, un emplazamiento ideal para mantener bajo control todo lo que ocurría en las Highlands. Terminado en 1769, el fuerte se construyó a raíz de los alzamientos jacobitas para impedir nuevas rebeliones por parte de los Highlanders, y desde entonces ha funcionado como cuartel.

El **Regimental Museum** de los Highlanders de la Reina está instalado en el fuerte, en algunos de cuyos barracones se reproducen las condiciones de vida de los soldados de hace 200 años. El **Grand Magazine** contiene una importante colección de armas y material militar. Desde las murallas de Fort George se puede contemplar a los delfines saltando en Moray Firth.

Culloden ㉘

(NTS) Inverness. Inverness.

EL DESOLADO PÁRAMO de Culloden permanece casi igual que el 16 de abril de 1746, fecha de la última batalla librada en suelo británico *(ver p. 45)*. En este lugar fracasó la causa jacobita encabezada por

Bonnie Prince Charlie *(ver p. 153)*, tras el ataque de casi 9.000 soldados de Hanover al mando del duque de Cumberland. Todo ello se explica en la exposición audiovisual del **NTS Visitor Centre.**

ALREDEDORES: En **Clava Cairns,** a 1,5 km al este de Culloden, existen unos espléndidos enterramientos neolíticos.

NTS Visitor Centre
En la B9006 al este de Inverness. (01463) 790607. todos los días. ene.

Cawdor Castle ㉙

En la B9090 (saliendo de la A96). (01667) 404615. a Nairn, después en autobús o taxi. desde Inverness. may-mediados oct: todos los días. sólo en planta baja y jardines.

CON SU TORRE central, su foso y su puente levadizo, el castillo de Cawdor es uno de los más románticos de las Highlands. Aunque Shakespeare diera fama al castillo de Cawdor (siglo XI) por situar en él el crimen del rey Duncan en *Macbeth*, no ha sido probado que ninguno de ellos estuviera aquí jamás.

Se dice que el antiguo acebo conservado en la cripta es el mismo bajo el cual se detuvo a descansar en 1372 el burro cargado de oro de Thane William mientras su amo buscaba un lugar para erigir la fortaleza; según la leyenda, así fue como se escogió el emplazamiento. Hoy, tras 600 años de ocupación ininterrumpida (sigue

siendo la casa de los Thane de Cawdor), la mansión es un tesoro de historia familiar, con tapices raros y retratos realizados por los pintores del siglo XVIII Joshua Reynolds (1723-1792) y George Romney (1734-1802). El mobiliario de la habitación rosa y de la sala Woodcock incluye piezas de los diseñadores dieciochescos Chippendale y Sheraton. En la antigua cocina, los enormes fogones victorianos son como un altar dedicado a las faenas domésticas. El amplio parque posee bellos paseos y un campo de golf de nueve hoyos.

Puente levadizo en el lado este de Cawdor Castle

Inverness ㉚

Highland. 60.000. Castle Wynd (01463) 234353.

TODAS LAS CARRETERAS de las Highlands llevan a Inverness, capital de la región y centro de las comunicaciones, el comercio y la administración de la esparcida población de más de dos millones de hectáreas de terreno. A pesar de ser

La batalla de Culloden (1746), del pintor contemporáneo D. Campbell

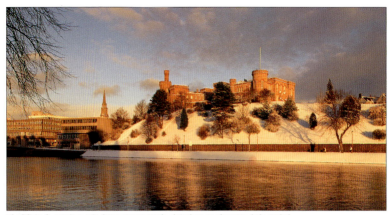

El edificio de arenisca roja de Inverness Castle alzándose en el centro de la ciudad

la ciudad más grande del norte, todavía conserva un ambiente de pueblo grande, con un centro compacto de fácil acceso. Aunque tristemente afeada por la arquitectura moderna, Inverness se ha ganado una merecida reputación por sus exposiciones florales en verano y por el río Ness, que aporta mucho encanto al pasar por el centro. En verano los pescadores de salmón se instalan en su orilla, incluso en el centro de la ciudad. Elevándose sobre la ciudad se encuentra **Inverness Castle,** un edificio victoriano de arenisca roja que ahora alberga un tribunal. Bajo el castillo, junto a la oficina de información turística se encuentra el **Inverness Museum and Art Gallery,** que ofrece exposiciones de arte permanentes e itinerantes y cursillos para niños. El barrio comercial más importante parte de aquí en tres direcciones y posee una animada zona peatonal con músicos callejeros.

Cruzando el río está **Balnain House,** un innovador museo dedicado a la música de las Highlands donde se explican todos sus aspectos con grabaciones y conciertos en directo; en ellos se invita a los visitantes a que prueben a tocar la gaita. Desde aquí, río arriba a orillas del Ness se encuentra el **Eden Court Theatre,** que

Fabricante de _kilts_ de tartán Estuardo

ofrece un programa variado con actores nacionales e internacionales. Siempre río arriba por las orillas flanqueadas de árboles se llega cruzando un puente levadizo a **Island Walks,** un lugar tranquilo habitado por patos. Siguiendo el curso del río se llega al **Inverness Sports Centre and Aquadome,** que tiene piscinas, hidromasajes y toboganes acuáticos. El canal Caledonian, construido entre 1804 y 1822 por Thomas Telford (_ver pp. 148-149_) y todavía en uso, puede verse desde el puente de Tomnahurich. Desde aquí, **Jacobite Cruises** ofrece paseos en barca por el lago Ness en verano, una excelente manera de pasar la tarde del

domingo. Inverness es el punto de partida ideal para explorar el resto de las Highlands, ya que está a corta distancia de las mejores atracciones de la región y del campo de batalla de Culloden, a 8 km hacia el este.

🏛 **Inverness Museum and Art Gallery**
Castle Wynd. (_(01463) 237114._
○ _lu-sá._ &

🏛 **Balnain House**
40 Huntly St. (_(01463) 715757._
○ _may-ago: todos los días; sep-abr: lu-sá._ 📷 & _limitado._

🎭 **Eden Court Theatre**
Bishop's Rd. (_(01463) 234234._ 📷 & www.edencourt.uk.com.

🏊 **Inverness Sports Centre and Aquadome**
Bught Park. (_(01463) 667500._
○ _todos los días._ 📷 &

🚢 **Jacobite Cruises**
Tomnahurich Bridge, Glenurquhart.
(_(01463) 233999._ 📷 &

El Movimiento Jacobita

Los primeros jacobitas (católicos de las Highlands en su mayoría) fueron los partidarios de Jacobo VII de Escocia (Jacobo II de Inglaterra), depuesto por su Parlamento en la "Revolución Gloriosa" de 1688. Con el protestante Guillermo de Orange en el trono, el deseo de los jacobitas de reinstaurar la monarquía de los Estuardo condujo a los levantamientos de 1715 y 1745. El primero, en apoyo de Jacobo VIII, terminó con la batalla de Sherrifmuir (1715). El fracaso del segundo alzamiento en Culloden supuso el fin de las aspiraciones jacobitas y del sistema de clanes, así como la supresión de la cultura de las Highlands durante más de un siglo.

Jacobo II, de Samuel Cooper (1609-1672)

El Great Glen ③

SIGUIENDO EL CAMINO de una falla geológica, el Great Glen constituye una
bonita ruta panorámica desde Inverness
(en la costa este) hasta Fort William, en el
oeste. La grieta del valle glacial se creó cuando
una masa de tierra se partió y se desplazó hace
400 millones de años. Entre sus lagos destaca el
legendario Loch Ness. El canal Caledonian que
une los lagos ha sido desde su construcción por
Thomas Telford en 1822 a un tiempo ruta naviera y
atracción turística. La mejor manera de ver el Gran Glen
es alquilar una barca o hacer el recorrido en coche.

**Pardillo
sizerin**

EL GREAT GLEN

En Spean Bridge hay un
molino textil que vende
tweed y prendas
tradicionales de lana. Cerca
del pueblo está el
impresionante Commando
Memorial, un monumento
en honor a los lugareños
que fallecieron en la II
Guerra Mundial.

Loch Lochy
*Lochy, uno de los cuatro lagos del Great Glen, se formó por
una fisura en la tierra y por la erosión de los glaciares.
Cerca de aquí están las cuevas donde al parecer se escondió
Bonnie Prince Charlie tras la batalla de Culloden.*

RECOMENDAMOS

★ **Loch Ness**

★ **Caledonian Canal**

Steall Waterfall
*Esta impresionante cascada situada
a los pies del magnífico Ben Nevis se
precipita sobre un valle cubierto de
flores silvestres. El lugar, al final de
un paseo por un espléndido
barranco, es ideal para merendar.*

Loch
Mullardoch

Kinlochourn

Loch
Quoich

Inverc

Loch
Arkaig

South Lago

Loch Lochy

Lochailort

A830

Sp
Bri

FORT
WILLIAM

Ben
Nevis

Loch Shiel

A861

A82

Corran

Strontian

Ardgour

A861

Onich

Glencoe

A82

A884

Ballachulish

Loch Linnhe

Duror

A828

Port Appin

0 kilómetros   10

Ben Nevis *(ver p. 135)* es la
montaña más alta de Gran
Bretaña (1.343 m), pero su
forma indefinida desmiente
su fabuloso tamaño.

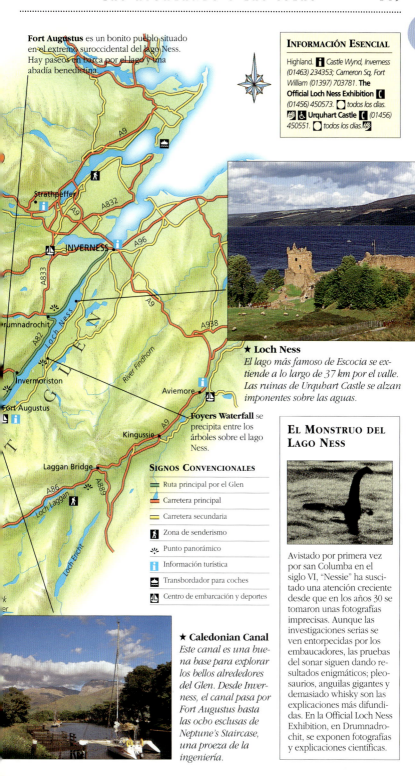

Fort Augustus es un bonito pueblo situado en el extremo suroccidental del lago Ness. Hay paseos en barca por el lago y una abadía benedictina.

★ **Loch Ness**
El lago más famoso de Escocia se extiende a lo largo de 37 km por el valle. Las ruinas de Urquhart Castle se alzan imponentes sobre las aguas.

Foyers Waterfall se precipita entre los árboles sobre el lago Ness.

SIGNOS CONVENCIONALES

—	Ruta principal por el Glen
—	Carretera principal
—	Carretera secundaria
	Zona de senderismo
	Punto panorámico
	Información turística
	Transbordador para coches
	Centro de embarcación y deportes

EL MONSTRUO DEL LAGO NESS

Avistado por primera vez por san Columba en el siglo VI, "Nessie" ha suscitado una atención creciente desde que en los años 30 se tomaron unas fotografías imprecisas. Aunque las investigaciones serias se ven entorpecidas por los embaucadores, las pruebas del sonar siguen dando resultados enigmáticos; pleosaurios, anguilas gigantes y demasiado whisky son las explicaciones más difundidas. En la Official Loch Ness Exhibition, en Drumnadrochit, se exponen fotografías y explicaciones científicas.

★ **Caledonian Canal**
Este canal es una buena base para explorar los bellos alrededores del Glen. Desde Inverness, el canal pasa por Fort Augustus hasta las ocho esclusas de Neptune's Staircase, una proeza de la ingeniería.

Map labels: A9, A832, Strathpeffer, INVERNESS, A96, A833, A82, Drumnadrochit, Loch Ness, GLEN, A9, River Findhorn, A938, Invermoriston, Aviemore, Fort Augustus, Kingussie, Laggan Bridge, A86, A889, Loch Laggan, Loch Ericht

La costa de Black Isle, en Moray Firth

Black Isle 32

Ross y Cromarty. 🚶 10.600. 🚆
🚌 Inverness. 🛈 North Kessock
(01463) 731505.

A PESAR DE LAS plataformas
petrolíferas de Cromarty
Firth, la ancha península de
Black Isle todavía está compuesta en su mayor parte por
granjas y aldeas de pescadores.
Cromarty fue un puerto importante en el siglo XVIII, con
florecientes industrias de cuerdas y encajes; muchas de las
casas de comerciantes de la
época siguen en pie. El premia-
do museo de **Cromarty Courthouse** organiza recorridos por
el pueblo. **Hugh Miller's
Cottage** es un museo dedicado
al teólogo y geólogo Hugh
Miller (1802-1856), nacido aquí.
Fortrose posee las ruinas de
una catedral del siglo XIV. En

Chanonry Point una piedra
recuerda al vidente Brahan, un
profeta del siglo XVII que fue
quemado vivo por la condesa
de Seaforth, a quien había
predicho la infidelidad de su
marido. Para conocer la
arqueología local merece la
pena visitar el **Groam House
Museum,** en Rosemarkie.

🏛 Cromarty Courthouse
Church St, Cromarty. 📞 (01381)
600418. 🕐 abr-oct: todos los días;
nov-mar: todos los días (tardes).
🔒 23 dic-feb. 📷

🏚 Hugh Miller's Cottage
(NTS) Church St, Cromarty. 📞
(01381) 600245. 🕐 may-sep: todos
los días (do tardes). 📷 🚫 limitado.

🏛 Groam House Museum
High St, Rosemarkie. 📞 (01381)
620961. 🕐 Semana Santa: sólo
tardes; may-sep: todos los días (do
tardes); oct-abr: sá y do (tardes). 📷
🚫 sólo en la planta baja.

EL DESALOJO DE LAS HIGHLANDS

Durante el apogeo del sistema de clanes *(ver pp. 26-27)*, los
arrendatarios pagaban sus rentas prestando servicio militar a los
señores. Sin embargo, con la destrucción del sistema de clanes
tras la batalla de Culloden *(ver p. 146),* los propietarios
comenzaron a exigir unas rentas en metálico que los inquilinos
no podían pagar; así, la tierra fue siendo comprada poco a poco
por los granjeros ingleses y de las Lowlands. En el llamado "año
de las ovejas" (1792), miles de arrendatarios fueron desalojados
(a veces por la fuerza)
para dejar sitio al gana-
do. Muchos emigraron
a Australia, Estados
Unidos o Canadá. Aún
pueden verse las rui-
nas de sus granjas,
sobre todo en Suther-
land y en Wester Ross

El último del clan
(1865), de Thomas Faed

Strathpeffer 33

Ross y Cromarty. 🚶 1.400.
🚆 Dingwall. 🚌 Inverness. 🛈 North
Kessock (01463) 731505.

S ITUADO A 8 km al este de las
cascadas de Rogie, Strathpeffer conserva el encanto refinado que le hizo famoso como
balneario en la época victoriana. Sus grandes hoteles y su elegante trazado evocan los días
en los que la realeza europea y
los simples mortales acudían en
tropel a sus manantiales ferru-
ginosos y sulfurosos que se
creía aliviaban la tuberculosis;
aún pueden probarse las aguas
en el **Water Tasting Pavilion,**
en el centro del pueblo.

🚰 Water Tasting Pavilion
The Square. 🕐 Semana Santa-oct:
todos los días.

Dornoch 34

Sutherland. 🚶 2.200. 🚆 Golspie,
Tain. 🚌 Inverness, Tain. 🛈 The
Square (01862) 810400.

C ON UN CAMPO de golf de
primera categoría y amplias
playas arenosas, Dornoch es un
centro de veraneo muy popular
que no ha perdido su aire
apacible. La catedral medieval,
hoy iglesia parroquial, fue casi
destruida en una disputa entre
clanes en 1570 y restaurada en
los años 20 con ocasión de su
700 aniversario. Una piedra
junto al río Street señala el lugar
donde Janet Horne, la última
mujer juzgada por brujería en
Escocia, fue ejecutada en 1722.

ALREDEDORES: A 19 km al
norte de Dornoch se halla la
señorial mole victoriana del
Dunrobin Castle, situado en
un gran parque con jardines
que se abren al mar. Desde el
siglo XIII ha sido la residencia
de los condes de Sutherland.
Muchas de sus estancias están
abiertas al público; entre los
varios objetos expuestos hay
un coche de bomberos de
vapor.
    Al sur de Dornoch se halla el
tranquilo pueblo de **Tain,** lugar
de peregrinaje en el medievo y
más tarde centro administrativo
durante el desalojo de las
Highlands, cuando su cabina

de peaje se utilizó como cárcel. Todo ello se explica en el centro de información **Tain Through Time.**

♣ Dunrobin Castle

Cerca de Golspie. 📞 *(01408) 633177.* ⬜ *abr-mediados oct: todos los días.* 🏰 ♿

🏛 Tain Through Time

Tower St. 📞 *(01862) 894089.* ⬜ *abr-oct: todos los días; nov-mar: previa cita.* 🏰 ♿

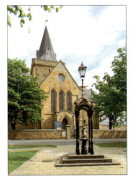

El sereno recinto catedralicio de Dornoch

Glen Shiel ㉟

Skye y Lochalsh. 🚂 *Kyle of Lochalsh.* 🚌 *Glen Shiel.* ℹ️ *Bayfield House, Bayfield Lane (01478) 612137.*

D OMINANDO UNA de las regiones más evocadoras de Escocia, las imponentes cumbres de las Cinco Hermanas de Kintail surgen en el extremo norte de Loch Cluanie cuando la A87 se adentra en Glen Shiel.

El **centro de información de Morvich** organiza excursiones guiadas en verano. Más al oeste, la carretera pasa por el romántico **Eilean Donan Castle.** Tras convertirse en bastión jacobita *(ver p. 147),* fue destruido en 1719 por buques ingleses. Restaurado en el siglo XIX, contiene numerosas reliquias relacionadas con la causa jacobita.

♣ Eilean Donan Castle

Saliendo de la A87, cerca de Dornie. 📞 *(01599) 555202.* ⬜ *abr-oct: todos los días.* 🏰

Isla de Skye ㊱

Ver pp. 152-153.

Wester Ross ㊲

Ross y Cromarty. 🚂 *Achnasheen, Strathcarron.* 🚌 *Gairloch.* ℹ️ *Gairloch (01445) 712130.*

S ALIENDO DE Loch Carron hacia el sur, la A890 penetra de pronto en las Highlands del norte y en el gran páramo de Wester Ross. Torridon Estate, que se extiende a ambos lados de Glen Torridon, contiene algunas de las montañas más antiguas del planeta (la roca de Torridon tiene más de 600 millones de años) y es morada de ciervos, cabras y gatos monteses. Los halcones peregrinos y las águilas reales anidan en la mole de arenisca de Beinn Eighe, sobre el pueblo de Torridon, el cual ofrece vistas impresionantes de Apple-

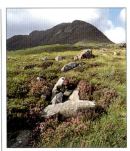

Paisaje montañés típico de Torridon en Wester Ross

cross hasta Skye. El **Torridon Countryside Centre** organiza paseos guiados en temporada y facilita información sobre la fauna y la flora de la región.

Al norte, la A832 atraviesa la **Beinn Eighe National Nature Reserve,** el refugio de gatos monteses más antiguo del país. En los islotes y las orillas de Loch Maree quedan restos de los antiguos pinares caledonianos. **Beinn Eighe Visitor Centre** facilita información sobre la reserva.

La costa está jalonada de jardines exóticos que florecen gracias a las cálidas temperaturas de la Corriente del Golfo; el más impresionante es Inverewe Gardens *(ver p. 156).*

🏛 Torridon Countryside Centre

(NTS) Torridon. 📞 *(01445) 791221.* ⬜ *may-sep: todos los días.* 🏰 ♿

🏕 Beinn Eighe Visitor Centre

Cerca de Kinlochewe, en la A832. 📞 *(01445) 760258.* ⬜ *may-sep: todos los días.* ♿

El lado oeste de las Cinco Hermanas de Kintail, visto desde un mirador sobre Ratagan

Isla de Skye 36

Nutria en el refugio de Kylerhea

A LA MAYOR DE las islas Hébridas se llega por el puente que une Kyle of Lochalsh con Kyleakin. De la turbulenta historia geológica de Skye ha surgido uno de los paisajes más variados y espectaculares del país. Desde la meseta volcánica del norte hasta los picos esculpidos por el hielo de los Cuillins, la isla está dividida por numerosos lagos marinos, por lo que el viajero nunca está a más de 8 km del mar. En el sur predominan las praderas calcáreas, mientras que en las laderas —hoy pastos de reses y ovejas— yacen las ruinas esparcidas de las granjas abandonadas durante los desalojos *(ver p. 150)*. Históricamente, Skye es conocida sobre todo por su vinculación con Bonnie Prince Charlie.

Skeabost tiene las ruinas de una capilla asociada con san Columba. En el cementerio pueden verse tumbas medievales.

Tumba de Flora MacDonald

Kilmuir

ISLAS OCCIDENTALES

Uig

L O C H
S N I Z O R T

• Lusta

B886

Milovaig

A850

Dunvegan

Skeabo

B885

A863

0 kilómetros   10

Portnalong

Talisker   B8009

C U I

SGUR
ALASD
▲
993 r

Dunvegan Castle
Sede de los jefes del clan MacLeod desde el siglo XI, Dunvegan guarda el Fairy Flag, un legendario pedazo de seda mágica que protegía al clan.

La destilería Talisker elabora "la lava de los Cuillins", uno de los mejores whiskys de malta de las Highlands.

Cuillins
La cordillera más bella de Gran Bretaña está a tres horas a pie de Sligachan. En verano zarpa un barco desde Elgol al desolado santuario de Loch Coruisk. Se cuenta que, mientras huía por estos páramos, Bonnie Prince Charlie exclamó: "¡Ni el diablo me seguiría hasta aquí!"

SIGNOS CONVENCIONALES

ℹ	Información turística
▬	Carretera principal
▬	Carretera secundaria
═	Camino
✿	Punto panorámico

Quiraing

Los corrimientos han sacado a la luz las raíces de esta meseta volcánica, creando un paisaje de torres y agujas. Se explora saliendo de la carretera de Uig a Staffin.

INFORMACIÓN ESENCIAL

The Highlands. 🔼 *12.000.*
🚉 *Kyle of Lochalsh.* 🚌 *Portree.*
🚢 *desde Mallaig o Glenelg.*
ℹ️ *Bayfield House, Portree (01 478) 612137.* **Dunvegan Castle**, Dunvegan. 📞 *(01470) 521206.*
◯ *todos los días.* 🚫 ♿ *limitado.*
Armadale Castle, Armadale.
📞 *(01471) 844227.* ◯ *abr-oct: todos los días (jardines abiertos todo el año).* 🚫 ♿ **Talisker Distillery**, Carbost. 📞 *(01478) 640203.* ◯ *lu-vi (jul-sep: lu-sá).*
🚫 ♿ *limitado.* 🔥

Storr

La erosión de esta meseta ha creado el Old Man of Storr, un monolito de 55 m junto a la carretera de Portree.

Portree

Con su vistoso puerto, Portree ("puerto del rey") es la ciudad principal de Skye; debe su nombre a la visita de Jacobo V en 1540.

Loch Coruisk

Luib tiene una bonita casa que se conserva como hace cien años.

Puente a tierra firme

KYLE OF LOCHALSH

Las nutrias suelen verse en el refugio de Kylerhea.

Armadale Castle alberga el Clan Donald Visitor Centre.

Kilchrist Church

Esta iglesia en ruinas anterior a la Reforma estaba en una de las zonas más pobladas de Skye. El último servicio se celebró en 1843, tras la construcción de una nueva iglesia en Broadford.

BONNIE PRINCE CHARLIE

El último Estuardo aspirante a la corona, Carlos Eduardo Estuardo (1720-1788), vino a Escocia desde Francia en 1745 para acceder al trono. Después de alcanzar Derby, su ejército fue rechazado hasta Culloden, donde fue derrotado. Perseguido durante cinco meses por las Highlands, escapó a Skye disfrazado de sirvienta de una dama de Uist llamada Flora MacDonald. En septiembre de 1746 el príncipe embarcó a Francia y murió en Roma. Flora fue enterrada en 1790 en Kilmuir, envuelta en una sábana del príncipe *"bonnie"* (guapo).

El príncipe, disfrazado de sirvienta

Inverewe Gardens 38

En la A832, cerca de Poolewe, Highland.
📞 (01445) 781200. ⬜ *mediados mar-oct: todos los días.* 🔲 🔲 ♿

Considerados como un tesoro nacional, los jardines de Inverewe atraen a más de 130.000 visitantes cada año. A pesar de estar situados a una latitud de 57,8º al norte, los jardines contienen variedades extraordinarias de árboles, arbustos y flores de todo el mundo.

Los jardines fueron iniciados en 1862 por el veinteañero Osgood Mackenzie, quien recibió 4.860 hectáreas de terreno expuesto y desierto junto a la residencia familiar. Mackenzie comenzó a plantar árboles para formar una barrera de protección y creó un jardín amurallado con tierra importada. Mackenzie descubrió que, gracias a la cálida influencia de la Corriente del Golfo *(ver p. 21)*, el clima de la costa oeste era propicio para cultivar plantas exóticas.

Hacia 1922 los jardines habían alcanzado reconocimiento internacional como una de las mejores colecciones de plantas, y en 1952 fueron donados al National Trust for Scotland. En Inverewe todavía pueden encontrarse nenúfares del Nilo, los eucalip-

Algunas de las numerosas plantas insólitas de Inverewe Gardens

tos australianos más altos del país y fragantes rododendros de China. Las plantaciones están diseñadas para que haya flores todo el año, pero la mejor época para ver los jardines es entre primavera y otoño.

Ullapool 39

Highland. 🚶 *1.800.* 🚂 *Inverness.*
🚌 🚢 ℹ️ *Argyle St (01854) 612135.*

Con sus amplias calles, casas blancas, palmeras y señales viarias en gaélico, Ullapool es uno de los pueblos más bonitos de la costa oeste. Trazado y construido en 1788 como lugar de explotación pesquera, el pueblo ocupa la península

que se adentra en Loch Broom. La pesca ha perdido importancia, excepto cuando los buques-factoría de Europa oriental fondean en el lago en invierno. La actividad principal es hoy el transbordador a Stornoway en Lewis *(ver detalles en p. 213)*. En el **Ullapool Museum** se puede estudiar la historia local.

🏛 **Ullapool Museum**
7–8 Argyle St. 📞 (01854) 612987.
⬜ *lu.-sá.* ♿

Alrededores: Destacan las montañas Assynt, hacia el norte, y la profunda garganta de Corrieshalloch, al sur.

En **Achiltibuie** merece la pena visitar el **Hydroponicum,** un "jardín futurista" donde las flores crecen sin tierra. En la **Smokehouse** se puede presenciar el proceso del ahumado del salmón. Los barcos de recreo salen de aquí y de Ullapool hacia las **Summer Isles,** un grupo de islotes poco poblados, en otro tiempo hogar del célebre defensor del medio ambiente Fraser Darling.

🌿 **Hydroponicum**
Achiltibuie. 📞 (01854) 622202. ⬜ *Semana Santa-finales sep: todos los días.* 🔲 ♿ *limitado.*

🏠 **Smokehouse**
Achiltibuie. 📞 (01854) 622353.
⬜ *Semana Santa-finales sep: lu.-sá.*

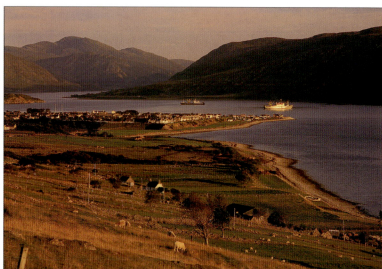

Apacible vista al atardecer de Ullapool y Loch Broom, en la costa noroccidental de Escocia

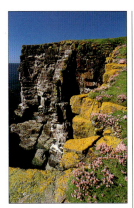

Los acantilados de Handa acogen a numerosas aves marinas

Isla de Handa ⓴

Highland. 🚢 *desde Tarbet, cerca de Scourie, abr-ago.* ℹ️ *Scottish Wildlife Trust, Edinburgh (0131) 312 7765.*

SITUADA FRENTE a Scourie, en la costa oeste, esta pequeña isla es una importante reserva para la cría de numerosas especies de aves marinas.

En siglos anteriores estaba habitada por un pueblo bravo que poseía reina y parlamento propios. Los últimos 60 habitantes fueron evacuados en 1847, cuando se perdió la cosecha de la patata. La isla fue también utilizada como camposanto por estar a salvo de los lobos que habitaban en tierra firme.

La isla está hoy gestionada por el Scottish Wildlife Trust. Hay un paseo que lleva a los acantilados del norte, a 100 m de altura. A principios de año pueden encontrarse en Handa 11.000 pares de alcas comunes y una colonia de cría con 66.000 pares de araos, la más grande de Gran Bretaña.

ALREDEDORES: Con una caída de 180 m, **Eas Coul Aulin** es la cascada más alta del país. Se recomienda verla cuando ha llovido; puede hacerlo desde una barca de recreo que sale de Kylesku, a 24 km al sur de Handa.

Cape Wrath y la Costa Norte ⓶

Highland. 🚊 🚢 *may-sep (01971) 511376.* ℹ️ *John O'Groats (01955) 611373; Wick (01955) 602596.*

LA COSTA septentrional goza de toda la variedad de la geografía de las Highlands, desde los páramos montañosos y las bellas playas blancas hasta las verdes llanuras de pasto.

Cape Wrath (cabo de la ira) atrae no sólo por su nombre, sino también por sus acantilados azotados por el Atlántico y por los riscos rebosantes de aves marinas que se adentran en el mar. El faro fue uno de los últimos de Escocia en ser automatizado, en 1998. En verano hay un minibús que recorre los 13 km que hay hasta el cabo; para conectar con él hay que coger el barco de pasajeros en el muelle del Cape Wrath Hotel, porque el cabo está cortado por el Kyle of Durness. En Durness, **Smoo Innercave Tours** organiza excursiones a **Smoo Cave,** una espectacular gruta perforada en la piedra caliza. En las afueras, una comunidad de artistas ha creado el **Balnakeil Craft Village,** donde hay cerámica, esmaltes, madera labrada, grabados y cuadros. En la costa, asombrosas playas de arena blanca se suceden a lo largo de la carretera que rodea

Gaviota tridáctila

Loch Eriboll, el más profundo de los lagos marinos.

El **Strathnaver Museum** de Bettyhill explica el tristemente famoso desalojo de Sutherland, en el que 150.000 personas fueron arrojadas de sus casas a la fuerza para dejar sitio a las ovejas. En Rossal —a 16 km al sur de Bettyhill— hay una ruta arqueológica por un pueblo excavado que proporciona información sobre la vida en tiempos anteriores al desalojo.

La gigantesca cúpula blanca de **Dounreay** señala la central de reprocesado nuclear, cuyo centro de exposiciones gratuito se puede visitar en verano. Thurso es el pueblo más importante de la costa. En el pasado fue famoso por sus canteras, que desaparecieron con la llegada del cemento. En septiembre se celebra "Northlands", un festival de música escocesa nórdica.

John O'Groats es probablemente el punto cartográfico más famoso de la zona: se dice que es el extremo más septentrional del país, aunque en realidad lo sea el cercano **Dunnet Head.** Aparte de un bello puerto desde el que salen barcas diarias a Orkney, John O'Groats es una trampa para turistas. Más interesantes son los acantilados de **Duncansby Head,** donde se puede contemplar del Pentland Firth.

🚢 **Smoo Innercave Tours**
38 Sango Mor, Durness. 📞 (01971) 511259. 🕐 *abr-sep: todos los días.*

🏛 **Strathnaver Museum**
Clachan, Bettyhill. 📞 (01641) 521418. 🕐 *abr-oct: lu-sá.* 📷 🚻 *limitado.*

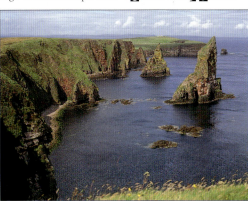

Duncansby Head, en Caithness, el extremo más nororiental de Escocia

Islas Orcadas ❷

S E DICE QUE LA DIFERENCIA entre las islas Orcadas y las Shetland es que los habitantes de las primeras son granjeros con barcas y los de las segundas pescadores con granjas. La geología de las Orcadas es tan diferente de la de sus vecinas como su ambiente; se trata de unas islas llanas, con una rica tierra suavemente ondulada. Las 70 islas poseen la concentración de yacimientos arqueológicos más densa de Gran Bretaña, testimonio de su larga historia de asentamientos. Sus habitantes son acogedores y relajados, excepto durante la celebración en Kirkwall de los fieros partidos de fútbol de Navidad y Año Nuevo.

INFORMACIÓN ESENCIAL

Orkney. 🚂 *19.800.* ✈ 🚢 *desde Scrabster (Caithness), Aberdeen y Lerwick, en Shetland, y desde John O'Groats (sólo may-sep).* 🛈 *Kirkwall (01856) 872856. www.orkney.com*

El monolito de Old Man of Hoy, en la costa de Hoy

Kirkwall

Este encantador pueblo con calles empedradas y un activo puerto es el centro administrativo de las Orcadas. **St Magnus Cathedral,** construida hace 860 años en piedra roja y amarilla, es una obra maestra arquitectónica. En junio se celebra un festival semanal de música clásica. Frente a la catedral se hallan las ruinas de **Earl's Palace,** otrora espléndido ejemplo de arquitectura renacentista. Hay barcas hacia la isla de Shapinsay, donde el elegante **Balfour Castle** conserva su mobiliario original desde 1840.

🏰 **Earl's Palace**
🛈 *(0131) 668 8800.* 🕐 *abr-sep.* 🏷

⚓ **Balfour Castle**
📞 *(01856) 711282.* 🕐 *may-sep: mi, do.* 🏷 📷 ♿ *sólo en la planta baja.*

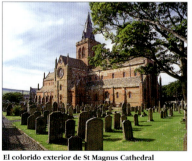

El colorido exterior de St Magnus Cathedral

Orkney

A 8 km de Stromnes se halla **Maes Howe,** la cámara funeraria más imponente de Europa occidental, que data del 2700 a.C. y se alinea con el solsticio de invierno. Los vikingos saquearon la tumba alrededor del 1150; los escritos que dejaron en las paredes son un tesoro de la inscripción lingüística antigua. Cerca se encuentran las magníficas piedras de Stenness y el famoso círculo megalítico de Brodgar.

Aún más célebre es la asombrosa aldea prehistórica de **Skara Brae,** habitada desde alrededor del 3100 a.C. durante 500 años hasta que fue sepultada por arenas movedizas. En 1850 una tormenta desenterró los restos, y hoy se pueden ver camas, vestidores y cocinas de la edad de piedra. Al sur de Kirkwall la carretera pasa por las Churchill Barriers, unas calzadas construidas por prisioneros de guerra italianos para proteger a la flota británica estacionada en la bahía de Scapa Flow.

🎭 **Maes Howe y Skara Brae**
🛈 *(0131) 668 8800.* 🕐 *todos los días.* 🏷 ♿

Otras islas

El **Lyness Visitor Centre,** en la isla de **Hoy,** cuenta con una exposición que revive los acontecimientos del 16 de junio de 1919 de Scapa Flow, cuando la tripulación de la flota alemana derrotada hundió 47 de sus propios buques.

Merece la pena recorrer los 6 km necesarios para ver el monolito de Old Man of Hoy (137 m), en el extremo oeste de la isla. **Rousay** es conocido como el "Egipto del Norte" por sus abundantes yacimientos arqueológicos, y en **Sanday** hay sobre todo playas arenosas.

🛈 **Lyness Visitor Centre**
📞 *(01856) 791300.* 🕐 *may-sep: todos los días; oct-abr: lu-vi.* 🏷 ♿

AVES MARINAS DE LAS ISLAS ORCADAS Y SHETLAND

Como las aves marinas pasan casi todo el tiempo lejos de tierra, durante el periodo de cría resultan más vulnerables que nunca. La seguridad de los acantilados inaccesibles —como los de Herma Ness, en Unst (islas Shetland) o St John's Head, en la isla de Hoy— ofrecen seguridad para miles de aves.

Gaviota argentérea

Fulmarel glacial

Islas Shetland ❸

E STE GRUPO DE MÁS DE CIEN islas con acantilados forman la región más septentrional de Escocia. Sus amistosos habitantes tienen un característico dialecto derivado de su larga conexión con Noruega. En ningún punto de las Shetland se está a más de 5 km del mar. La pesca y la cría del salmón todavía constituyen una importante fuente de ingresos, aunque en los últimos tiempos el petróleo del mar del Norte ha generado riqueza y puestos de trabajo. En invierno las Shetland sufren graves tormentas, pero en verano el sol puede brillar hasta 19 horas al día. Las islas son famosas por su música y por sus festivales vikingos.

El asentamiento prehistórico de Jarlshof, con sus restos vikingos y nórdicos

Lerwick
Las callejuelas empedradas, los edificios de piedra gris y las antiguas *lodberries* (casas con muelle privado) hacen de este atractivo pueblo el más importante de las Shetland. En el **Shetland Museum** hay restos de naufragios de la época de la caza de ballenas y réplicas del tesoro de la isla de San Ninian. Es fácil llegar al fuerte prehistórico de Clickimin, pero el de Mousa es mejor. Desde el puerto salen barcos a la colonia de pájaros bobos de **Noss**. El festival Up Helly Aa se celebra a finales de enero, y en abril y octubre hay numerosos festivales de música tradicional.

🏛 **Shetland Museum**
📞 (01595) 695057. ◯ lu-sá.
⬤ festivos. ♿

Shetland
Esta costa espectacular está jalonada de buenas playas y bellos islotes. **Jarlshof Prehistoric and Norse Settlement** es un asentamiento prehistórico habitado durante unos 3.000 años, desde el neolítico hasta los vikingos. Los cercanos acantilados de Sumburgh Head merecen una visita y, en la costa oeste, el istmo arenoso de la isla de san Ninian ofrece un interesante paseo. El fuerte prehistórico de **Mousa Broch** es el mejor conservado del país.

🏛 **Jarlshof Prehistoric and Norse Settlement**
📞 (01950) 460112. ◯ abr-sep: todos los días. 📷 ♿ limitado. 📷
🏛 **Mousa Broch**
📞 (01950) 431367. ◯ abr-sep.

Otras islas
Todas las islas cuentan con servicios de transbordador, aunque las más alejadas dependen del tiempo. Merece la pena visitar la **Hermaness National Nature Reserve** (en Unst) para ver la asombrosa cantidad de aves y contemplar la punta más septentrional de Escocia hasta los islotes del faro de Muckle Flugga. **Unst Heritage Centre and Boat Haven** alberga un museo.

    Fair Isle es célebre por sus aves marinas y por sus suéteres de vivas cenefas. **Foula**, donde la Navidad se celebra el 6 de enero, tiene unos asombrosos acantilados de 365 m. Cada isla tiene su propio ambiente; muchas de ellas, como las de Out Skerries, celebran danzas tradicionales de las Shetland.

🦅 **Hermaness National Nature Reserve**
📞 (01957) 711278. ◯ abr-sep: todos los días.
🏛 **Unst Heritage Centre and Boat Haven**
📞 (01957) 711528. ◯ may-sep: todos los días (sólo tardes). 📷 se aceptan donaciones. ♿

Festival de fuego vikingo
Up Helly Aa, en Shetland

Frailecillo común

Págalo grande

Alca común

Arao aliblanco

Islas Occidentales

L A ESCOCIA OCCIDENTAL termina en este remoto rosario de islas formadas por algunas de las rocas más antiguas del planeta. Sus paisajes casi pelados están atravesados por numerosos arroyos, mientras que la costa oeste está bordeada por kilómetros de playas de arena blanca. Durante siglos la costa este —compuesta en gran parte por turberas— ha surtido de combustible a los isleños, quienes llevan 6.000 años viviendo del mar y de la turba. Sin embargo, algunos lugares abandonados (como la estación ballenera noruega de Harris) dan fe de la dificultad para comercializar las actividades tradicionales de los isleños. El gáelico, parte de una cultura imperecedera, todavía se habla en las islas.

Interior de una granja campesina en el Black House Museum

Standing Stones of Callanish, los enormes megalitos al norte de Lewis

Lewis y Harris

Lewis y Harris forman una sola isla —la mayor de las islas Occidentales— con dialectos gáelicos distintos. Desde el centro administrativo de **Stornoway,** con su activo puerto y sus casas de vivos colores, los antiguos megalitos **Standing Stones of Callanish** están a sólo 26 km al oeste. Saliendo de la carretera camino de Callanish están las ruinas de **Carloway Broch,** una torre picta *(ver p. 41)* de más de 2.000 años. El pasado más reciente puede explorarse en el **Black House Museum,** en Arnold, un escaparate de la vida campesina tal y como era hasta hace 50 años.

Al sur de los páramos de turba de Lewis un macizo montañoso marca la frontera con Harris, adonde se llega pasando do Aline Lodge, en el extremo de Loch Seaforth. Aunque algo menos espectaculares que los picos de la isla de Skye, las montañas de Harris son un paraíso para el senderista. Desde sus cumbres (en días despejados) se ve la distante isla de St Kilda, a 80 km al oeste. El puerto de Tarbert se encuentra en el estrecho istmo que separa el norte del sur de Harris. La

oficina de turismo facilita las direcciones de los tejedores del resistente *tweed* de Harris, algunos de los cuales siguen utilizando plantas autóctonas para los tintes.

Desde Leverburgh, en el extremo meridional de Harris, hay un transbordador a las islas de Berneray y North Uist.

🏛 **Black House Museum**

📞 *(01851) 710395.* ⏰ *abr-sep: lu-sá; oct-mar: lu, ju y sá.* 🏷 ✓

Las Uists y Benbecula

Tras el paisaje espectacular de Harris, las llanas y anegadas islas del sur pueden suponer un cambio decepcionante. Sin embargo, el conjunto encierra secretos que merece la pena descubrir. En las largas playas de arena blanca que bordean la costa atlántica se halla uno de los tesoros naturales de Escocia, la tierra calcárea conocida como *machair* que en verano se cubre de flores cuya fragancia llega a percibirse desde mar adentro.

Desde **Lochmaddy,** el pueblo principal de North Uist, la A867 cruza 5 km de calzada hasta **Benbecula,** la isla desde donde la valiente Flora MacDonald pasó escondido a Bonnie Prince Charlie *(ver p. 153)* hasta Skye. Benbecula es una isla llana cubierta por un mosaico de pequeños lagos. Como sus vecinas, es célebre por la pesca de la trucha. Aquí y hacia el norte predomina la religión protestante, mientras que en las islas del sur domina el catolicismo. La principal fuente de empleo de Benbecula es el Army Rocket

El puerto de Stornoway, el pueblo principal de Lewis y Harris

Range, que tiene su cuartel general en Bailivanich. Otra calzada conduce a South Uist, cuyas playas doradas han sido calificadas como Paraje Panorámico Nacional.

Eriskay

Eriskay es una de las más pequeñas y encantadoras de las islas Occidentales, de las que ejemplifica la paz y la belleza. Es conocida por el naufragio en 1941 del *SS Politician*, que inspiró el libro y la película *Whisky Galore*. Una botella de su cargamento y otros recuerdos del buque pueden verse en el único bar de Eriskay. Fue en la hermosa playa de Coilleag A'Phrionnsa (playa del príncipe) donde Bonnie Prince Charlie pisó por primera vez suelo escocés al comienzo de su campaña en 1745. La rara flor convolvulácea que crece en la zona se asocia con el príncipe.

Las aguas azules de la costa de Barra, mirando hacia el este a la isla de Rum

Barra

La forma más espectacular de llegar a Barra es en avión; la pista es una playa y los horarios dependen de la marea. Barra es una bonita isla con colinas en el centro y una carretera circular. La costa oeste está compuesta en su mayor parte por playas.

La vista de Castlebay desde la estatua de la Virgen y el Niño en la cima de la colina de Heaval es especialmente bella. El romántico **Kisimul Castle,** situado en una isla, era la fortaleza en el siglo XV del clan MacNeil; hoy está siendo restaurado. Otros atractivos son el **Barra Heritage Centre** y un campo de golf.

♣ Kisimul Castle

C *(01871) 810336.* ☐ *may-sep: lu, mi, sá.* 🅿

🛈 Barra Heritage Centre

C *(01871) 810336.* ☐ *may-sep: lu-sá.* ♿

Recogiendo fulmareles en la isla de St Kilda

St Kilda

Esta "Isla del Fin del Mundo" era la zona más aislada de Escocia hasta que su envejecida población solicitó ser evacuada en 1930. Los isleños desarrollaron un estilo de vida único, basado en la crianza de aves marinas. Aquí se encuentra el mayor criadero del mundo, con una población de 40.000 pares. Hay tres islas y tres riscos de espectacular belleza, con acantilados que alcanzan

los 425 m. Es tal el aislamiento que se han desarrollado en la zona unas subespecies de ratones y chochines. Hay visitas organizadas por **Western Edge** y **Murdo Macdonald.** En verano se puede pagar para hacer un voluntariado en la isla organizado por el National Trust of Scotland, propietario de la misma.

🛈 Western Edge

51 York St, Aberdeen. **C** *(01224) 210564.*

🛈 Murdo Macdonald

1 Erista, Uig, isla de Lewis. **C** *(01851) 672381.*

🛈 National Trust of Scotland

Albany Chambers, Albany St, Oban, Argyll. **C** *(01631) 570000.*

┌ INFORMACIÓN ESENCIAL ┐

Islas Occidentales. 🚉 *29.600.* ✈ *Stornoway, Benbecula, Barra.* ⛴ *desde Uig (Skye), Oban, Mallaig, Kyle of Lochalsh y Ullapool.* 🛈 *26 Cromwell St, Stornoway (01851) 703088. www.witb.co.uk*

EL "CROFTING", UN MODO DE VIDA RURAL

Los *crofts* son pequeñas parcelas de tierra de cultivo que generalmente se explotan junto a otra fuente de ingresos. Su origen se remonta a principios del siglo XIX, cuando los terratenientes alquilaban parcelas de tierra pobre en la costa para despejar las zonas más fértiles, haciendo pagar el arrendamiento a los inquilinos con su salario procedente de la pesca o de la recogida de algas marinas. Cuando estos ingresos disminuyeron, los *crofters* sufrieron más de 50 años de privaciones en los que hubo hambrunas, rentas excesivas, desalojos y falta de seguridad. No fue hasta 1886 cuando se promulgó una ley que garantizaba la seguridad y permitía a las familias el derecho a la herencia (pero no a la propiedad). En la actualidad hay 17.000 *crofts* registrados, casi todos en las Highlands y las islas. Están regulados por leyes especiales y tienen derecho a ayudas económicas. En la mayoría de ellos se crían ovejas, pero las últimas tendencias apuntan a la plantación de árboles y la creación de hábitats para aves raras. El futuro del *crofting* es incierto, pero sigue constituyendo una parte vital de las comunidades de las Highlands.

Casa tradicional de un *crofter* en la isla de North Uist

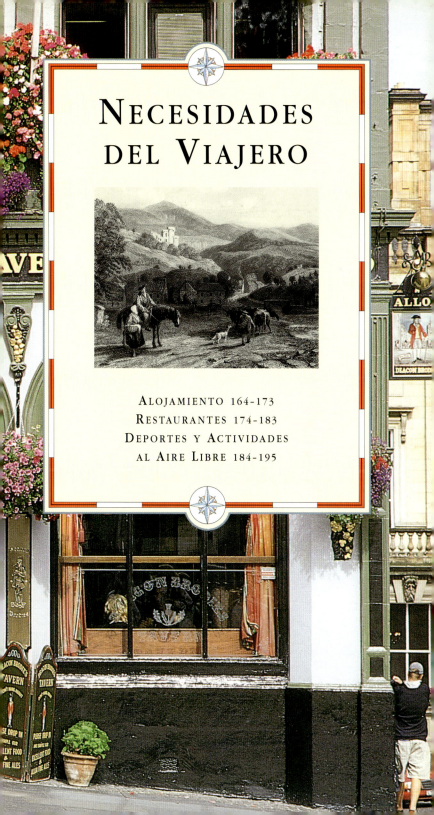

NECESIDADES DEL VIAJERO

ALOJAMIENTO

L A GAMA DE ALOJAMIENTO en Escocia es muy amplia: sea cual sea el presupuesto, el viajero siempre encontrará algo que le convenga. A continuación se describen varios tipos de hospedaje. La relación de hoteles de las páginas 166-173 comprende más de 90 de los mejores alojamientos, desde lujosas mansiones solariegas y castillos hasta acogedores *bed-and-breakfasts* (habitaciones con derecho a desayuno) y cámpings; la selección presta atención tanto a la excelencia como a los buenos precios. Muchos de ellos ofrecen salones para no fumadores. Se incluye información sobre alojamiento en casas de alquiler, cada vez más popular entre personas con presupuesto ajustado o que viajen con niños pequeños. También se ofrece información sobre cámpings y aparcamientos para caravanas, que se han convertido en otra alternativa económica a los hoteles convencionales.

Señal del hotel Malmaison

Interior del Kildrummy Castle Hotel (*ver p. 172*), Grampians

CLASIFICACIÓN DE HOTELES

A LA HORA DE ELEGIR hotel resulta útil considerar el sistema de clasificación de la Scottish Tourist Board, que cubre hoteles, *bed-and-breakfasts* y casas de alquiler. Los establecimientos están clasificados por categorías —desde "de lujo" hasta "aprobados"— y por coronas, que indican las instalaciones disponibles; el máximo es "cinco coronas" y el mínimo "una mención".

PRECIOS, RESERVAS Y EXTRAS

L OS PRECIOS DE LOS HOTELES se indican normalmente por habitación e incluyen el servicio y el IVA. Los mejores hoteles pueden costar más de 200 libras; una habitación doble con desayuno en un hotel medio en Edimburgo o en Glasgow cuesta entre 70 y 150 libras. Fuera de las ciudades, los precios oscilan entre las 50 y las 90 libras por un alojamiento de características similares, o entre 12,50 y 30 libras por un *bed-and-breakfast*.

No es común dar propina, excepto en los hoteles de lujo. Las llamadas telefónicas desde las habitaciones suelen ser muy caras, por lo que conviene utilizar el teléfono público del hotel.

Ciertos hoteles exigen un depósito (que no se devuelve) al efectuar una reserva, pero si ésta se cancela con bastante antelación no hay que pagar el importe total de la habitación.

MANSIONES CAMPESTRES Y CASTILLOS

L A DENOMINACIÓN "mansión campestre o solariega convertida en hotel" es empleada sin escrúpulos por algunos hoteleros que piensan que unos someros cambios en la decoración es suficiente para anunciarse como tal en sus folletos. Sin embargo, las genuinas no son difíciles de encontrar: el edificio siempre tiene algún valor arquitectónico, suele estar lleno de antigüedades y con frecuencia se halla rodeado de jardines. Los castillos ofrecen al huésped la oportunidad de dormir y comer como un lord. El ambiente es íntimo y refinado, con una cocina exclusiva y una buena carta de vinos. Aunque las tarifas son elevadas, la comodidad y el lujo están garantizados.

HOSTERÍAS DE POSTAS Y PABELLONES DE CAZA

L AS HOSTERÍAS DE POSTAS se encuentran por toda Escocia. En otros tiempos proporcionaban descanso a los viajeros en coche de caballos. Por lo general se trata de atractivos edificios históricos, ya sean casitas con techos de paja o edificios de estilo georgiano o victoriano con ventanas de guillotina, columnas y pórticos. Casi siempre tienen un decorado tradicional, un buen restaurante con comida casera local y un ambiente agradable e informal.

El original comedor de Dalhousie Castle

◁ **Flores en la fachada de Deacon Brodie's Tavern, en la Royal Mile de Edimburgo**

En las zonas más rurales existen pabellones de caza que también ofrecen alojamiento. Por lo general, forman parte de una finca más grande y son propiedad de un terrateniente local. Están amueblados con comodidad sin ser demasiado lujosos, lo que contribuye a mantener el precio moderado de las habitaciones. Aunque no es obligatorio, salir de caza es una actividad corriente. El restaurante suele servir caza fresca.

El majestuoso **Malmaison Hotel** *(ver p. 167)*, en el muelle de Leith

'BED-AND-BREAKFASTS' Y CASAS DE HUÉSPEDES

LOS 'BED-AND-BREAKFASTS' son baratos e ideales para entrar en contacto con la gente del lugar. A menudo son de propiedad familiar y ofrecen hospedaje sin lujos, con desayuno inglés o continental incluido en el precio.

Suelen ofrecer los precios más bajos, y en algunas zonas remotas de Escocia pueden ser la única modalidad de alojamiento. Los B&B suelen estar ubicados en granjas decoradas de forma hogareña, y el trato suele ser más personal y acogedor que el de los grandes hoteles.

Las casas de huéspedes también ofrecen alojamiento básico a precios razonables. Por lo general, contienen varias habitaciones y un salón o comedor común. El Scottish Tourist Board publica una guía donde figuran más de 1.500 *bed-and-breakfasts* y casas de huéspedes en Escocia.

Una de las muchas casas rurales tradicionales de alquiler

CASAS DE ALQUILER

UNA CASA ALQUILADA es ideal para quienes prefieran quedarse en un sitio o para quienes viajen con niños o con un presupuesto ajustado. Estos lugares, muy abundantes en toda Escocia, van desde los apartamentos de lujo de las ciudades hasta los graneros convertidos o las casitas rurales. Las oficinas de turismo facilitan listas actualizadas y un servicio de reservas. **Villas y Vacaciones** (España, 902 22 66 88) e **Interhome** (Barcelona, 93 302 25 87) alquilan casas de campo en Escocia.

CÁMPINGS Y CARAVANAS

EN ESCOCIA hay numerosos cámpings y aparcamientos de caravanas que abren normalmente de Semana Santa a octubre. Durante el verano se suelen llenar, por lo que conviene reservar con antelación. Las señales de las carreteras indican su situación. El **Caravan Club** (01342 326944) y el **Camping and Caravanning Club** (01203 694995) publican guías con sus emplazamientos. Una parcela típica en un cámping o en un aparcamiento de caravanas cuesta de 6 a 10 libras por noche, lo que hace de ésta una forma muy económica de visitar Escocia.

ALBERGUES DE JUVENTUD

EN ESCOCIA hay alrededor de 80 albergues de juventud, propiedad de la **Scottish Youth Hostels Association** o **SYHA** (01786 891400). La mayoría ofrece calefacción central, duchas calientes y cenas baratas. El alojamiento suele ser en dormitorios de un solo sexo, pero a veces hay habitaciones familiares separadas. Para alojarse en los albergues hay que pertenecer a la SYHA, pero cualquier persona mayor de cinco años puede hacerse miembro al llegar.

El alojamiento básico en el cámping de Invercoe ofrece vistas maravillosas

Elegir un hotel

ESTOS HOTELES han sido seleccionados entre una amplia gama de precios por sus excelentes instalaciones y por su emplazamiento. Muchos de ellos cuentan además con buenos restaurantes. La lista se ordena por regiones, y los códigos de color indican las correspondientes en cada página. Las coordenadas hacen referencia al mapa de carreteras del interior de la contraportada. La lista de restaurantes se encuentra en las páginas 176-183.

	TARJETAS DE CRÉDITO	RESTAURANTE	NIÑOS	JARDÍN O TERRAZA	NÚMERO DE HABITACIONES
EDIMBURGO					
OLD TOWN: *Ibis Hotel* £€£ 6 Hunter Square. *(0131) 240 7000.* FAX *(0131) 240 7007.* La situación de este atractivo hotel integrado en el casco antiguo —cerca de la Royal Mile y Princes Street— es ideal.	AE DC MC V		●		98
OLD TOWN: *Jury's Edinburgh Inn* £€£ 43 Jeffrey Street. *(0131) 200 3300.* FAX *(0131) 200 0400.* Vistas fantásticas de Calton Hill y situación conveniente, cerca de la Royal Mile, Princes Street y Waverley Station.	AE DC MC V	■	●		186
OLD TOWN: *Apex Hotel* £€£€ 31-35 Grassmarket. *(0131) 300 3456.* FAX *(0131) 220 5345.* Edificio cómodo y moderno en el histórico Grassmarket, entre tiendas y restaurantes. Algunas habitaciones dan al castillo.	AE DC MC V	■	●	■	175
OLD TOWN: *Bank Hotel* £€£€ 1 South Bridge. *(0131) 556 9043.* FAX *(0131) 558 1362.* Este antiguo banco remodelado de forma imaginativa está situado en el corazón del casco antiguo, cerca de la Royal Mile. Cada habitación conmemora a un escocés célebre.	AE MC V		●		9
OLD TOWN: *Point Hotel* £€£€ 34 Bread Street. *(0131) 221 5555.* FAX *(0131) 221 9929.* Hotel remozado con estilo en diferentes colores, a unos minutos a pie del castillo de Edimburgo y del Grassmarket.	AE DC MC V	■	●		140
NEW TOWN: *Stuart House* £€£ 12 East Claremont Street. *(0131) 557 9030.* FAX *(0131) 557 0563.* Este atractivo hotel familiar en la parte nororiental de New Town se halla en una zona residencial, a 15 minutos a pie de Princes Street.	AE DC MC V		●		7
NEW TOWN: *Drummond House* £€£€ 17 Drummond Place. *(0131) 557 9189.* FAX *(0131) 557 9189.* Encantadora casa georgiana cercana al centro de Edimburgo, decorada y amueblada de forma elegante. ● *Navidad.* ⚡ *en todo el establecimiento.*	MC V				4
NEW TOWN: *Parliament House* £€£€ 15 Calton Hill. *(0131) 478 4000.* FAX *(0131) 478 4001.* La situación de esta original casa georgiana junto a Calton Hill es impresionante. El desayuno continental se sirve en la habitación.	AE DC MC V	■	●		53
NEW TOWN: *Sibbet House* £€£€ 26 Northumberland Street. *(0131) 556 1078.* FAX *(0131) 557 9445.* Acogedora casa de huéspedes en un edifico georgiano decorado con gusto y amueblado con antigüedades. Desayunos excelentes.	MC V		●		5
NEW TOWN: *Albany* £€£€£ 39 Albany Street. *(0131) 556 0397.* FAX *(0131) 557 6633.* Este hotel lujoso y elegante —en la parte este de New Town— está formado por tres casas georgianas declaradas de interés histórico. El restaurante Haldanes del sótano es muy bueno.	AE MC V	■	●		21
NEW TOWN: *Channings* £€£€£ South Learmonth Gardens. *(0131) 315 2226.* FAX *(0131) 332 9631.* Cerca del centro, el hotel ocupa cinco casas eduardianas renovadas. Elegante y bien mantenido a la par que hogareño.	AE DC MC V	■	●		53
NEW TOWN: *Howard* £€£€£ 32–36 Great King Street. *(0131) 557 3500.* FAX *(0131) 557 6515.* Pequeño y elegante hotel urbano creado tras remodelar tres casas georgianas adosadas. Instalaciones excelentes y servicio ejemplar.	AE DC MC V	■	●	■	15

Precio de una habitación doble por noche, con impuestos, servicio y desayuno.
£ menos de 50 libras
££ entre 50 y 100 libras
£££ entre 100 y 150 libras
££££ entre 150 y 200 libras
£££££ más de 200 libras.

RESTAURANTE
El hotel dispone de un restaurante abierto también a no residentes, a menos que se indique lo contrario.
NIÑOS
El hotel ofrece cunas y sillas altas y, en algunos casos, servicio de canguro y raciones para niños.
JARDÍN O TERRAZA
Hotel con jardín, patio o terraza.
TARJETAS DE CRÉDITO
Indica las tarjetas aceptadas: *AE* American Express; *DC* Diners Club; *MC* MasterCard/Access; *V* Visa.

	TARJETAS DE CRÉDITO	RESTAURANTE	NIÑOS	JARDÍN O TERRAZA	NÚMERO DE HABITACIONES
NEW TOWN: *Caledonian* £££££ Princes Street. (0131) 459 9988. FAX (0131) 225 6632. Este hotel céntrico, toda una institución, es un popular lugar de encuentro. Su restaurante, La Pompadour, es excelente.	AE DC MC V	■	●	■	249
LAS AFUERAS: *Hawes Inn* ££ Newhalls Road, South Queensferry. (0131) 331 1990. FAX (0131) 319 1120. Este edificio histórico cercano al magnífico Forth Railway Bridge aparece en *Secuestrado*, la novela de R.L. Stevenson.	AE DC MC V	■	●	■	8
LAS AFUERAS: *Old Aberlady Inn* ££ Main Street, Aberlady, East Lothian. (01875) 870503. FAX (01875) 870209. Posada situada cerca de las playas y de la reserva natural de Aberlady Bay, con habitaciones atractivas y buena cocina tradicional.	AE DC MC V	■	●	■	6
LAS AFUERAS: *The Malmaison Hotel* £££ Tower Place, Leith. (0131) 555 6868. FAX (0131) 468 5002. Casa de marinero remozada en el histórico muelle de Leith. Las habitaciones, diseñadas con estilo, se abren al puerto.	AE DC MC V	■	●	■	62
LAS AFUERAS: *Greywalls Hotel* ££££ Gullane, East Lothian. (01620) 842144. FAX (01620) 842241. Excelente mansión solariega de Lutyens, con un jardín diseñado por Gertrude Jekyll. Junto al campo de golf de Muirfield.	AE DC MC V	■	●	■	23
SUR DE ESCOCIA					
AUCHENCAIRN: *Balcary Bay* £££ Auchencairn, Castle Douglas, D & G. **Plano** D5. (01556) 640217. FAX (01556) 640272. Hotel de propiedad familiar con una situación excelente en la bahía de Balcary. El servicio es de gran calidad: muchos clientes vuelven cada año a este establecimiento acogedor y tradicional. ● *mediados nov-feb.*	AE MC V			■	17
DRYBURGH: *Dryburgh Abbey Hotel* ££ Dryburgh, Roxburghshire. **Plano** E5. (01835) 822261. FAX (01835) 823945. Este hotel rural —en un lugar apartado junto a las ruinas de la abadía de Dryburgh y el río Tweed— es ideal para pescar.	AE MC V				37
JEDBURGH: *Hundalee House* £ Jedburgh, Roxburgh, Borders. **Plano** E5. & FAX (01835) 863011. En este *bed-and-breakfast* situado en una atractiva casa dieciochesca con amplios jardines la intimidad está garantizada.				■	5
KELSO: *Roxburgh Hotel* ££££ Kelso, Roxburghshire. **Plano** E5. (01573) 450331. FAX (01573) 450611. Este delicioso hotel elegante y relajado se sitúa en una mansión rural propiedad del duque de Roxburgh, en una finca que baja hacia el río Teviot. Ofrece golf, tenis, pesca y caza.	AE DC MC V	■	●	■	22
KIRKCUDBRIGHT: *Gladstone House* ££ 48 High Street, Kirkcudbright, D & G. (01557) 331734. Excepcional *bed-and-breakfast* situado en una población interesante. Resulta muy atractivo y está decorado con gusto.	MC V			■	3
MOFFAT: *Beechwood Country House Hotel* ££ Harthope Place, Moffat, D & G. **Plano** D5. (01683) 220210. FAX (01683) 220889. Acogedor hotel de propiedad familiar situado en una colina y rodeado de árboles. Decoración sencilla y ambiente relajado. ● *ene-mediados feb.*	AE MC V	■	●	■	7
PEEBLES: *Cringletie House* £££ Peebles, Borders. **Plano** D5. (01721) 730233. FAX (01721) 730244. Esta casa solariega cómoda y tranquila está gestionada por la misma familia desde hace años. El ambiente es relajado.	AE MC V	■	●	■	17

Para el significado de los símbolos, ver la solapa de contraportada

Precio de una habitación doble por noche, con impuestos, servicio y desayuno:
- (£) menos de 50 libras
- (£)(£) entre 50 y 100 libras
- (£)(£)(£) entre 100 y 150 libras
- (£)(£)(£)(£) entre 150 y 200 libras
- (£)(£)(£)(£)(£) más de 200 libras.

RESTAURANTE
El hotel dispone de un restaurante abierto también a no residentes, a menos que se indique lo contrario.
NIÑOS
El hotel ofrece cunas y sillas altas y, en algunos casos, servicio de canguro y raciones para niños.
JARDÍN O TERRAZA
Hotel con jardín, patio o terraza.
TARJETAS DE CRÉDITO
Indica las tarjetas aceptadas: *AE* American Express; *DC* Diners Club; *MC* MasterCard/Access; *V* Visa.

	TARJETAS DE CRÉDITO	RESTAURANTE	NIÑOS	JARDÍN O TERRAZA	NÚMERO DE HABITACIONES
PORTPATRICK: *Crown* (£)(£) North Crescent, Portpatrick, Stranraer. **Plano** C6. **(** *(01776) 810261.* **FAX** *(01776) 810551.* Mirando al puerto, este popular hotel-*pub* ofrece habitaciones inmaculadas y llenas de luz. La comida se sirve en un bar de estilo tradicional y en el elegante restaurante de galería acristalada. ▣ TV P	AE DC MC V	●	●	▣	12
WALKERBURN: *Tweed Valley* (£)(£) Walkerburn, nr Peebles, Borders. **Plano** D5. **(** *(01896) 870636.* **FAX** *(01896) 870639.* Este hotel familiar pone el énfasis en la relajación y en la comodidad. Bella situación cerca del río Tweed. Servicio acogedor. ▣ TV 24 P	AE MC V	▣	●	▣	19

GLASGOW

	TARJETAS DE CRÉDITO	RESTAURANTE	NIÑOS	JARDÍN O TERRAZA	NÚMERO DE HABITACIONES
CENTRO: *Babbity Bowster* (£)(£) 16–18 Blackfriars Street. **(** *(0141) 552 5055.* **FAX** *(0141) 552 7774.* Un hotel insólito con mucho carácter. La bella fachada restaurada diseñada por Adam esconde habitaciones sencillas pero limpias. ▣ P	AE MC V	●	●	▣	7
CENTRO: *The Brunswick* (£)(£) 106-108 Brunswick Street. **(** *(0141) 552 0001.* **FAX** *(0141) 552 1551.* Situado en la zona de Merchant City, este hotel de personal estilo contemporáneo es pequeño pero confortable. ▣ TV ↑ ⇗ ⟁	AE DC MC V	▣	●		21
CENTRO: *Cathedral House* (£)(£) 28-32 Cathedral Square. **(** *(0141) 552 3519.* **FAX** *(0141) 552 2444.* En el corazón histórico, cerca de la catedral, el hotel se sitúa en un antiguo edificio remodelado con habitaciones cómodas. ▣ TV ⇗ P	AE DC MC V	▣	●		8
CENTRO: *Malmaison* (£)(£) 274 West George Street. **(** *(0141) 572 1000.* **FAX** *(0141) 572 1002.* Alojamiento con estilo en habitaciones con televisión vía satélite y equipo de música. La *brasserie* sirve cocina mediterránea. ▣ TV ↑ 24 ⇗ ⟁	AE DC MC V	▣	●		72
CENTRO: *The Copthorne* (£)(£)(£) 50 George Square. **(** *(0141) 332 6711.* **FAX** *(0141) 332 4264.* Situado frente a George Square, un gran hotel con comodidades tradicionales y una bonita galería acristalada para desayunar, tomar algo o simplemente dejar pasar las horas. ▣ TV ↑ 24 ⇗	AE DC MC V	▣	●		141
CENTRO: *Hilton* (£)(£)(£) 1 William Street. **(** *(0141) 204 5555.* **FAX** *(0141) 204 5004.* Este gran hotel céntrico ofrece elegancia y estilo. La clientela está compuesta en su mayor parte por gente de negocios. ▣ TV ↑ 24 P ≋ ⟁	AE DC MC V	▣	●		319
WEST END: *Hillhead Hotel* (£) 32 Cecil Street. **(** *(0141) 339 7733.* **FAX** *(0141) 339 1770.* El Hillhead se sitúa en un apacible barrio residencial cercano a la Kelvingrove Gallery, el jardín botánico y varios restaurantes. ▣ TV ⇗ P	AE MC V		●		11
WEST END: *Town House* (£)(£) 4 Hughenden Terrace. **(** *(0141) 357 0862.* **FAX** *(0141) 339 9605.* En esta casa victoriana restaurada por expertos se asegura una cálida bienvenida. Las habitaciones son muy grandes. ▣ TV ⇗ P	AE MC V	▣	●	▣	10
WEST END: *Wickets Hotel* (£)(£) 52 Fortrose Street. **(** & **FAX** *(0141) 334 9334.* Hotel de propiedad familiar, cerca del Scottish Exhibition Centre y de la Kelvingrove Art Gallery. ● *24-26 dic, 31 dic-2 ene.* ▣ TV 24 P	AE MC V	▣	●	▣	11
WEST END: *Nairn's* (£)(£)(£) 13 Woodside Crescent. **(** *(0141) 353 0707.* **FAX** *(0141) 331 1684.* Encantadora casa urbana de diseño contemporáneo convertida en hotel elegante, cerca de la Kelvingrove Art Gallery. ▣ TV P	AE DC MC V	▣			4

WEST END: *One Devonshire Gardens* £ £ £ £ — AE DC MC V — 27
1 Devonshire Gardens. (0141) 339 2001. FAX (0141) 337 1663.
Lo último en hoteles urbanos: decoración con estilo y mobiliario lujoso.
Servicio de primera y excelente restaurante. 🖥 TV 24 P

ESCOCIA CENTRAL

ARRAN: *Kilmichael House Hotel* £ £ £ — MC V — 9
Glen Cloy, Brodick, isla de Arran. **Plano** C5. (01770) 302219. FAX (01770) 302068.
Este pequeño hotel ofrece una cálida bienvenida y todas las comodidades en
un marco elegante. Uno de los mejores comedores de Arran. 🖥 TV 24 P

AUCHTERARDER: *Auchterarder House* £ £ £ £ — AE DC MC V — 15
Auchterarder. **Plano** D4. (01764) 663646. FAX (01764) 662939.
Bella casa victoriana de estilo baroniano con habitaciones de proporciones
reales. Ambiente relajado y acogedor. Buena comida. 🖥 TV P

AUCHTERARDER: *Gleneagles* £ £ £ £ £ — AE DC MC V — 229
Auchterarder. **Plano** D4. (01764) 662231. FAX (01764) 662134.
Este magnífico hotel de renombre internacional fue construido por la
Caledonian Railway Company en 1924. 🖥 TV 24 P

BALQUHIDDER: *Monachyle Mohr Farmhouse* £ £ — MC V — 10
Balquhidder, Perthshire. **Plano** C4. (01877) 384622. FAX (01877) 384305.
En una enorme finca que da a Loch Voil, este hotel combina un ambiente
cálido con buen nivel. El bar y el restaurante son excelentes. 🖥 TV P

BLAIRGOWRIE: *Kinloch House* £ £ £ £ — AE DC MC V — 21
Cerca de Blairgowrie, Perthshire. **Plano** D3. (01250) 884237. FAX (01250) 884333.
Ubicado en una bella casa baroniana, este hotel enfatiza los pasatiempos rurales en un
marco maravilloso y relajado. El restaurante es extraordinario. 🖥 TV P

CALLANDER: *Roman Camp Country House* £ £ £ — AE DC MC V — 14
Callander. **Plano** D4. (01877) 330003. FAX (01877) 331533.
El ambiente de este apacible retiro situado en unos extensos jardines es
único. Excelente menú con comida tradicional escocesa. 🖥 TV P

GLAMIS: *Castleton House* £ £ £ — MC V — 6
Eassie, cerca de Glamis, Forfar. **Plano** D3. (01307) 840340. FAX (01307) 840506.
Hotel rural de propiedad familiar emplazado en un lugar tranquilo y
atractivo, cerca de Dundee y de Glamis Castle. Buena comida. 🖥 TV P

HAWKCRAIG POINT: *Hawkcraig House* £ — 2
Hawkcraig Point, Aberdour, Fife. **Plano** D4. (01383) 860335.
Esta pequeña casa blanca fue el antiguo hogar de un encargado del transbordador.
Los propietarios son simpáticos; el lugar, encantador. oct-abr. 🖥 TV P

LARGS: *Brisbane House* £ £ — AE DC MC V — 23
14 Greenock Rd, Esplanade, Largs. **Plano** C4. (01475) 687200. FAX (01475) 676295.
Bonita casa dieciochesca modernizada y convertida en hotel elegante.
Algunas habitaciones se abren al Firth of Clyde. 🖥 TV 24 P

MARKINCH: *Balbirnie House* £ £ £ £ — AE DC MC V — 30
Balbirnie Park, Markinch, Fife. **Plano** D4. (01592) 610066. FAX (01592) 610529.
Rodeada por un extenso parque, la situación de esta mansión georgiana es
extraordinaria. A pesar del lujo, el ambiente resulta informal y relajado.
🖥 TV 24 P

ST ANDREWS: *Old Course Hotel* £ £ £ £ £ — AE DC MC V — 148
St Andrews. **Plano** E4. (01334) 474371. FAX (01334) 477668.
Aunque el exterior no es muy bello, en el interior no se han escatimado
gastos; el resultado es lujoso y de buen gusto. 🖥 TV 24 P

SCONE: *Murrayshall House Country House Hotel* £ £ £ — AE DC MC V — 27
Scone, Perthshire. **Plano** D4. (01738) 551171. FAX (01738) 552595.
Mansión baroniana con torreones y campo de golf propio. Las
habitaciones resultan más bien formales y almidonadas, pero son lujosas y
confortables. La comida del restaurante es excelente. 🖥 TV P

STEWARTON: *Chapeltoun House* £ £ £ — MC V — 8
Irvinge Rd, Stewarton, Kilmarnock & Loudoun, Ayrshire. **Plano** C5.
(01560) 482696. FAX (01560) 485100.
Hotel rural en un marco apacible, decorado con elegancia.
Los propietarios son simpáticos y acogedores. 🖥 TV P

Para el significado de los símbolos, ver la solapa de contraportada

Precio de una habitación doble por noche, con impuestos, servicio y desayuno:
£ menos de 50 libras
££ entre 50 y 100 libras
£££ entre 100 y 150 libras
££££ entre 150 y 200 libras
£££££ más de 200 libras.

RESTAURANTE
El hotel dispone de un restaurante abierto también a no residentes, a menos que se indique lo contrario.
NIÑOS
El hotel ofrece cunas y sillas altas y, en algunos casos, servicio de canguro y raciones para niños.
JARDÍN O TERRAZA
Hotel con jardín, patio o terraza.
TARJETAS DE CRÉDITO
Indica las tarjetas aceptadas: *AE* American Express; *DC* Diners Club; *MC* MasterCard/Access; *V* Visa.

	Precio	TARJETAS DE CRÉDITO	RESTAURANTE	NIÑOS	JARDÍN O TERRAZA	NÚMERO DE HABITACIONES
STRACHUR: *Creggans Inn* Strachur, Argyll, Strathclyde. **Plano** C4. ☎ *(01369) 860279.* FAX *(01369) 860637.* Una amena posada con bonitas habitaciones, situada en un lugar estupendo junto a Loch Fyne. Comida excelente, tanto en el restaurante como en el bar. El servicio es impecable. 🔧 📺 🅿	££	AE DC MC V	■	●	■	17
TROON: *Piersland House* Craigend Rd, Troon, Ayrshire. **Plano** C5. ☎ *(01292) 314747.* FAX *(01292) 315613.* Interesante casa de estilo imitación tudor, cerca del campo de golf que alberga los campeonatos. En la casita de al lado, cada *suite* tiene su propio saloncito. La comida es buena. 🔧 📺 24 🅿 ♿	£££	AE DC MC V	■	●	■	28
TURNBERRY: *Turnberry* Turnberry, Ayrshire. **Plano** C5. ☎ *(01655) 331000.* FAX *(01655) 331706.* Enorme hotel y balneario de estilo eduardiano lujosamente remodelado. Lo que quizá le falta en ambiente lo compensa con creces con comodidad. 🔧 📺 ⬆ 24 🅿 ⚏ ♿	£££££	AE DC MC V	■	●	■	132

LAS HIGHLANDS Y LAS ISLAS

	Precio	TARJETAS DE CRÉDITO	RESTAURANTE	NIÑOS	JARDÍN O TERRAZA	NÚMERO DE HABITACIONES
ABERDEEN: *Udny Arms* Main Street, Newburgh, Aberdeen. **Plano** E3. ☎ *(01358) 789444.* FAX *(01358) 789012.* Este *pub* rural con buen ambiente y habitaciones cómodas está cerca de un campo de golf y de la reserva natural del estuario de Ythan. Es célebre por su buenos platos. ● *26 dic; 30 dic-4 ene.* 🔧 📺 ✂ 🅿 ♿ *limitado.*	££	AE DC MC V	■	●	■	26
ABERDEEN: *Maryculter House Hotel* South Deeside Road, Maryculter, Aberdeen. **Plano** E3. ☎ *(01224) 732124.* FAX *(01224) 733510.* Hotel histórico con conexiones templarias, situado en una zona rural y apacible a orillas del río Dee. Cerca hay senderos para caminar. 🔧 📺 24 ✂ 🅿	£££	AE DC MC V	■	●	■	23
ACHILTIBUIE: *Summer Isles* Achiltibuie, cerca de Ullapool, Ross y Cromarty, Highlands. **Plano** C2. ☎ *(01854) 622282.* FAX *(01854) 622251.* Un hotel especial que supera todas las expectativas, con habitaciones bien equipadas y un restaurante magnífico. Vistas espectaculares de las islas Summer. 🔧 ✂ 🅿	££	MC V	■	●		13
ARDUAINE: *Loch Melfort Hotel* Arduaine, por Oban, Argyll. **Plano** C4. ☎ *(01852) 200233.* FAX *(01852) 200214.* Alojamiento confortable con las mejores vistas de la costa oeste. El restaurante con vistas a Scarba y Jura sirve marisco de la zona. El Arduaine Garden *(ver p. 132)* se halla junto al jardín del hotel. ● *ene.* 🔧 📺 🅿 ♿	££	AE MC V	■	●	■	26
ARISAIG: *Arisaig House* Arisaig, Highlands. **Plano** B3. ☎ *(01687) 450622.* FAX *(01687) 450626.* El adusto exterior esconde un luminoso y alegre interior y un personal encantador y cortés. Salones elegantes, habitaciones agradables, bonitos jardines y un maravilloso restaurante. 🔧 📺 🅿	££££	MC V	■		■	12
BALLATER: *Balgonie Country House* Braemar Place, Ballater, Aberdeenshire. **Plano** D3. ☎ y FAX *(013397) 55482.* Un hotel rural de propiedad familiar ubicado en las afueras de Ballater. La maravillosa hospitalidad agradará a quien guste de las comodidades hogareñas. Excelente cocina escocesa. 🔧 📺 ✂ 🅿	££££	AE DC MC V	■		■	9
BALLINDALLOCH: *Delnashaugh Inn* Ballindalloch, Banffshire, Grampian. **Plano** D2. ☎ *(01807) 500255.* FAX *(01807) 500389.* Con vistas al río Avon, en el valle de Spey, este hotel constituye una base perfecta para explorar la zona y es ideal para volver por la noche tras un día de turismo. La comida es especialmente buena. ● *oct-mar.* 🔧 📺 🅿 ♿	££	MC V	■	●		9

....

BARRA: *Castlebay Hotel*   £££
Castlebay, isla de Barra, islas Occidentales. **Plano** A3.
📞 *(01871) 810223.* ℻ *(01871) 810455.*
Este acogedor hotel familiar se abre sobre la bahía de la que salen barcos
hacia Mingulay y Eriskay. La comida merece mención especial. 🛏 📺 🅿

	MC V	■	●		12

COLONSAY: *Isle of Colonsay Hotel*   £££
Isla de Colonsay, Argyll. **Plano** B4. 📞 *(01951) 200316.* ℻ *(01951) 200353.*
Hotel cómodo y de ambiente agradable en esta remota isla virgen con
playas excelentes. El cocinero emplea productos de la zona. 🛏 📺 🅿 ♿

	MC V	■	●	■	14

CRINAN: *Crinan Hotel*   £££££
Crinan, Lochgilphead, Argyll. **Plano** C4. 📞 *(01546) 830261.* ℻ *(01546) 830292.*
Magnífica situación junto al puerto, en el lugar donde el Sound of Jura
desemboca en el Atlántico; aunque sólo sea por las vistas, el hotel merece
una visita. El servicio es excelente. 🛏 📺 🔼 🍴 🅿 ♿

	AE MC V	■	●	■	22

CROMARTY: *Royal*   ££
Marine Terrace, Cromarty, Highlands. **Plano** D2. 📞 *(01381) 600217.* ℻ *(01381) 600813.*
Un hotel acogedor y sin pretensiones de ambiente tradicional, con
hermosas vistas del Firth of Cromarty. Habitaciones bien decoradas,
cómodas e inmaculadas. 🛏 📺 🅿

	AE MC V	■	●	■	10

DORNOCH: *Dornoch Castle Hotel*   ££
Castle Street, Dornoch, Sutherland. **Plano** D2. 📞 *(01862) 810216.* ℻ *(01862) 810981.*
Este interesante edificio histórico de finales del siglo XV y principios del
XVI solía formar parte del palacio del obispo. Hay un jardín recoleto, y la
comida es muy buena. ● *nov-mar.* 🛏 📺 🔼 🅿

	AE MC V	■	●	■	17

DULNAIN BRIDGE: *Auchendean Lodge*   ££
Dulnain Bridge, por Grantown on Spey, Inverness-shire. **Plano** D2. 📞 y ℻ *(01479) 851347.*
Cerca de Aviemore y de las Cairngorms, este acogedor hotel se sitúa en un
pabellón de caza eduardiano. Resulta perfecto para explorar las destilerías
de Speyside y el hermoso campo de los alrededores. ● *ene.* 🛏 📺 🅿

	AE DC MC V	■	●	■	7

DUNKELD: *Kinnaird*   £££££
Kinnaird Estate, cerca de Dunkeld, Tayside. **Plano** D3. 📞 *(01796) 482440.* ℻ *(01796) 482289.*
Rodeada por una extensa finca rural de gran belleza, esta mansión
diecIochesca ha sido transformada en hotel de lujo sin escatimar en gastos.
🛏 📺 🔼 🅿 ♿

	AE MC V	■		■	9

HARRIS (ISLAS OCCIDENTALES): *Ardvourlie Castle*   £££
Aird Amhulaidh, isla de Harris, islas O. **Plano** B2. 📞 *(01859) 502307.* ℻ *(01859) 502348.*
Pabellón de caza victoriano a orillas de Loch Seaforth, con antiguas lámparas
de gas y aceite aún en funcionamiento. Su célebre restaurante sirve comida
local; la cena está incluida en el precio de la habitación. ● *oct-mar.* 🛏 🅿

		■	●	■	3

HARRIS (ISLAS OCCIDENTALES): *Scarista House*   £££
Scarista, isla de Harris, islas O. **Plano** B2. 📞 *(01859) 550238.* ℻ *(01859) 550277.*
Esta mansión georgiana ofrece un retiro muy placentero, en un lugar
remoto que se abre a la playa en una de las islas Occidentales. El hotel es
famoso por su deliciosa cocina. ● *oct-mar.* 🛏 🅿 🍴

	MC V	■	●	■	5

IONA (CERCA DE MULL): *Argyll Hotel*   ££
Isla de Iona, Argyll. **Plano** B4. 📞 *(01681) 700334.* ℻ *(01681) 700510.*
Un hotel agradable, sencillo y sin pretensiones en esta isla tan especial.
Si desea disfrutar de unas vistas maravillosas, pida una habitación que
dé al mar. ● *oct-mar.* 🛏

	MC V	■	●	■	15

INVERNESS: *Dunain Park*   ££££
Inverness, Inverness-shire. **Plano** D2. 📞 *(01463) 230512.* ℻ *(01463) 224532.*
Rodeado por un extenso jardín, cerca de Inverness, este hotel constituye
una base conveniente y tranquila para recorrer la zona. El personal es
agradable y el nivel bastante alto. 🛏 📺 🍴 🅿 🏊 ♿

	AE MC V	■	●	■	13

ISLE ORNSAY (SKYE): *Eilean Iarmain*   ££££
Sleat, isla de Skye, Highlands. **Plano** B3. 📞 *(01471) 833332.* ℻ *(01471) 833275.*
Tradicional posada costera del siglo XIX con ambiente gaélico. Vistas espec-
taculares desde las cómodas habitaciones y desde los salones. 🛏 📺 🍴 🅿 ♿

	AE DC MC V	■	●	■	16

KENTALLEN OF APPIN: *Ardsheal House*   ££
Kentallen of Appin, Argyll. **Plano** C3. 📞 *(01631) 740227.* ℻ *(01631) 740342.*
Hotel muy hospitalario y con magníficas vistas, cerca de la orilla de Loch
Linnhe. Las habitaciones y los salones están bien amueblados. ● *dic-ene.* 🛏 🅿

	AE MC V	■		■	9

Precio de una habitación doble por noche, con impuestos, servicio y desayuno:

(£) menos de 50 libras
(£)(£) entre 50 y 100 libras
(£)(£)(£) entre 100 y 150 libras
(£)(£)(£)(£) entre 150 y 200 libras
(£)(£)(£)(£)(£) más de 200 libras.

RESTAURANTE
El hotel dispone de un restaurante abierto también a no residentes, a menos que se indique lo contrario.
NIÑOS
El hotel ofrece cunas y sillas altas y, en algunos casos, servicio de canguro y raciones para niños.
JARDÍN O TERRAZA
Hotel con jardín, patio o terraza.
TARJETAS DE CRÉDITO
Indica las tarjetas aceptadas: *AE* American Express; *DC* Diners Club; *MC* MasterCard/Access; *V* Visa.

	TARJETAS DE CRÉDITO	RESTAURANTE	NIÑOS	JARDÍN O TERRAZA	NÚMERO DE HABITACIONES
KILDRUMMY: *Kildrummy Castle* (£)(£)(£) Kildrummy, cerca de Alford, Gordon, Grampian. (01975) 571288. **Plano** E3. FAX (01975) 571345. Desde las almenas de este gran edificio señorial victoriano situado en unos bellos jardines se ven las ruinas de un castillo del siglo XIII. La decoración interior es tan bella como los alrededores. ● ene. 🛏 TV P	AE MC V	●	●	●	16
KILLIECRANKIE: *Killiecrankie Hotel* (£)(£)(£) Killiecrankie, por Pitlochry, Perthshire. **Plano** D3. (01796) 473220. FAX (01796) 472451. Esta elegante casa solariega se encuentra emplazada en un paraje de gran belleza. Las excelentes comidas del abundante menú pueden tomarse en la deliciosa galería acristalada. 🛏 TV ⚡ P &	MC V	●	●	●	10
KYLESKU, POR LAIRG: *Kylesku Hotel* (£)(£) Kylesku, por Lairg, Sutherland. **Plano** D2. (01971) 502231. FAX (01971) 502313. Hotel de propiedad familiar con un ambiente agradable, a orillas de Loch Glencoul. El restaurante está especializado en mariscos. ● nov-mar. 🛏 TV ⚡ P &	MC V	●		●	8
LEDAIG: *Isle of Eriska* (£)(£)(£)(£)(£) Ledaig, cerca de Oban, Argyll. **Plano** C3. (01631) 720 371. FAX (01631) 720 531. Las habitaciones de esta gran mansión baroniana situada en su propia isla son encantadoras. Hay que vestirse para la cena, que es muy formal; predomina el ambiente tradicional. ● ene-mediados feb. 🛏 TV 24 P ≋ &	AE MC V	●	●	●	17
LEWIS, TIMSGARRY: *Baile Na Cille* (£) Timsgarry, isla de Lewis, Highlands. **Plano** B1. (01851) 672242. FAX (01851) 672241. Hotel de ambiente agradable y relajado, con una situación espectacular al final de una larga playa. Perfecto para olvidarse de todo. ● mediados oct-mediados mar. 🛏 ⚡	MC V	●	●	●	12
MARNOCH: *Old Manse of Marnoch* (£)(£) Bridge of Marnoch, cerca de Huntly, Gordon, Aberdeenshire. **Plano** E2. y FAX (01466) 780873. Situada junto al río Deveron, esta atractiva casa de estilo georgiano y eduardiano está decorada con estilo. Las habitaciones son muy cómodas, y la imaginativa cocina emplea ingredientes de la zona. 🛏 TV P	MC V	●		●	5
MUIR OF ORD: *Dower House* (£)(£) Highfield, Muir of Ord, Ross-shire, Highlands. **Plano** C2. y FAX (01463) 870090. Hotel pequeño y agradable, decorado con buen gusto, con habitaciones bonitas y un restaurante de primera. 🛏 TV 24 ⚡ P &	MC V	●	●	●	5
MULL, BUNESSAN: *Ardfenaig House* (£)(£)(£) Nr Bunessan, isla de Mull, Strathclyde. **Plano** B4. (01681) 700210. FAX (01681) 700210. Magnífica situación a la cabeza de Loch Caol, en el suroeste de la isla, con excelentes vistas desde unas habitaciones cómodas. Se pueden practicar varios deportes; el ambiente relajado asegura un buen descanso tras el esfuerzo. ● nov-mar. 🛏 P	MC V	●		●	5
MULL, TOBERMORY: *Western Isles Hotel* (£)(£)(£) Tobermory, isla de Mull, Strathclyde. **Plano** B3. (01688) 302012. FAX (01688) 302297. Grandioso establecimiento tradicional con vistas de la bahía de Tobermory y del Sound of Mull. Resulta muy cómodo y acogedor, con fuegos de chimenea en invierno. Uno de los tres restaurantes se halla situado en una galería acristalada encantadora. ● 18-28 dic. 🛏 TV P	AE MC V	●	●	●	25
NAIRN: *Clifton House* (£)(£) Nairn, Highlands. **Plano** D2. (01667) 453119. FAX (01667) 452836. Singular hotel urbano decorado y amueblado con buen gusto. El restaurante es altamente recomendable. ● dic-ene. 🛏 P	AE DC MC V	●	●	●	12

ONICH: *Cuilcheanna House* — £ — MC V — 7
Onich, por Fort William, Inverness-shire. **Plano** C3. (*(01855) 821226.*
En esta casa solariega que da al bello Loch Linnhe se puede degustar la excelente cocina casera de Linda Scott. Los menús de cuatro platos cambian cada día y son una ganga, aunque sólo se sirven a los clientes del hotel. 🛏 P ⚡

ORKNEY: *Foveran* — ££ — MC V — 8
St Ola, Kirkwall, Orkney. (*(01856) 872389.* FAX *(01856) 876430.*
Un hotel moderno con magníficas vistas de Scapa Flow y de las islas South. Habitaciones cómodas y buen restaurante. ● *ene.* 🛏 TV ⚡ P

PORT APPIN: *Airds* — ££££ — MC V — 12
Port Appin, Appin, Argyll. **Plano** C3. (*(01631) 730236.* FAX *(01631) 730535.*
Tras su modesto exterior blanco, el elegante y confortable interior de esta antigua hostería del transbordador alberga un buen restaurante. 🛏 TV P

SHETLAND, BUSTA: *Busta House* — ££ — AE DC MC V — 20
Busta, Brae, Shetland. (*(01806) 522506.* FAX *(01806) 522588.*
En una confortable casa de principios del siglo XVIII, este refinado hotel de propiedad familiar cuenta con su propio puerto. ● *21 dic-3 ene.* 🛏 TV P ♿

SHETLAND, WALLS: *Burrastow House* — ££££ — AE MC V — 5
Walls, Shetland. (*(01595) 809307.* FAX *(01595) 809213.*
En una zona apartada del oeste de Shetland, en este maravilloso refugio se puede gozar de una calma y de una tranquilidad absolutas. No faltan las comodidades, y la comida es deliciosa. 🛏 ⚡ P ♿

SHIELDAIG: *Tigh-an-Eilean* — £££ — MC V — 11
Shieldaig, cerca de Strathcarron, Ross y Cromarty, Highlands. **Plano** C2.
(*(01520) 755251.* FAX *(01520) 755321.*
A orillas de Loch Shieldaig se encuentra uno de los mejores y más cómodos hotelitos de Escocia. Los propietarios son encantadores; el servicio y la comida excelentes. ● *mediados oct-mar.* 🛏 P

SKYE, DUNVEGAN: *Harlosh House* — £££ — MC V — 6
Cerca de Dunvegan, isla de Skye, Highlands. **Plano** B2. (*y* FAX *(01470) 521367.*
Este pequeño hotel ofrece una base tranquila y agradable desde donde explorar la isla de Skye. La situación —a orillas de Loch Bracadale— es magnífica. Comida excelente. ● *oct-mar.* 🛏 ⚡ P

SKYE, PORTREE: *Viewfield House* — ££ — MC V — 12
Portree, isla de Skye, Highlands. **Plano** B2. (*(01478) 612217.* FAX *(01478) 613517.*
Una acogedora casa familiar ubicada desde hace 200 años en un intrincado edificio donde los huéspedes se sientan juntos a cenar. ● *mediados oct-mediados abr.* 🛏 ⚡ P ♿

SKYE, STAFFIN: *Flodigarry Hotel* — ££ — MC V — 19
Flodigarry, Staffin, isla de Skye. **Plano** B2. (*(01470) 552203.* FAX *(01470) 552301.*
El edificio situado en la espectacular península de Trotternish fue asociado en su origen con Flora Macdonald. Tiene una galería acristalada y ofrece una hospitalidad muy tradicional. 🛏 ⚡ P

THURSO: *Forss House* — ££ — AE MC V — 10
Thurso, Caithness, Highlands. **Plano** D1. (*(01847) 861201.* FAX *(01847) 861301.*
A pesar de su imponente exterior, este acogedor hotel ubicado en plena naturaleza en la costa norte es cómodo y animado. 🛏 TV ⚡ P ♿

ULLAPOOL: *Ceilidh Place* — £££ — AE DC MC V — 13
14 West Argyle St, Ullapool, Wester-Ross, Highlands. **Plano** C2.
(*(01854) 612103.* FAX *(01854) 612886.*
El lugar ofrece veladas musicales, exposiciones, un café y una librería, pero los residentes pueden escapar del bullicio en su tranquilo salón propio. 🛏 ⚡ P

ULLAPOOL: *Altnaharrie Inn* — £££££ — AE MC V — 8
Ullapool, Ross y Cromarty, Highlands. **Plano** C2. (*(01854) 633230.*
Este hotel —accesible en barco desde Ullapool— garantiza tranquilidad y hermosas vistas. Alojarse aquí supone una experiencia muy especial, pero también muy cara. La comida es buena. 🛏 ⚡ *en todo el establecimiento.* P

WHITEBRIDGE: *Knockie Lodge* — £££ — AE DC MC V — 10
Whitebridge, Highlands. **Plano** C3. (*(01456) 486276.* FAX *(01456) 486389.*
Situado en un magnífico lugar cerca de Loch Nan Lann, este antiguo pabellón de caza permite disfrutar de una buena comida sin ser molestado. ● *nov-abr.* 🛏 P

RESTAURANTES

El Ryan's Bar, en Edimburgo

LA COMIDA ESCOCESA no tiene por qué amedrentar el ánimo del visitante sibarita; la reputación de los restaurantes de Escocia, antes por los suelos, ha mejorado mucho con las influencias culinarias de los *chefs* extranjeros. Hoy en día se puede degustar una variada cocina internacional por toda Escocia, si bien la oferta más amplia es la de Edimburgo y Glasgow. Algunos restauradores autóctonos han aceptado el reto de rescatar la comida escocesa, que en la última década ha mejorado de forma sorprendente. En las ciudades y en los pueblos grandes se puede comer bien sea cual sea el presupuesto y casi a cualquier hora del día; en las zonas rurales los horarios son menos flexibles. Mucho menos refinada, y sin embargo bien preparada, la comida económica ha invadido los restaurantes, *brasseries* y cafés del país. En el listado de las páginas 176-183 figuran algunos de los mejores restaurantes de Escocia.

Selección de cervezas y whiskys en un típico *pub* escocés

PRECIOS Y RESERVAS

TODOS LOS RESTAURANTES están obligados por ley a exponer sus precios actualizados en la puerta, incluyendo el IVA (actualmente el 17,5%), el servicio y otros recargos. De esta manera, el cliente puede hacerse una idea de cuánto le va a costar la comida.

El vino puede resultar muy caro en Escocia, y los extras como el café y el agua mineral pueden alcanzar precios desorbitantes comparados con el resto de la comida. El servicio (normalmente entre el 10% y el 15%) suele estar incluido en la cuenta; en caso contrario se espera que el cliente deje propina, cuya cantidad dependerá de la calidad del servicio recibido. La mayoría de los restaurantes acepta tarjetas de crédito o cheques avalados, pero en los *pubs* y en los cafés se suele pagar en efectivo.

Siempre conviene reservar una mesa antes de desplazarse hasta un restaurante; los de la ciudad pueden estar repletos, y en algunos de los locales con mayor renombre se reserva hasta con un mes de antelación. Si tras efectuar una reserva no puede ir al restaurante, llame para cancelarla.

GUÍA DE RESTAURANTES DE ESCOCIA

CADA AÑO, alrededor de 500 restaurantes de toda Escocia —desde las granjas que elaboran cocina tradicional hasta los restaurantes de los hoteles de cinco estrellas— son inspeccionados metódicamente.

Una vez que catan la comida, los inspectores deciden qué restaurantes cumplen con los requisitos más exigentes de calidad y servicio para ser incluidos en la guía *A Taste of Scotland,* que es rigurosamente actualizada cada año. Los autores están siempre dispuestos a escuchar las opiniones de los lectores, sean positivas o negativas, las cuales pueden influir en su decisión de incluir o excluir un restaurante de la guía. Del mismo modo, los restaurantes afectados suelen recibir estos comentarios para su análisis.

DESAYUNO, ALMUERZO Y CENA

TRADICIONALMENTE, un desayuno escocés comienza con cereales con leche seguidos de panceta, huevos, tomates y por lo general morcilla, para terminar con tostadas con mermelada y una taza de té. La alternativa es el desayuno continental, que consiste en café solo, zumo de fruta y uno o dos cruasanes.

A mediodía se suelen comer bocadillos, ensaladas, patatas rellenas al horno y *plough-man's lunch* (un trozo de queso o jamón cocido, un panecillo y un poco de ensalada o variantes), que se toma sobre todo en los *pubs*. Algunos restaurantes y *pubs* sirven la comida tradicional de los

Uno de los numerosos y modernos restaurantes italianos de Glasgow

Puesto de pescado y patatas fritas en el paseo de Portobello, en Edimburgo

domingos, elaborada con carne al horno y verduras.

Tras el postre se suele tomar queso con galletas de avena. En las zonas rurales se suele cenar entre las 18.00 y no más tarde de las 21.00. En Escocia el almuerzo se llama a veces *dinner* (cena), y la cena puede llamarse *tea* (té).

EL TÉ DE LA TARDE

NINGÚN VISITANTE debería perderse un té inglés como es debido. En Escocia hay cientos de salones de té que ofrecen deliciosos pasteles y bocadillos. Los favoritos son las galletas de mantequilla (*shortbread*) y los pasteles de Dundee, que resultan exquisitos con una taza de té. Otra especialidad apetitosa son las tortitas escocesas (*pancakes*) untadas con mantequilla.

El *pub* Mitre, en la Royal Mile de Edimburgo

NIÑOS

MIENTRAS QUE algunos restaurantes no admiten niños (*ver listado en las pp. 176-183*), muchos otros están diseñados especialmente para atraer a las familias, ya sea con la disponibilidad de un menú infantil o con la posibilidad de adaptar las raciones a los niños; algunos tienen sillas altas. Los restaurantes italianos, españoles, indios y de comida rápida suelen admitir niños, e incluso algunos *pubs* tienen zonas de juego para los más pequeños.

COMIDA VEGETARIANA

GRAN BRETAÑA está por delante de muchos países europeos a la hora de servir alternativas vegetarianas a los platos de carne, y Escocia no podía ser menos. Algunos de los restaurantes seleccionados en esta guía sólo sirven comida vegetariana, y la mayoría pueden preparar platos para quienes no comen carne (en la lista se indican los que sirven platos vegetarianos). La mayor selección la ofrecen Edimburgo y Glasgow, pero otras ciudades y pueblos también están empezando a experimentar con platos sin carne. Para hallar una oferta más variada que la que ofrece la cocina inglesa o escocesa se pueden probar los restaurantes étnicos, que cuentan con una mayor tradición vegetariana.

COMIDA RÁPIDA

ESCOCIA ES FAMOSA por sus cenas a base de *fish and chips* (pescado empanado con patatas fritas); existe una gran variedad de bares playeros y freidurías que las preparan. La mayoría ofrece también pollo.

También hay numerosas cadenas de comida rápida como Pizza Hut, McDonald's, Burguer King y KFC, así como sandwicherías y bares baratos.

El té de la tarde, un pasatiempo elegante y refinado

'PUBS' Y BARES

LAS LEYES relativas a la venta de alcohol en Escocia son diferentes de las del resto de Gran Bretaña, sobre todo aquéllas que regulan los horarios de apertura de bares y *pubs*. Mientras que en Inglaterra y Gales la mayoría de los establecimientos cierra a las 23.00, en Escocia (sobre todo en las ciudades) permanecen abiertos hasta la 1.00 o las 2.00. En Edimburgo, durante el Festival de agosto (*ver pp. 78-79*) no cierran hasta las 3.00.

Aunque todavía existen los tradicionales *pubs* oscuros y a veces un tanto desaliñados, en los últimos años han surgido los denominados *wine bars*, bares especializados en vinos donde, al contrario de lo que ocurre en los *pubs* tradicionales, la selección de alcohol no se limita a unas cuantas cervezas. Suelen ser ruidosos, y ofrecen un ambiente animado y cócteles imaginativos.

Elegir un restaurante

Los restaurantes de esta sección han sido escogidos por su relación calidad-precio, por sus especialidades y por su ubicación; también se indican otros factores que pueden influir a la hora de elegir. Se agrupan por regiones; los códigos de colores indican las zonas cubiertas en cada página. La sección de hoteles se encuentra en las páginas 166-173.

Edimburgo

Restaurante	Tarjetas de Crédito	Niños	Menú de Precio Fijo	Comida Vegetariana	Cocina Tradicional
Old Town: *Café Florentin* £ 8 St Giles Street. ☎ *(0131) 225 6267.* Un café informal y cosmopolita que sirve gran variedad de cafés, tés y comidas ligeras. Se especializa en panes y pasteles franceses. Hay sucursales en Grindlay St y en Stockbridge. ● *25 dic.* 🚭		●		●	
Old Town: *Black Bo's* ££ 57 Blackfriars St. ☎ *(0131) 557 6136.* Este pequeño restaurante vegetariano en Old Town se preocupa mucho por la comida. Platos imaginativos y bien condimentados. ● *1 ene, 25-26 dic.* 🍷	AE MC V	●	●	●	
Old Town: *The Grain Store* ££ 30 Victoria Street. ☎ *(0131) 225 7635.* En el piso superior de un insólito edificio situado en una calle adoquinada con tiendas interesantes, cerca del castillo, Grassmarket y St Giles. Buena comida y ambiente informal. ● *dos primeras semanas ene, 25-26 dic.* 🍷	AE MC V	●	●	●	●
Old Town: *The Witchery and the Secret Garden Restaurant* £££ Castlehill, Royal Mile. ☎ *(0131) 225 5613.* A pocos metros de la entrada al castillo de Edimburgo, al principio de la Royal Mile, este restaurante con estilo se especializa en cocina escocesa contemporánea. El vino es excelente. ● *25, 26 dic.* ♿ *sólo en The Witchery.* 🍷	AE DC MC V	●	●	●	●
Old Town: *The Atrium and the Blue Bar Café* ££££ 10 Cambridge Street. ☎ *(0131) 228 8882.* Junto al Traverse Theatre, The Atrium sirve platos ligeros y sencillos a la vanguardia de la cocina escocesa moderna. Almuerzos o cenas ligeras en el Blue Bar, en el piso superior. ● *sá mediodía, do; 24 dic- 3 ene.* ♿ *sólo en The Atrium.* 🍷	AE DC MC V	●		●	
South Side: *Howie's* ££ 63 Dalry Road. ☎ *(0131) 313 3334.* En este *bistrot* ecléctico se sirve cocina escocesa con un toque francés. El atractivo menú cambia todos los días. Los clientes pueden traer su propio vino. ● *lu mediodía, 1 ene, 25-26 dic.* ♿ 🍷	AE DC MC V	●	●	●	
South Side: *The Marque* ££ 19–21 Causewayside. ☎ *(0131) 466 6660.* Este restaurante con estilo sirve una excelente cocina moderna y sofisticada de mano de unos *chefs* de impecable reputación. ● *lu, 1-8 ene, 25-27 dic.* ♿ 🍷	AE MC V	●	●	●	
South Side: *Sweet Melinda's* £££ 11 Roseneath Street, Marchmont. ☎ *(0131) 229 7953.* Buen marisco con acento del Pacífico. Los ingredientes proceden del cercano mercado chino de pescado. ● *do, lu, 1-2 ene, 25-26 dic.* ♿ 🍷	MC V	●		●	
New Town: *Queen Street Café* £ Scottish National Portrait Gallery, 1 Queen Street. ☎ *(0131) 557 2844.* Esta cafetería encantadora prepara comida casera deliciosa e imaginativa en un entorno interesante (también hay un buen café en la Scottish National Gallery of Modern Art). ● *25–26 dic.* ♿ 🚭 *en todo el establecimiento.*				●	
New Town: *The Lost Sock Diner* ££ 11 East London Street. ☎ *(0131) 557 6097.* Junto a una lavandería, este restaurante decorado con estrafalarios azulejos es uno de los mejores de la zona. El interesante menú incluye tortillas "envueltas" de Nueva York. El desayuno se sirve hasta las 16.00. ● *do, lu noche, 1 ene, 25-26 dic.* ♿ 🚭 🍷		●		●	●
New Town: *Scalini's Ristorante* ££ 10 Melville Place, Queensferry St. ☎ *(0131) 220 2999.* Un restaurante italiano que ofrece una cocina auténtica, un servicio cortés y un ambiente relajado. ● *do, 1-2 ene, 25-26 dic.* 🚭 🍷	AE DC MC V	●	●	●	

Precio medio por persona de una comida de tres platos, con media botella de vino de la casa, impuestos y servicio incluidos:

£ menos de 15 libras
££ entre 15 y 25 libras
£££ entre 25 y 35 libras
££££ entre 35 y 50 libras
£££££ más de 50 libras.

NIÑOS
Sirve raciones pequeñas (y en ocasiones menús especiales) y cuenta con sillas altas.

MENÚ DE PRECIO FIJO
Ofrece un buen menú de tres platos para el almuerzo y/o la cena.

COMIDA VEGETARIANA
El menú incluye especialidades vegetarianas.

COCINA TRADICIONAL
Varios o todos los platos del menú siguen recetas tradicionales escocesas, con ingredientes frescos de la zona.

	TARJETAS DE CRÉDITO	NIÑOS	MENÚ DE PRECIO FIJO	COMIDA VEGETARIANA	COCINA TRADICIONAL
NEW TOWN: *The Dome* — £££ 14 George Street. (0131) 624 8624. Situado en un magnífico edificio construido para el Real Colegio de Médicos en 1775. Menú sofisticado. Café, almuerzos ligeros y té de la tarde servidos al fresco en el patio. ● *1-2 ene, 25-26 dic.*	AE DC MC V	●		●	
NEW TOWN: *Haldane's* — £££ 39A Albany Street. (0131) 556 8407. El elegante restaurante del Albany Hotel ofrece una cocina contemporánea con estilo y sabor. El personal es encantador. ● *sá y do mediodia.*	AE DC MC V	●	■	●	■
NEW TOWN: *Indigo Yard* — £££ 7 Charlotte Lane. (0131) 220 5603. Este informal café-*bistrot* con mesas en el exterior combina el servicio de bar con el de restaurante. Popular por las noches. Gran ambiente. ● *25 dic.*	AE MC V	●		●	
NEW TOWN: *Martin's* — ££££ 70 Rose Street, North Lane. (0131) 225 3106. En pleno centro, este excelente restaurante ofrece una imaginativa gama de platos de cocina escocesa contemporánea. Pruebe la tabla de quesos celta. ● *sá mediodia, lu; 24 dic-20 ene.*	AE DC MC V			●	
NEW TOWN: *Number One Princes Street* — ££££ 1 Princes Street. (0131) 556 2414. El restaurante del mejor hotel de Edimburgo goza de una merecida reputación por su excelencia. También tiene una *brasserie* con comida ligera. ● *2-10 ene.*	AE DC MC V	●	■	●	
NEW TOWN: *Restaurant 36 (Howard Hotel)* — £££ 36 Great King Street. (0131) 556 3636. Moderno hasta el punto de ser minimalista, ofrece platos escoceses con sabor internacional. ● *sá mediodia, 26-28 dic.* en todo el establecimiento.	AE DC MC V				
LAS AFUERAS: *Daniel's* — ££ 88 Commercial Street, Leith. (0131) 553 5933. Uno de los mejores nuevos restaurantes con galería acristalada, frente a la Scottish Office y la plaza. Abundante comida alsaciana con encanto francés; bocados más ligeros en el café de la parte trasera. ● *1 ene, 25 dic.*	MC V	●	■	●	
LAS AFUERAS: *Garden Café* — ££ Lennoxlove House, Haddington, East Lothian. (01620) 822156. El cerebro de este bonito restaurante con jardín es la cocinera televisiva Clarissa Dickson-Wright. Fantástica cocina con estilo. ● *lu.* en todo el establecimiento.	MC V	●		●	■
LAS AFUERAS: *Whitekirk Golf Club and Restaurant* — ££ Whitekirk, cerca de North Berwick, East Lothian. (01620) 870300. Este restaurante ubicado en un entorno rural cuenta con bellas vistas, buenos precios y un ambiente agradable. ● *lu-ju noche, nov-6 dic, ene-feb.*	MC V	●			■
LAS AFUERAS: *(Fitz)Henry* — £££ 19 Shore Place, Leith. (0131) 555 6625. En un almacén remodelado con estilo y cierta excentricidad, en el histórico Leith. Comida sofisticada, servida con salero y encanto. ● *25, 26 dic, 1-4 ene.*	AE MC V	●		●	
LAS AFUERAS: *The Rock Restaurant* — £££ 78 Commercial Street, Leith. (0131) 555 2225. Restaurante con estilo en el centro de Leith, con menú para sibaritas y una excelente selección de hamburguesas y carnes. ● *do mediodia.*	AE MC V	●	■	●	
LAS AFUERAS: *Skippers Bistro* — £££ 1A Dock Place, Leith. (0131) 554 1018. Un local íntimo y apacible para cenar. El menú especializado en pescado cambia todos los días. ● *do, última semana feb, primeras dos semanas sep, 25 dic-4 ene.*	AE MC V	●	■	●	

Para el significado de los símbolos, ver la solapa de contraportada

Precio medio por persona de una comida de tres platos, con media botella de vino de la casa, impuestos y servicio incluidos:

£ menos de 15 libras
££ entre 15 y 25 libras
£££ entre 25 y 35 libras
££££ entre 35 y 50 libras
£££££ más de 50 libras.

NIÑOS
Sirve raciones pequeñas (y en ocasiones menús especiales) y cuenta con sillas altas.

MENÚ DE PRECIO FIJO
Ofrece un buen menú de tres platos para el almuerzo y/o la cena.

COMIDA VEGETARIANA
El menú incluye especialidades vegetarianas.

COCINA TRADICIONAL
Varios o todos los platos del menú siguen recetas tradicionales escocesas, con ingredientes frescos de la zona.

	TARJETAS DE CRÉDITO	NIÑOS	MENÚ DE PRECIO FIJO	COMIDA VEGETARIANA	COCINA TRADICIONAL

LAS AFUERAS: *The Waterfront* £££ — MC V — — — ● —
1C Dock Place, Leith. **☎** (0131) 554 7427.
Este restaurante tiene salas pequeñas y acogedoras, una galería acristalada frente al muelle, mesas al aire libre y un pontón. El menú refleja lo mejor de los ingredientes escoceses de temporada, sobre todo el pescado. ● 25-26 dic. 🔧 🚭 ♿

LAS AFUERAS: *La Potinière* ££££ — — — ■ — —
Main Street, Gullane, East Lothian. **☎** (01620) 843214.
Este popular restaurante gestionado por un matrimonio sirve sobre todo comida francesa. Conviene reservar. ● do, ju noche, lu-mi, vi y sá mediodía. 🚭 en todo el establecimiento.

SUR DE ESCOCIA

ABBEY ST BATHANS: *The Riverside Restaurant* £ — MC V ● — ● ■
Abbey St Bathans, cerca de Duns, Berwickshire. **Plano E4. ☎** (01361) 840312.
Saliendo de la carretera de Gifford a Preston, el emplazamiento junto al río de este pequeño y agradable restaurante es ideal. Sabrosos almuerzos caseros, caza local y té de la tarde. Paseos cercanos por la orilla del río. ● lu. ♿

JEDBURGH: *Simply Scottish* £ — MC V ● ■ ● ■
High Street, Jedburgh, the Borders. **Plano E5. ☎** (01835) 864696.
Este establecimiento situado en el centro de Jedburgh combina restaurante, café y tienda de artesanía. Cocina escocesa contemporánea, sencilla y con estilo. ♿

KELSO: *Floors Garden Centre Coffee Shop* £ — AE MC V ● — ● ■
Floors Castle Garden Centre, Kelso, Roxburghshire. **Plano E5. ☎** (01573) 225714.
Agradable cafetería junto a un atractivo vivero de plantas para tomar almuerzos, café y el té de la tarde. La comida casera —de gran calidad— incluye caza, mermeladas y pastas. ● noches; 24 dic-1 feb. ♿ 🚭

KIPPFORD: *The Anchor Hotel* ££ — MC V ● — ● ■
Kippford, Dalbeattie, Kirkcudbrightshire. **Plano D6. ☎** (01556) 620205.
Situado en la orilla, con vistas de los barcos, este agradable *pub* tiene buena comida informal y algunas mesas exteriores. ● 25 dic. ♿ 🚭 🍷

MELROSE: *Burts Hotel* £££ — AE DC MC V ● ■ ● ■
Market Square, Melrose. **Plano E5. ☎** (01896) 822285.
El restaurante de este hotel presenta la mejor caza y el mejor pescado, servidos con aptitud e imaginación. ● 25 dic noche, 26 dic. ♿ 🚭 en todo el establecimiento.

PEEBLES: *Kailzie Gardens Restaurant* ££ — MC V ● ■ ● ■
Kailzie Gardens, cerca de Peebles, Peeblesshire. **Plano D5. ☎** (01721) 722807.
En un hermoso patio, en la carretera de Peebles a Traquair, excelentes almuerzos caseros y té de la tarde. ● noches; lu, ma; nov-mar. ♿ 🚭 en todo el establecimiento. 🍷

PORTPATRICK: *Knockinaam Lodge* ££££ — AE DC MC V ● ■ ● ■
Saliendo de la A77, cerca de Portpatrick, Dumfries y Galloway. **Plano C6. ☎** (01776) 810471.
La situación con vistas del mar de este pabellón de caza del siglo XIX transformado en restaurante es ideal. Buena cocina francesa moderna. ♿ 🚭 🍷

TWEEDSMUIR: *The Crook Inn* ££ — MC V ● ■ ● ■
Tweedsmuir, cerca de Moffat, Peeblesshire. **Plano D5. ☎** (01899) 880272.
A corta distancia al norte de Tweedsmuir, en la carretera de Moffat a Edimburgo, esta histórica posada conserva en su interior interesantes detalles de los años treinta. Ambiente acogedor, con fuego de chimenea. Comida informal. ● 25 dic. 🚭 🍷

GLASGOW

CENTRO CIUDAD: *Willow Tea Room* £ — — ● — ● ■
217 Sauchiehall Street. **☎** (0141) 332 0521.
Situada sobre una joyería, esta reconstrucción de un salón de té de Mackintosh (*ver p. 100*) ofrece una impresionante selección de almuerzos y tés en un entorno modernista. ● 1-2 ene, 25-26 dic. 🚭

CENTRO CIUDAD: *Café Gandolfi*   ££
64 Albion Street. (0141) 552 6813.
El precioso interior con vidrieras y muebles de Tim Stead crea una atmósfera estimulante y con estilo, ideal para comer o tomar una copa. ● 1-2 ene, 24 dic noche, 25-26 dic.
MC V

CENTRO CIUDAD: *The Fire Station*   ££
33 Ingram Street. (0141) 552 2929.
Una estación de bomberos de 1900 convertida en un restaurante con gran ambiente. Entre las 17.00 y las 19.00 la pasta cuesta la mitad. Menú de precio moderado. ● 1 ene, 25-26 dic.
AE MC V

CENTRO CIUDAD: *Fratelli Sarti*   ££
121 Bath Street. (0141) 204 0440.
Este excelente restaurante italiano ofrece dulces y helados como para chuparse los dedos y la que quizá sea la mejor pizza de Glasgow. Hay otra sucursal en el 133 de Wellington St. ● 1 ene, 25 dic, domingo de Pascua.
AE DC MC V

CENTRO CIUDAD: *Bouzy Rouge*   £££
111 West Regent Street. (0141) 221 8804.
Este animado restaurante de moda se especializa en una cocina escocesa contemporánea con influencia internacional. Tiene una sucursal en el West End de Edimburgo. Imprescindible reservar. ● 1 ene.
AE DC MC V

CENTRO CIUDAD: *Crème de la Crème*   £££
1071 Argyle Street. (0141) 221 3222.
Bullicioso restaurante indio con decoración extravagante en la calle comercial más famosa de Glasgow. Atrévase con el menú *Goanese*. ● do mediodía.
AE DC MC V

CENTRO CIUDAD:: *78 St Vincent Street*   £££
78 St Vincent Street. (0141) 221 7710.
Este restaurante decorado con un mural del artista local Donald McLeod ofrece cocina francesa con un toque escocés. ● 1 ene, 25 dic.
AE DC MC V

CENTRO CIUDAD: *Thai Fountain*   £££
2 Woodside Crescent. (0141) 332 2599.
En la zona de Charing Cross se halla el mejor de los escasos restaurantes tailandeses de Glasgow. Abundan los platos de pescado y gambas, y tiene un excelente menú vegetariano. ● do.
AE MC V

CENTRO CIUDAD: *The Buttery*   ££££
652 Argyle Street. (0141) 221 8188.
Una antigua casa de vecinos es la insólita ubicación de uno de los mejores restaurantes de Glasgow, que ofrece una creativa cocina tradicional. El Belfry (abajo) sirve comida más sencilla. ● sá mediodía, do, 1 ene, 25 dic.
AE DC MC V

CENTRO CIUDAD: *The Puppet Theatre*   ££££
11 Ruthven Lane. (0141) 339 8444.
La reputación de este restaurante ubicado en unas antiguas caballerizas saliendo de Byres Road sigue creciendo. Ingredientes escoceses servidos con imaginación. Imprescindible reservar. ● lu, sá mediodía, 1-2 ene, 25-26 dic.
AE DC MC V

CENTRO CIUDAD: *Rogano*   ££££
11 Royal Exchange Place. (0141) 248 4055.
Este espacioso restaurante especializado en marisco ha estado de moda en Glasgow desde los años treinta. En la parte de abajo se sirve un menú más ligero. ● 1 ene, 25 dic.
AE DC MC V

WEST END: *Antipasti*   ££
337 Byres Road. (0141) 337 2737.
Buenos precios y mejor ambiente. El alegre personal sirve las abundantes raciones de pasta y las guarniciones con gran eficacia. Merece la pena la espera cuando está lleno. A veces hay mesas fuera. ● 1 ene, 25 dic.
MC V

WEST END: *Nairn's*   £££
13 Woodside Crescent. (0141) 353 0707.
El restaurante de Nick Nairn posee estilo y elegancia. La cocina es contemporánea e imaginativa, con buenos sabores. El establecimiento cuenta también con cuatro habitaciones. ● 25, 26 dic, 30 dic-4 ene.
AE DC MC V

WEST END: *Stravaigin*   £££
28 Gibson Street, West End. (0141) 334 2665.
Este restaurante galardonado popular entre vecinos y estudiantes prepara un menú escocés con influencias orientales. ● lu, 1-2 ene, 25-26 dic.
AE MC V

Precio medio por persona de una comida de tres platos, con media botella de vino de la casa, impuestos y servicio incluidos:

£ menos de 15 libras
££ entre 15 y 25 libras
£££ entre 25 y 35 libras
££££ entre 35 y 50 libras
£££££ más de 50 libras.

NIÑOS
Sirve raciones pequeñas (y en ocasiones menús especiales) y cuenta con sillas altas.

MENÚ DE PRECIO FIJO
Ofrece un buen menú de tres platos para el almuerzo y/o la cena.

COMIDA VEGETARIANA
El menú incluye especialidades vegetarianas.

COCINA TRADICIONAL
Varios o todos los platos del menú siguen recetas tradicionales escocesas, con ingredientes frescos de la zona.

	TARJETAS DE CRÉDITO	NIÑOS	MENÚ DE PRECIO FIJO	COMIDA VEGETARIANA	COCINA TRADICIONAL
WEST END: *Two Fat Ladies* £££ 88 Dumbarton Road. (0141) 339 1944. Este restaurante informal ofrece calidad y pescado fresco de la mano de Callum Mathieson. Su cocina inteligente y creativa lo ha convertido en uno de los mejores especialistas en pescado de Glasgow. ● *do, lu, 1-15 ene, festivos.*	MC V	●	■	●	■
WEST END: *The Ubiquitous Chip* ££££ 12 Ashton Lane, West End. (0141) 334 5007. En unas antiguas cocheras de carruajes saliendo de Byres Road, este restaurante es famoso por sus innovadoras recetas escocesas y por su excelente carta de vinos. En el piso superior hay un restaurante más informal y económico. ● *1 ene, 25 dic, 31 dic.*	AE DC MC V	●	■	●	■
LAS AFUERAS: *The Top Deck Café* £ Clyde Valley Garden Centre, Lanark Road, Garrion Bridge, Clyde Valley. (01698) 888880. La gran terraza de este restaurante económico ofrece vistas fantásticas. Buena situación para visitar New Lanark y las Falls of Clyde. ● *1 ene, 25-26 dic.*	MC V	●		●	■
LAS AFUERAS: *La Fiorentina* ££ 2 Paisley Road, South Side. (0141) 420 1585. Restaurante italiano tradicional, cerca de Kingston Bridge. Gran ambiente y camareros con personalidad. ● *do, 31 dic-4 ene.*	AE DC MC V	●	■	●	
LAS AFUERAS: *Gingerhill* ££ Hillhead Street, Milngavie. (0141) 956 6515. Un alegre restaurante especializado en marisco en el centro del pueblo, a la entrada del West Highland Way. No vende alcohol, pero el cliente puede llevarse su propia botella de vino (no cobran por descorcharla). ● *lu-ju noches, do, 1 ene, 26 dic.*	MC V	●		●	
ESCOCIA CENTRAL					
ANSTRUTHER: *The Cellar* ££££ 24 East Green, Anstruther, Fife. Plano E4. (01333) 310378. Uno de los mejores restaurantes de Escocia, situado detrás del Museo de la Pesca, en el extremo este del puerto. ● *do-lu (nov-Semana Santa), 24 dic-4 ene.*	AE DC MC V	●	■		■
ARRAN, BRODICK: *Creelers Restaurant* £££ The Home Farm, Brodick, isla de Arran. Plano C5. (01770) 302810. A las afueras de Brodick, cerca del castillo, este restaurante tranquilo y agradable sirve un excelente menú de pescado y marisco recién sacado del mar. ● *festivos, lu (excepto ago), nov-mediados mar.*	MC V	●	■	●	■
BALLOCH: *Georgian Room, Cameron House Hotel* £££££ Loch Lomond, Dumbarton y Clydebank. Plano C4. (01389) 755565. En la preciosa orilla meridional de Loch Lomond, el restaurante de este lujoso hotel ofrece buena cocina contemporánea. ✗ *en todo el establecimiento.*	AE DC MC V		■	●	
CUPAR: *The Peat Inn* ££££ Peat Inn, cerca de Cupar, Fife. Plano D4. (01334) 840206. Desde este restaurante David Wilson ha dirigido el renacimiento de los grandes restaurantes escoceses. ● *do-lu, 25 dic.* ✗ *en todo el establecimiento.*	AE MC V	●	■	●	■
DRYMEN: *The Pottery* £ The Square, Drymen, Stirlingshire. Plano C4. (01360) 660458. Este agradable restaurante-cafetería situado junto a un ceramista sirve buena comida casera y tés deliciosos. Grandes fuegos de chimenea en invierno y terraza encantadora en verano. ● *1 ene, 25 dic, 1 ene.* ✗ *en todo el establecimiento.*	AE DC MC V	●		●	
DUNDEE: *The Royal Oak* ££ 167 Brook Street, Dundee. Plano D4. (01382) 229440. *Pub* tradicional de ambiente cálido y acogedor. El bar y el comedor sirven comidas caseras económicas e imaginativos platos hindúes. Se admiten niños hasta las 19.30. ● *do, 1-2 ene, 25-26 dic.*	MC V	●	■	●	

FAIRLIE: *Fins Restaurant* €€ — AE MC V

Fencefoot Farm, Fairlie, cerca de Largs. **Plano** C4. 📞 *(01475) 568989.*
En un granero de piedra remodelado, esta pequeña y encantadora marisquería
utiliza ingredientes locales y el pescado de su propia piscifactoría. Personal
simpático y alegre. ● *25, 26 dic, 1, 2 ene.* ♿ ⚡ *en todo el establecimiento.* 🍷

GIRVAN: *Wildings* €€€

Montgomerie Street, Girvan, Ayrshire. **Plano** C5. 📞 *(01465) 713481.*
El variado menú con marisco de este cómodo y simpático restaurante de propiedad familiar rivaliza con lo mejor de la costa oeste. Estupendos sabores a precios
razonables. ● *do noche, lu-ma, oct, 25 dic-22 ene.* ♿ ⚡ *en todo el establecimiento.*

INVERARAY: *Loch Fyne Oyster Bar* €€ — AE DC MC V

Cairndow, cerca de Inveraray, Argyll. **Plano** C4. 📞 *(01499) 600264.*
Situado a orillas del Loch Fyne, famoso por su pesca, este restaurante goza de una excelente reputación a cuenta de su marisco. Conviene reservar. ● *1 ene, 25 dic.* ♿ 🍷

KINCARDINE ON FORTH: *The Unicorn Inn* €€ — AE MC V

15 Excise Street, Kincardine, Clackmannanshire. **Plano** D4. 📞 *(01259) 730704.*
Una situación sorprendente por su sencillez, en el corazón de este pueblo
histórico junto al río Forth. Marisco excelente. Ambiente acogedor e informal.
● *do, lu, 1-3 ene, 26 dic.* ♿ 🍷

KINCLAVEN: *Ballathie House Hotel* €€€€ — AE DC MC V

Kinclaven, cerca de Perth, Perth y Kinross. **Plano** D4. 📞 *(01250) 883268.*
El restaurante de este hotel situado en una mansión victoriana que da al río Tay
sirve platos escoceses de gran calidad. ⚡ *en todo el establecimiento.* ♿ 🍷

PERTH: *Let's Eat* €€€ — AE MC V

77-79 Kinnoull Street, Perth. **Plano** D4. 📞 *(01738) 643377.*
Restaurante de gran calidad en el antiguo Theatre Royal. Platos económicos e
imaginativos. ● *25, 26 dic, 1, 2 ene.* ♿ ⚡ 🍷

ST ANDREWS: *The Grange Inn* €€ — AE DC MC V

Grange Road, St Andrews, Fife. **Plano** E4. 📞 *(01334) 472670.*
Esta excelente posada rural con vistas de la famosa ciudad del golf ofrece
cocina escocesa moderna y tradicional. ● *lu-ma.* ⚡ 🍷

STIRLING: *The River House Restaurant* €€ — AE DC MC V

Castle Business Park, Craigforth, Stirling. 📞 *(01786) 465577.*
Junto a la M9 (salida 10), un restaurante con una ubicación interesante, junto a
un lago. Ambiente moderno y buena cocina. ● *25 dic, 31 dic-1 ene.* ♿ ⚡

STIRLING: *Scholars Stirling Highland Hotel* €€€ — AE DC MC V

Spittal Street, Stirling. **Plano** D4. 📞 *(01786) 475444.*
Situado en el antiguo pueblo de Stirling, al pie de la entrada al castillo, este restaurante
de hotel sirve buena comida escocesa. ● *sá mediodía.* ♿ ⚡ *en todo el establecimiento.*

LAS HIGHLANDS Y LAS ISLAS

ABERDEEN: *Restaurant on the Terrace* €€ — AE DC MC V

Union Terrace, Aberdeen. **Plano** E3. 📞 *(01224) 640233.*
Este hotel tradicional situado en el corazón de la ciudad sirve cocina
europea y platos escoceses más clásicos. ● *mediodía.* ♿ ⚡ *en todo el
establecimiento.* 🍷

ABERDEEN: *The Silver Darling* €€€ — AE DC MC V

Pocra Quay, Footdee, North Pier, Aberdeen. **Plano** E3. 📞 *(01224) 576229.*
Merece la pena buscar este restaurante en la parte norte del puerto de Aberdeen
por sus fantásticos mariscos (que varían según la pesca diaria) y por sus magníficos
postres. ● *sá mediodía, do, 1-3 ene, 25-28 dic.* 🍷

ACHILTIBUIE: *Summer Isles Hotel* €€€€ — MC V

Achiltibuie, cerca de Ullapool, Ross y Cromarty. **Plano** C2. 📞 *(01854) 622282.*
Un restaurante galardonado por Michelin, con una idílica situación con vistas de
las islas Summer. Cenas excepcionales y magníficos almuerzos de marisco.
También sirve cenas en el bar de al lado. ● *mediados oct-Semana Santa.* ⚡ *en
todo el establecimiento.* 🍷

ARCHIESTOWN: *Archiestown Hotel* €€€ — MC V

Archiestown, cerca de Aberlour, Aberdeenshire. **Plano** D2. 📞 *(01340) 810218.*
Al oeste de Craigellachie, en el corazón de la región del whisky
de Speyside, este *bistrot* informal es célebre por su ambiente
cálido y acogedor y por su buena comida escocesa.
● *1 oct-10 feb.* 🍷

	TARJETAS DE CRÉDITO	NIÑOS	MENÚ DE PRECIO FIJO	COMIDA VEGETARIANA	COCINA TRADICIONAL

Precio medio por persona de una comida de tres platos, con media botella de vino de la casa, impuestos y servicio incluidos:

ⓔ menos de 15 libras
ⓔⓔ entre 15 y 25 libras
ⓔⓔⓔ entre 25 y 35 libras
ⓔⓔⓔⓔ entre 35 y 50 libras
ⓔⓔⓔⓔⓔ más de 50 libras.

NIÑOS
Sirve raciones pequeñas (y en ocasiones menús especiales) y cuenta con sillas altas.
MENÚ DE PRECIO FIJO
Ofrece un buen menú de tres platos para el almuerzo y/o la cena.
COMIDA VEGETARIANA
El menú incluye especialidades vegetarianas.
COCINA TRADICIONAL
Varios o todos los platos del menú siguen recetas tradicionales escocesas, con ingredientes frescos de la zona.

AUCHMITHIE: *The But'n'Ben*   ⓔⓔ
Auchmithie, cerca de Arbroath. **Plano E3.** ☎ *(01241) 877223.*
Almuerzos a precios razonables, té con pastas y cenas. ● *do noche, ma, 1-2 ene, 25-26 dic.* ♿ ⚡

MC V	●		●	▓

AVIEMORE: *Corrour House Hotel*   ⓔⓔⓔ
Inverdruie, cerca de Aviemore, Inverness-shire. **Plano D3.** ☎ *(01479) 810220.*
Casa victoriana con magníficas vistas de las Cairngorms. Comida tradicional escocesa en un bello entorno. ● *mediados nov.* ⚡ *en todo el establecimiento.*

MC V	●	▓	●	▓

BALLATER: *Darroch Learg*   ⓔⓔⓔⓔ
Braemar Road, Ballater, Aberdeenshire. **Plano D3.** ☎ *(013397) 55443.*
Local victoriano con vistas de las montañas Cairngorms. Cocina escocesa moderna, elaborada con ingredientes delicados. ● *25, 26 dic, 10 ene-1 feb.* ⚡ *en todo el establecimiento.* ▯

AE DC MC V	●	▓	●	▓

CRINAN: *Lock 16, Crinan Hotel*   ⓔⓔⓔⓔ
Crinan Hotel, Crinan, junto a Lochgilphead, Argyll. **Plano C4.** ☎ *(01546) 830261.*
El restaurante del tercer piso tiene magníficas vistas de Jura y Scarba y un fantástico marisco fresco. Excelente restaurante en la planta baja y buenos almuerzos en el bar. Cafetería en el muelle. ● *do, lu noche, oct-abr.* ♿ ▯ ▯

AE MC V	●	▓		▓

HARRIS (ISLAS OCCIDENTALES): *Scarista House*   ⓔⓔⓔⓔ
Scarista, isla de Harris, islas Occidentales. **Plano B2.** ☎ *(01859) 550238.*
Situación idílica, sobre playas de arena blanca junto a un campo de golf, orientado hacia el oeste. Las vistas son magníficas y la comida excelente. También hay habitaciones. ● *oct-abr.* ⚡ *en todo el establecimiento.* ▯

MC V		▓	●	▓

INVERKIRKAIG: *Achin's Bookshop Tea Room*   ⓔ
Inverkirkaig, cerca de Lochinver, Sutherland. **Plano C1.** ☎ *(01571) 844262.*
Cerca del comienzo de un camino que sube por el río Kirkaig (Suilven), unido a una de las librerías más remotas de Gran Bretaña. ● *noches; oct-Pascua.* ♿ ⚡ *en todo el establecimiento.*

MC V	●		●	▓

INVERNESS: *Café One*   ⓔⓔ
75 Castle Street, Inverness. **Plano D2.** ☎ *(01463) 226200.*
Buenos ingredientes para crear un estilo escocés moderno en este atractivo restaurante ubicado en el centro de la ciudad. ● *do, 1 ene, 25-26 dic.* ⚡ ▯

MC V	●		●	

INVERNESS: *Adam's Dining Room (Culloden House)*   ⓔⓔⓔⓔ
Saliendo de la A96 en Culloden, Inverness. **Plano D2.** ☎ *(01463) 790461.*
Este histórico hotel sirve comida de estilo rural con salsas, gelatinas, sorbetes, *mousses*, carne fresca, caza y platos de pescado. ⚡ *en todo el establecimiento.* ▯

AE DC MC V		▓	●	▓

KIRKTON OF GLENISLA: *Glenisla Hotel*   ⓔⓔ
Kirkton of Glenisla, cerca de Alyth, Perthshire. **Plano D3.** ☎ *(01575) 582223.*
Tranquila posada tradicional con fuego de chimenea, comida abundante y una buena variedad de whiskys. ● *25 dic.* ♿ ⚡ ▯

MC V	●		●	▓

KYLE OF LOCHALSH: *Seagreen Restaurant and Bookshop*   ⓔⓔ
Plockton Road, Kyle of Lochalsh, Highlands. **Plano C2.** ☎ *(01599) 534388.*
El delicioso menú especializado en pescado y marisco se prepara con ingredientes frescos. ● *1 ene, 6 ene-Semana Santa, 25-26 dic.* ⚡ *en todo el establecimiento.* ♿

MC V	●		●	

LAGGAN BRIDGE: *Caoldair Kiln Room Coffee Shop*   ⓔ
Laggan Bridge, cerca de Dalwhinnie, Inverness-shire. **Plano D3.** ☎ *(01528) 544231.*
Deliciosos almuerzos caseros, pasteles y artesanía de calidad. Hay algunas mesas al aire libre. ● *noches; nov-Semana Santa.* ♿ ⚡ *en todo el establecimiento.*

	●		●	

LOCHINVER: *Lochinver Larder*   ⓔⓔⓔ
Main Street, Lochinver, Sutherland. **Plano C1.** ☎ *(01571) 844356.*
Un *bistrot* y cafetería de propiedad familiar con bellas vistas del río Inver y de la bahía de Lochinver. Comida casera económica, con acento en los mariscos. Pan casero para llevar. ● *nov-dic noches, dic-mar.* ♿ ⚡ *en todo el establecimiento.* ▯

MC V	●		●	▓

MULL: *Dovecote Restaurant* ££
Calgary, isla de Mull, Argyll. **Plano** B3. ☎ (01688) 400256.
Cerca de una fabulosa playa de conchas al oeste de Dervaig se halla este palomar
convertido en restaurante. Menú interesante, basado en ingredientes frescos del lugar.
Habitaciones en Calgary Farmhouse. ● nov-Semana Santa. & ⚡ en todo el establecimiento.
MC V

ORKNEY: *The Creel Restaurant* £££
Front Rd, St Margaret's Hope, South Ronaldsay, Orkney. ☎ (01856) 831311.
Acogedor paraíso gastronómico en una parte remota de la isla. Ingredientes autóctonos
frescos; sobre todo marisco. ● ene, feb, 2 semanas mediados oct. & ⚡ en todo el establecimiento.
MC V

PITLOCHRY: *Moulin Hotel* ££
11 Kirkmichael Road, Moulin, Pitlochry, Perthshire. **Plano** D3. ☎ (01796) 472196.
Posada histórica situada a los pies de Ben Vrackie, en la carretera de Pitlochry a
Glenisla. Los fuegos de chimenea y la cálida acogida lo convierten en un escenario
ideal para tomar el té o para almorzar y cenar. & ⚡ en todo el establecimiento. ▯
MC V

PORT APPIN: *The Pier House* £££
Port Appin, Argyll. **Plano** C3. ☎ (01631) 730302.
La situación de este restaurante —en el muelle, orientado hacia Lismore— es
una de las mejores de la costa oeste. Desde la galería acristalada del comedor
hay vistas gloriosas. Magníficos mariscos. ● 25 dic.
MC V

SHETLAND: *Burrastow House* £££
Walls, Shetland. ☎ (01595) 809307.
Casa georgiana emplazada en un lugar remoto y apacible en la costa oeste de la
isla. Excelente comida casera con ingredientes autóctonos. ● dos últimas
semanas de oct. & ⚡ en todo el establecimiento. ▯
AE MC V

SKYE, COLBOST: *The Three Chimneys* £££
Colbost, cerca de Dunvegan, Isla de Skye. **Plano** B2. ☎ (01470) 511258.
Un restaurante galardonado que sirve ingredientes locales muy bien
preparados, para disfrutar de una comida epicúrea en un marco delicioso.
También hay alojamiento. & ⚡ ▯
AE MC V

SKYE, SLEAT: *Kinloch Lodge* ££££
Sleat, isla de Skye. **Plano** B3. ☎ (01471) 833214.
Éste es el hogar del jefe supremo del clan Donald y de su esposa lady Claire, la
célebre cocinera responsable de la maravillosa comida tradicional escocesa que
se sirve en el comedor. ● 23-28 dic. & ⚡ en todo el establecimiento. ▯
AE MC V

STONEHAVEN: *The Tolbooth Restaurant* £££
The Old Pier, The Harbour, Stonehaven, Aberdeen. **Plano** E3. ☎ (01569) 762287.
Este restaurante situado en un histórico edificio remodelado de forma
imaginativa presenta un interesante menú contemporáneo especializado en
mariscos locales. El personal es cortés y encantador. ● mediodía. ▯
MC V

TARBET: *Seafood Café* ££
Tarbet, cerca de Scourie, Sutherland. **Plano** C1. ☎ (01971) 502251.
Ubicado en un remoto asentamiento rural, donde los botes cruzan hasta la
cercana reserva de aves de la isla de Handa. También alquilan alojamiento con
cocina. ● do, sep-Semana Santa.

THURSO: *Forss Country House Hotel* £££
Cerca de Thurso, Caithness, Highlands. **Plano** D1. ☎ (01847) 861201.
Apacible hotel situado en una zona con 20 acres de bosques en las Highlands. Cocina
tradicional elaborada con ingredientes locales. ● 24 dic-4 ene. ⚡ en todo el establecimiento. ▯
AE MC V

TONGUE: *Ben Loyal Hotel* £££
Tongue, Sutherland, Highlands. **Plano** D1. ☎ (01847) 611216.
Un cómodo restaurante de propiedad familiar en la costa norte, con vistas del
mar y del espectacular Ben Loyal. El menú bien equilibrado emplea
ingredientes locales frescos. ● 1-3 ene, 25-26 dic. ⚡
MC V

ULLAPOOL: *Morefield Mariners Restaurant* ££
North Road, Ullapool, Highlands. **Plano** C2. ☎ (01854) 612161.
Restaurante económico especializado en marisco, con excelentes carnes y platos vege-
tarianos. En invierno se sirven comidas en el bar. ● mediados oct-Semana Santa. & ⚡
MC V

ULLAPOOL: *The Ceilidh Place* £££
14 West Argyle Street, Ullapool, Highlands. **Plano** C2. ☎ (01854) 612103.
Este interesante establecimiento con mucho ambiente cuenta con un
restaurante formal, un restaurante-autoservicio, bares, una librería y habitaciones. Menús imaginativos a varios precios. & ⚡ ▯
AE DC MC V

DEPORTES Y ACTIVIDADES AL AIRE LIBRE

PUEDE QUE ESCOCIA no pueda garantizar el buen tiempo o brindar una cultura de playa, pero su popularidad como destino turístico se debe en gran parte a las oportunidades que ofrece para realizar actividades al aire libre. Con los años, la industria turística ha madurado y ha pasado a ocupar un papel importante en la economía escocesa. Los negocios locales se han adaptado para satisfacer a los

Gaitero de las Highlands

visitantes, tanto si desean jugar al golf junto al mar como pescar en el Tweed, observar a las ballenas en la costa oeste en verano, esquiar en las Cairngorms en invierno, comer ostras frescas en un restaurante junto a un lago o indagar en la historia de los antepasados que emigraron hace 200 años. Existen excelentes posibilidades para realizar todo tipo de actividades; en esta sección se indican algunas de las mejores.

Buscando huellas de los antepasados en el registro

INVESTIGACIÓN GENEALÓGICA

A PARTIR DE la época de los infortunados desalojos del siglo XVIII (ver p. 150), los escoceses han ido emigrando a Australia, Canadá, Nueva Zelanda, Suráfrica, Estados Unidos y otras partes del mundo en busca de una vida mejor. Hoy en día, millones de descendientes de aquellos emigrantes pueden buscar las huellas de sus antepasados, una actividad que se ha convertido en una razón popular entre los escoceses para visitar su tierra.

Se puede contratar a genealogistas profesionales o investigar por cuenta propia en el **General Register Office for Scotland,** en la **Scottish Genealogy Society** o en la **Scottish Record Office,** todos ellos situados en Edimburgo.

ESTUDIOS GAÉLICOS

EL NOROESTE DE ESCOCIA es el corazón del gaélico, una lengua celta que se extendió en el siglo IV a.C. desde el

continente europeo hacia Irlanda y más tarde hasta Escocia, donde se convirtió en el idioma nacional. Sin embargo, bajo la dominación inglesa del siglo XVIII, el gaélico, identificado con el sistema de clanes rebelde (ver p. 45), sufrió una marginación y un consecuente declive.

El reciente resurgimiento del idioma —a través de emisiones en gaélico y de su utilización en la enseñanza— tiene como objetivo revivir esta cultura otrora dominante. La Sociedad Oficial Gaélica de Escocia **(An Comunn Gaidhealach)** organiza el Royal Nation Mod, un concurso anual de artes escénicas (ver p. 38). Otras sociedades gaélicas son **Comunn An Luchd Ionnsa-**

chaidh y **Comunn na Gàidhlig. Sabhal Mor Ostaig,** en la isla de Skye, organiza cursillos de gaélico para turistas.

RUTAS GASTRONÓMICAS

ESCOCIA GOZA de una justificada fama de producir excelentes productos alimenticios. En los últimos años ha tenido lugar una explosión de buenos restaurantes en Glasgow y en Edimburgo, que se ha convertido en la segunda mejor del país para comer fuera después de Londres. Una buena forma de probar la cocina escocesa es reservar unas vacaciones con **Connoisseurs Scotland,** que organiza estancias en hoteles rurales famosos por su cocina de alta calidad, como el Crinan Hotel en Argyll o el Gleneagles.

La **Scotch Malt Whisky Society** facilita información a los amantes del whisky. Las visitas que organizan las destilerías (como la de la **Glenfid-**

Destilería de Speyside, donde se asiste al proceso de elaboración del whisky

dich Distillery) constituyen toda una atracción turística *(ver pp. 30-31 y p. 144)*.

La elaboración de la cerveza se explica en la **Caledonian Brewery** de Edimburgo, y una exposición en **Inverawe Smokehouses** (cerca de Taynuilt, en las Highlands) muestra las técnicas para ahumar el salmón.

OBSERVACIÓN DE LA NATURALEZA

COMPARADA CON gran parte del resto de las islas Británicas, Escocia todavía conserva grandes áreas de páramos y montañas, así como una costa larga y prácticamente

Observando cómo una marsopa rompe la tranquila superficie de un lago

Senderistas buscando ciervos y aves de presa en Glen Coe

virgen que acoge a una gran variedad de animales *(ver pp. 16-17)*. En las montañas cercanas a Aviemore, los guardas del **Cairngorm Reindeer Centre** conducen a los visitantes a las montañas para caminar entre los ciervos.

Resultan muy interesantes los viajes en barco para contemplar los delfines y las focas de **Maid of the Forth Cruises**, que opera desde South Queensferry en el Forth, cerca de Edimburgo. Más aventureros resultan los viajes de observación de ballenas que ofrece **Sea Life Cruises** desde la isla de Mull. Con todo, en cualquier paseo por las Highlands se pueden

ver aves de presa, nutrias en los lagos y manadas de ciervos en las laderas de las montañas. Escocia cuenta también con varios refugios para aves; el más importante es el de la isla de Handa, en la costa de Scourie, en el extremo noroccidental *(ver p. 157)*. St Abb's Head *(ver p. 84)*, al este de Edimburgo, y Baron's Haugh, cerca de Motherwell (a las afueras de Glasgow) se hallan más cerca de las ciudades.

Muchas excursiones de naturaleza están organizadas por empresas que operan según la demanda, por lo que conviene comprobar los detalles en las oficinas de turismo locales.

INFORMACIÓN GENERAL

INVESTIGACIÓN GENEALÓGICA

General Register Office for Scotland
New Register House,
3 West Register St,
Edimburgo, EH1 3YT.
(0131) 334 0380.
www.origins.net

Scottish Genealogy Society
15 Victoria Terrace,
Edimburgo, EH1 2JL.
(0131) 220 3677.

Scottish Record Office
General Register House,
2 Princes St,
Edimburgo, EH1 3YY.
(0131) 535 1314.

ESTUDIOS GAÉLICOS

An Comunn Gaidhealach
109 Church St,
Inverness, IV1 1EY.
(01463) 231226.

Comunn An Luchd Ionnsachaidh
62 High St,
Invergordon, IV18 0DH.
(01349) 854848.

Comunn na Gàidhlig
5 Mitchell's Lane,
Inverness, IV2 3HQ.
(01463) 234138.

Sabhal Mor Ostaig
Teangue, Sleat,
Isla de Skye,
IV44 8RQ.
(01471) 844373.

RUTAS GASTRONÓMICAS

Caledonian Brewery
42 Slateford Rd,
Edimburgo, EH11 1PH.
(0131) 337 1286.

Connoisseurs Scotland
54 Manor Place,
Edimburgo, EH3 7EH.
(Contactar sólo por carta.)

Glenfiddich Distillery
Dufftown,
Keith, Banffshire,
AB55 4DH.
(01340) 820373.

Inverawe Smokehouses
Taynuilt,
Argyll, PA35 1HU.
(01866) 822446.

Scotch Malt Whisky Society
The Vaults,
87 Giles St,
Edimburgo, EH6 6BZ.
(0131) 554 3451.
www.smws.co.uk

OBSERVACIÓN DE LA NATURALEZA

Cairngorm Reindeer Centre
Aviemore,
PH22 1QU.
(01479) 861228.

Maid of the Forth Cruises
Hawes Pier,
South Queensferry, EH30.
(0131) 331 4857.

Sea Life Cruises
Tobermory,
Isla de Mull,
PA75 6QA.
(01688) 302787.

Actividades al aire libre

EN LO QUE SE REFIERE a actividades acuáticas, sólo un puñado de lagos interiores y aguas costeras han sido explotados por empresas locales que alquilan barcos, aunque en muchas lagunas se puede navegar en barco privado. De la misma manera, el esquí organizado se reduce a sólo cinco estaciones. De los cientos de campos de golf del país, la mayoría se concentra en el centro y en el sur de Escocia. Este mapa muestra las principales zonas donde practicar las actividades más populares. Encontrará más información sobre deportes en Escocia en las páginas 188-195.

Los escaladores y montañeros (ver p. 192) *se suelen dirigir a Glencoe, las Cairngorms y a las Cuillin Hills, en Skye. La cordillera de Torridon y otras formaciones rocosas más al norte son muy populares.*

Isla de Handa, en la costa noroeste, una de las varias reservas de aves.

Las cinco estaciones de esquí (ver p. 193) *son White Corries (Glencoe), Nevis Range, Cairngorm, Glenshee y Lecht. La temporada de esquí suele ser entre diciembre y abril.*

La West Highland Way –la ruta de senderismo de larga distancia más famosa de Escocia– atraviesa una gran variedad de terrenos.

Culzean Castle

Signos Convencionales

🚣	Deportes acuáticos
⛵	Vela
⛳	Campo de golf
🔭	Observación de aves
🧗	Montañismo
⛷	Esquí
🎣	Pesca
🐴	Equitación
🚶	Senderismo
- -	Ruta de larga distancia

La vela (ver p. 195) *se practica mucho en la costa oeste y en las islas. Las tranquilas aguas de las bahías resguardadas son ideales para principiantes, mientras que el mar abierto puede ser a la vez emocionante y traidor. Tierra adentro, se puede practicar la vela en Loch Ness.*

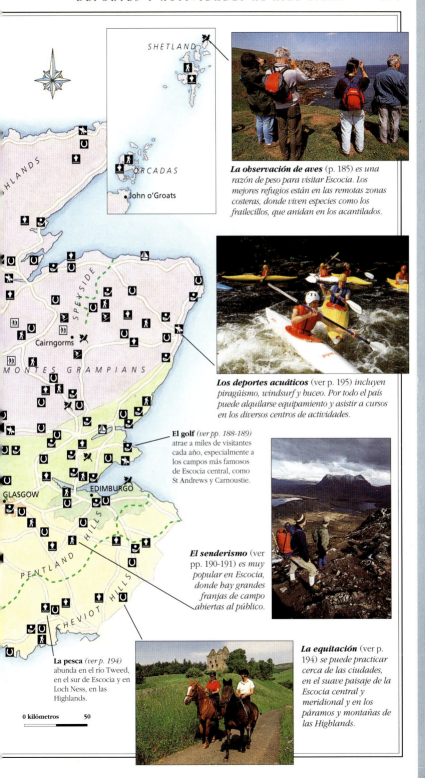

La observación de aves (p. 185) *es una razón de peso para visitar Escocia. Los mejores refugios están en las remotas zonas costeras, donde viven especies como los frailecillos, que anidan en los acantilados.*

Los deportes acuáticos (ver p. 195) *incluyen piragüismo, windsurf y buceo. Por todo el país puede alquilarse equipamiento y asistir a cursos en los diversos centros de actividades.*

El golf *(ver pp. 188-189)* atrae a miles de visitantes cada año, especialmente a los campos más famosos de Escocia central, como St Andrews y Carnoustie.

El senderismo *(ver pp. 190-191) es muy popular en Escocia, donde hay grandes franjas de campo abiertas al público.*

La pesca *(ver p. 194)* abunda en el río Tweed, en el sur de Escocia y en Loch Ness, en las Highlands.

La equitación *(ver p. 194) se puede practicar cerca de las ciudades, en el suave paisaje de la Escocia central y meridional y en los páramos y montañas de las Highlands.*

0 kilómetros   50

Golf en Escocia

Soportes para pelotas de golf

EL ANTIGUO JUEGO DEL GOLF es sinónimo de Escocia, donde se lleva jugando desde hace cientos de años. El que es uno de los deportes más populares del país se practica a todas las edades y niveles. Donde quiera que se aloje, siempre habrá un campo de golf cerca, bien sea un legendario terreno de campeonatos, un campo más pequeño e íntimo, un paraje espectacular o un campo en la costa. Pocos países pueden rivalizar con Escocia en número, calidad y variedad de campos de golf, un deporte que, como creen los escoceses, fue creado para disfrute de todos.

Gleneagles, uno de los campos de golf profesionales de Escocia

HISTORIA DEL GOLF

SE SABE QUE, con distintas variaciones, el golf se jugaba en Europa ya en el siglo XIV, e incluso es posible que en tiempos de los romanos. Sin embargo, fueron los escoceses quienes crearon el juego oficial y quienes lo exportaron al exterior. Fue aquí donde nació la pasión por el golf. A mediados del siglo XVI el juego se había convertido en un pasatiempo popular entre las altas esferas de la sociedad, y el mismo Jacobo VI —igual que María de Escocia— fue un jugador entusiasta.

A finales de la década de 1800 los miembros adinerados de la clase media comenzaron a seguir el ejemplo de la Familia Real pasando sus vacaciones en Escocia. La expansión de las vías del ferrocarril permitía viajar con facilidad hasta la costa; obsesionados por el golf, los ingleses se lo llevaron a casa. En 1744, los Caballeros Golfistas de Leith —dirigidos por Duncan Forbes— redactaron los primeros *Artículos y leyes para jugar al golf*. Aunque más tarde fueron revisadas y actualizadas, estas reglas originales creadas por los profesionales escoceses de la época constituyeron la base del moderno juego del golf.

Duncan Forbes

HERRAMIENTAS DE TRABAJO

PERO LA influencia de Escocia en el golf no iba a terminar ahí. Muchos de los profesionales que jugaban en la época fueron también artesanos carpinteros. Willie Park Senior —maestro creador de palos— ganó el primer Open escocés en 1860, mientras que Old Tom Morris se convirtió en una leyenda tanto por su juego como por su técnica en la fabricación de palos de madera, que antes de la aparición de la maquinaria se hacían totalmente a mano.

También se crearon a mano los primeros hierros, seguidos de los palos con cabeza de aluminio, que apenas difieren de los actuales. La pelota tipo *guttie* fue inventada en 1848 para reemplazar a la más liviana *feathery,* que era más cara y fácil de estropear. La moderna pelota de goma apareció a principios del siglo XX.

CAMPOS DE GOLF

MUCHOS DE LOS campos de golf de Escocia están impregnados de historia y tradición, como los de St Andrews y Carnoustie, donde aún se celebran campeonatos, pero también existen numerosos campos nuevos que ofrecen la misma calidad de juego y variedad de paisaje. Hay campos para todos los bolsillos, cada uno con su carácter particular y a menudo con fantásticas vistas de la costa.

Aunque algunos clubes ofrecen alojamiento, siempre hay hoteles y *bed-and-breakfasts* cerca del campo. En todos los clubes existen carritos para los palos y restaurante. Casi todos son de 18 hoyos y están abiertos al público, pero algunos tienen restricciones (por ejemplo, Royal Troon no permite que las mujeres jueguen en los campos de campeonatos). El listado muestra algunos de los muchos campos que existen; las coordenadas hacen referencia al mapa. En España, la agencia **Hole in One** (902 36 36 72) organiza viajes a Escocia para jugar al golf.

Antiguo cartel del ferrocarril que fomenta la leyenda de St Andrews como paraíso de golfistas

Precio de un recorrido de golf en un día laborable (los fines de semana pueden ser más caros):
£ entre 10-15 libras
££ entre 15-20 libras
£££ entre 20-30 libras
££££ entre 30-45 libras
£££££ más de 45 libras

TARIFA POR RECORRIDO
Se puede pagar por un solo recorrido.

TARIFA POR DÍA
Se puede pagar por un día entero. Los precios señalados representan tarifas diarias sólo si no hay tarifas por recorrido.

RESTRICCIONES
Existen restricciones a la hora de jugar o requisitos especiales para entrar; llamar por teléfono para informarse.

VISTAS DE LA COSTA
El campo está situado en la costa y tiene vistas del mar.

Campo	Precio	TARIFA POR RECORRIDO	TARIFA POR DÍA	RESTRICCIONES	VISTAS DE LA COSTA
ABERDOUR: *Aberdour Golf Club* — Seaside Place, Aberdour, Fife. **Plano** D4. (*(01383) 860256.*	££	●	▦	●	▦
ARBROATH: *Arbroath Artisan Golf Club* — Elliot, cerca de Arbroath, Angus. **Plano** E3. (*(01241) 875837.*	££	●	▦	●	▦
AUCHTERARDER: *Gleneagles Hotel Golf Courses* — The Gleneagles Hotel, Auchterarder, Perthshire. **Plano** D4. (*(01764) 663543.*	£££££	●	▦		
CARNOUSTIE: *Carnoustie Golf Club* — 3 Links Parade, Carnoustie, Angus. **Plano** E4. (*(01241) 852480.*	£££££	●	▦	●	▦
CRAIGSTON: *Cochrane Castle Golf Club* — Craigston, Johnstone, Renfrewshire. **Plano** C4. (*(01505) 320146.*	££	●	▦	●	
CRUDEN BAY: *Cruden Bay Golf Club* — Aulton Road, Cruden Bay, Aberdeenshire. **Plano** E2. (*(01779) 812285.*	££££	●	▦	●	
DORNOCH: *Royal Dornoch Golf Club* — Golf Road, Dornoch, Sutherland. **Plano** D2. (*(01862) 810219.*	£££££	●	▦	●	▦
DUNFERMLINE: *Pitreavie Golf Club* — Queensferry Road, Dunfermline, Fife. **Plano** D4. (*(01383) 722591.*	££	●	▦		
EDIMBURGO: *Merchants of Edinburgh Golf Club* — 10 Craighill Gardens, Edimburgo. **Plano** D4. (*(0131) 447 1219.*	££	●	▦	●	
GLASGOW: *Haggs Castle Golf Club* — 70 Dumbreck Road, Glasgow. **Plano** D4. (*(0141) 427 1157.*	£££	●	▦	●	
KINROSS: *Green Hotel Golf Courses* — Green Hotel, Kinross, Kinross-shire. **Plano** D4. (*(01577) 863407.*	££	●	▦		
KIRKCALDY: *Kirkcaldy Golf Club* — Balwearie Road, Kirkcaldy, Fife. **Plano** D4. (*(01592) 203258.*	££	●	▦		
LAMLASH: *Lamlash Golf Club* — Lamlash, isla de Arran. **Plano** C5. (*(01770) 600196.*	££		▦		
LARGS: *Largs Golf Club* — Irvine Road, Largs, Ayrshire. **Plano** C4. (*(01475) 673594.*	£££	●	▦		
MILLPORT: *Millport Golf Club* — Golf Road, Millport, isla de Cumbrae. **Plano** C4. (*(01475) 530311.*	££	●	▦		▦
NAIRN: *Nairn Golf Club* — Seabank Road, Nairn, Nairnshire. **Plano** D2. (*(01667) 453208.*	£££££	●		●	▦
NEWMACHAR: *Newmachar Golf Club* — Swailend, Newmachar, Aberdeenshire. **Plano** E2. (*(01651) 863002.*	£££	●	▦	●	
ST ANDREWS: *St Andrews Links* — Pilmour Cottage, St Andrews, Fife. **Plano** E4. (*(01334) 466666.*	£££££	●		●	▦
SCONE: *Murrayshall Golf Club* — Murrayshall Hotel & Golf Course, Scone, Perthshire. **Plano** D4. (*(01738) 551171.*	£££	●	▦		
SKEABOST: *Skeabost Golf Club* — Skeabost House Hotel, Skeabost Bridge, isla de Skye. **Plano** B2. (*(01470) 532215.*	£		▦		▦
STONEHAVEN: *Stonehaven Golf Club* — Cowie, Stonehaven, Kincardineshire. **Plano** E3. (*(01569) 762124.*	££		▦		▦
TROON: *Royal Troon Golf Club Old Course* — Craigend Road, Troon, Ayrshire. **Plano** C5. (*(01292) 311555.*	£££££		▦	●	▦

Senderismo

Termo

Escocia es un paraíso para los amantes del senderismo, gracias a su fantástico paisaje y a la variedad del terreno, desde las rocosas montañas hasta los suaves valles fluviales, sin olvidar el magnífico litoral. En los últimos años, los senderos abiertos al público han aumentado. Las oficinas de turismo locales son buenos centros de información donde aconsejan o sugieren rutas. Tanto para dar un paseo de una hora como para pasar un día entero en el camino, Escocia puede satisfacer las necesidades de todos los excursionistas.

Señal de ruta de larga distancia en el valle fluvial de Spey

DERECHOS DE PASO

En Escocia existen zonas públicas de paso por tierras privadas, pero no siempre están bien señalizadas y algunas no aparecen en los mapas de cartografía militar. Los derechos de paso son regentados por las autoridades locales y por la **Scottish Rights of Way Society.** Las guías de viajes locales indican las rutas más fáciles, muchas de las cuales están señalizadas. Si algunos de los pasos no son oficiales, y por lo tanto no aparecen en los mapas, habrán sido negociados con los propietarios. Las guías y los mapas pueden adquirirse en **The Stationery Office** en Edimburgo y en **John Smith and Sons,** en Glasgow.

El acceso en algunas zonas puede estar limitado durante la temporada de caza (de agosto a octubre), pero en muchas tierras del **National Trust for Scotland** el acceso está permitido durante todo el año.

ROPA Y EQUIPAMIENTO

El tiempo en Escocia es imprevisible; las condiciones pueden cambiar muy rápidamente. Esto complica la selección del equipamiento, ya que incluso en verano debe llevarse un impermeable. Si sale a hacer una ruta de un día, lleve pantalones impermeables y una chaqueta o suéter de abrigo. Por razones de comodidad, conviene llevar ropa adaptable y ponerse varias capas delgadas en lugar de una gruesa. Es importante cubrirse la cabeza con una gorra para el sol o un gorro de lana para el frío.

Para cualquier ruta de más de dos horas de duración, lleve consigo algo de comida y bebida. Si va a estar fuera todo el día, lleve alimentos que proporcionen energía.

Es esencial llevar un calzado adecuado para caminar por el campo. Las zapatillas de deporte pueden ser suficiente para carreteras o caminos en buen estado, pero no para terrenos agrestes, donde conviene tener los tobillos bien sujetos. Unas buenas botas de montaña ligeras son ideales para casi todas las estaciones del año.

CAMINOS Y RUTAS

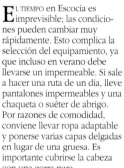
Botas de montaña

En esta sección se indican las rutas para caminar, y en las páginas 192-193 figuran las actividades de montaña; también puede obtener información en el **Mountaineering Council of Scotland.** En los últimos años se han mejorado las redes de caminos, algunas de ellas gracias a la organización nacional **Paths for All Partnership.** Estas redes ofrecen excelentes oportunidades para caminar de manera segura. Algunas de las mejores se hallan en los Borders y alrededor de Galloway, en Perthshire (por Dunkeld y Pitlochry), en Aberdeenshire (por Huntly), en Braemar y en la isla de Bute.

Las autoridades locales y otras agencias han creado nuevos caminos y han publicado guías de senderismo en zonas remotas como Wester Ross, las islas Occidentales, las Orcadas y las Shetland. A algunas de estas rutas se llega en transbordador. La mayoría de ellas tiene un tema histórico o cultural o pasa por un castillo, una cascada o algún otro lugar de interés. Los paseos son por lo

Caminando en verano en Glen Etive

Sobre las nubes en Knoydart, mirando hacia las colinas Cuillin, en Skye

general de 6 a 12 km; en los centros de información turística se pueden obtener más detalles. El **Scottish Tourist Board** publica el folleto *Walk Scotland (Caminar por Escocia),* que describe los caminos que recorren todo el país e indica los festivales de senderismo, que duran hasta una semana y ofrecen una amplia gama de paseos guiados junto con un programa de distracciones nocturnas. El primer festival, celebrado en los Borders, tuvo lugar en 1995; hoy día también se celebran en las Highlands, en Deeside y en Perthshire, y cada año se inauguran más.

Brújula para senderistas

Para obtener información sobre paseos organizados contacte con la **Ramblers Association Scotland.** También existen cientos de kilómetros de caminos forestales y de sendas por el campo. La **Forestry Commission** puede facilitar información general.

Entre las rutas llanas que se están desarrollando están la de la costa de Fife, la de Clyde y la de Speyside, una extensión de Aviemore; todas pueden recorrerse fácilmente en un día.

La primavera y el otoño son las mejores épocas del año para caminar por Escocia; los colores son magníficos y suele haber bastante alojamiento.

RUTAS DE LARGA DISTANCIA

ESCOCIA CUENTA CON relativamente pocas rutas de larga distancia, aunque cada uno puede crear la suya. Las tres rutas "oficiales" son West Highland Way (152 km), desde Glasgow a Fort William; Southern Upland Way (340 km), de Portpatrick a Cockburnspath; y Speyside Way (84 km), de Spey Bay a Tomintoul.

Otras rutas de larga distancia creadas por las autoridades locales son St Cuthbert's Way (100 km), de Melrose a Lindisfarne, y Fife Coastal Path, de Inverkeithing a Crail (hay planes para ampliarla hasta Dundee).

Las tres rutas principales figuran en el mapa de actividades *(ver pp. 186-187).* Para obtener más información, contacte con la **Scottish Natural Heritage** y con las oficinas de turismo locales.

Contemplando el paisaje en las Cairngorms

INFORMACIÓN GENERAL

Forestry Commission
231 Corstorphine Rd, Edimburgo EH12 7AT.
(0131) 314 6322.
www.forestry.gov.uk

John Smith and Sons
57–61 St Vincent Street, Glasgow G2 5TB.
(0141) 221 7472.

Mountaineering Council of Scotland
4a St Catherine's Rd, Perth PH1 5SE.
(01738) 638227.

National Trust for Scotland
5 Charlotte Square, Edimburgo EH2 4DU.
(0131) 226 5922.
www.nts.org.uk

Paths For All Partnership
Inglewood House, Tullibody Rd, Alloa FK10 2HU.
(01259) 218888.

Ramblers Association Scotland
Kingfisher House, Old Mart Business Centre, Milnathort KY13 9DA.
(01577) 861222.

Scottish Tourist Board
23 Ravelston Terrace, Edimburgo EH4 3EU.
(0131) 332 2433.
www.holiday.scotland.net

Scottish Natural Heritage
12 Hope Terrace, Edimburgo EH9 2AS.
(0131) 447 4784.
www.snh.org.uk

Scottish Rights of Way Society
24 Annandale St, Edimburgo EH7 4AN.
(0131) 558 1222.

The Stationery Office
71 Lothian Rd, Edimburgo EH3 9AZ.
(0131) 228 4181.

Actividades de montaña

Mapas detallados

AUNQUE APENAS SOBREPASAN los 1.200 m, las montañas más altas de Escocia constituyen un auténtico desafío para montañeros y escaladores. Célebres en todo el mundo por la belleza de sus formas y por la variedad de sus parajes, las montañas de Escocia inspiran respeto a todos los montañeros, quienes siempre han de contar con la imprevisibilidad del clima. Durante el invierno, las condiciones pueden ser árticas. La satisfacción y el descanso que proporcionan las colinas contrastan con las prisas de la vida moderna.

Cascos y cuerdas de seguridad para la escalada en roca

SEGURIDAD EN LAS MONTAÑAS

LAS MONTAÑAS de Escocia exigen respeto en cualquier época del año; conviene ir debidamente preparado en todo momento. Lleve siempre ropa impermeable y de abrigo, gorro, guantes, comida y bebida. Lleve un mapa y una brújula, y asegúrese de que sabe utilizarlos. Unas buenas botas resultan esenciales. Para practicar montañismo de invierno es imprescindible saber utilizar la picoleta y los crampones. **Glenmore Lodge,** en Aviemore, es un buen centro que ofrece cursos de esquí y montañismo.

MONTAÑISMO

EXISTEN DIVERSAS formas de disfrutar de las montañas. Muchos optan por las colinas altas, denominadas *munros* y *corbetts,* que abarcan desde las lomas redondeadas cubiertas de brezo de las Monadhliath o las Southern Uplands a las montañas inclinadas y rocosas del oeste, con magníficas vistas

del mar. Los riscos estrechos, como el de Aonach Eagach sobre Glencoe y las incomparables Cuillins de Skye constituyen todo un desafío. Con las debidas condiciones la mayoría de las colinas pueden escalarse en un día, pero para subir a los picos más remotos puede resultar necesario acampar durante la noche o alojarse en las sencillas cabañas conocidas como *bothy.*

La escalada de roca y hielo en Escocia cuenta con una historia de más de un siglo de antigüedad. Las principales zonas de escalada —incluyendo Glencoe, las Cairngorms y Skye— han sido terreno de entrenamientos de numerosos escaladores que más tarde han alcanzado fama internacional. Durante todo el año, las enormes laderas de Ben Nevis *(ver p. 135)* ofrecen paredes para todos los niveles. En los últimos años se han abierto nuevas rutas (incluso en el lejano noroeste y en las islas) y se han desarrollado nuevas técnicas —como la escalada de columnas en el mar— que se amplían y se refinan continuamente para poder realizar proezas cada vez más difíciles. La escalada en hielo de las colinas de Escocia es una de las más

difíciles de Europa; sin embargo, en los últimos años ha escaseado el hielo duro necesario para poder realizarla. A pesar de ello, la escalada de invierno sigue siendo muy popular. Las únicas "temporadas cerradas" se dan entre mediados de agosto y finales de octubre, cuando hay restricciones en algunas montañas por la caza del ciervo. La publicación *Heading for the Scottish Hills* del **Mountaineering Council of Scotland** y la Scottish Landowners Federation ofrece mapas y números de teléfono locales para solicitar información. En las direcciones de la página siguiente hay detalles del sistema de mensajes **Hillphones.**

Mochila para las provisiones

'MUNROS' Y 'CORBETTS'

LAS MONTAÑAS de Escocia de más de 900 m suelen denominarse *munros* en honor a sir Hugh Munro, primer presidente del Club de Montañismo Escocés (SMC). En 1891 Munro publicó la primera lista de las montañas que

Escalando en Polldubh, en Glen Nevis

Un magnífico panorama montañero en las Highlands septentrionales

cumplían este criterio; hoy sigue siendo utilizada por el SMC, y las colinas están catalogadas oficialmente como *munros*. Normalmente, el *munro* es la cima principal de una colina; las demás son los *tops*. En la lista —revisada en varias ocasiones— hay actualmente 284 *munros*.

El primer *munroísta* conocido fue el reverendo A.E. Robertson, quien completó en 1901 el recorrido por los *munros* de Meall Dearg sobre Glencoe. Robertson besó el pico antes de besar a su esposa, tal era el entusiamo del primero de muchos *munroístas*.

En los años veinte, J. Rooke Corbett publicó una lista con los picos que medían entre 760 y 915 m, a los que llamó *corbetts*. Su definición es más clara que la de los *munros*, ya que deben ser picos aislados.

Existen 221 *corbetts* en Escocia.

Existe una tercera lista con los picos de 610 a 760 m, llamados *grahams*. Todos los picos de Escocia de más de 610 m han sido catalogados. Las colinas son descritas con sus rutas de ascenso en la guía del SMC *The Munros and the Corbetts, and other Scottish Hills*, en *The Munros Almanac* y en *The Corbetts Almanac*. El tercer grupo aparece en la publicación *The Grahams*.

Esquí

Existen en Escocia cinco estaciones de esquí: **White Corries**, en Glencoe, **Nevis Range** *(ver pp. 135)*, **The Lecht, Cairngorm** *(ver pp. 140-141)* y **Glenshee**. The Lecht tiene los descensos más suaves, mientras que White Corries

posee los más escarpados; estos dos centros son más informales que los demás. Nevis Range, Glenshee y Cairngorm ofrecen buenas instalaciones y pistas para todos los niveles.

Las estaciones de esquí están abiertas por lo general entre diciembre y abril, dependiendo de la cantidad de nieve (que desgraciadamente no siempre es previsible). Los hoteles y las casas de huéspedes de las zonas de esquí ofrecen paquetes de fin de semana y de mitad de semana. También hay escuelas. El mejor consejo es prestar atención al tiempo y aprovechar los momentos en los que caiga nieve.

El esquí de fondo es un deporte popular. Si hay una buena capa de nieve existen muchas zonas para practicarlo, desde las Southern Uplands a las colinas del norte y del oeste, así como cientos de kilómetros de caminos forestales por toda Escocia.

Esquiando en las pistas de Escocia

INFORMACIÓN GENERAL

SEGURIDAD EN LAS MONTAÑAS

Escocia cuenta con una buena red de equipos de rescate de montaña. Para pedir ayuda llame a la policía, al teléfono **999.**

Partes Meteorológicos
Highlands y el noroeste.
C *(0891) 112235.*

Grampians y Cairngorms
C *(0891) 112236.*

Argyll, Perthshire y Southern Uplands
C *(0891) 112237.*

Glenmore Lodge
Aviemore,
Inverness-shire PH22 1QU.
C *(01479) 861256.*
FAX *(01479) 861212.*

Mountaineering Council of Scotland
4a St Catherine's Rd,
Perth PH1 5SE.
C *(01738) 638227.*
FAX *(01738) 442095.*

Hillphones
En algunas zonas existe un servicio telefónico donde un mensaje grabado informa sobre las rutas afectadas por la caza del ciervo, con partes sobre la misma para los días siguientes. El servicio

funciona entre el 1 de agosto y el 20 de octubre. Está organizado por el Mountaineering Council of Scotland, el Natural Heritage y todos los cotos participantes y cubre las siguientes zonas:

Drumochter
C *(01528) 522200.*

Glen Dochart/Glen Lochay
C *(01567) 820886.*

Glen Shee
C *(01250) 885288.*

Grey Corries/Mamores
C *(01855) 831511.*

Norte de Arran
C *(01770) 302363.*

Sur de Glen Shiel
C *(01599) 511425.*

ESTACIONES DE ESQUÍ

www.ski.scotland.net

Cairngorm
Aviemore, Inverness-shire.
C *(01479) 861261.*

Glenshee
Cairnwell, Aberdeenshire.
C *(013397) 41320.*

The Lecht
Strathden, Aberdeenshire.
C *(01975) 651440.*

Nevis Range
Torlundy, Inverness-shire.
C *(01397) 705825.*

White Corries
King's House,
Glencoe, Argyll.
C *(01855) 851226.*

Otras actividades

Anzuelo de pesca

ESCOCIA ESCONDE VARIAS sorpresas para quienes todavía asocian el país con la imagen de un turismo pasado de moda. Mientras que actividades tradicionales como la caza del ciervo o la pesca del salmón siguen progresando, existe también la posibilidad de practicar deportes contemporáneos como el ciclismo de montaña o el surf. Rodeada por el mar del Norte y por el Atlántico, Escocia tiene agua suficiente para practicar vela, windsurf y pesca, mientras que la equitación y el ciclismo resultan excelentes para explorar sus variados e impresionantes paisajes.

Espléndido ejemplar pescado en el río Tweed, en el sur de Escocia

Bicicletas de montaña en Escocia

CICLISMO Y BICICLETAS DE MONTAÑA

UNA DE LAS MEJORES maneras de conocer Escocia es practicando el ciclismo. Los senderos de las Highlands son casi perfectos para las bicicletas de montaña, y muchos de los caminos forestales se hallan abiertos a los ciclistas; para obtener información contacte con el **Forest Enterprise.** También existe una red nacional de carriles-bici; Edimburgo tiene la suya en las antiguas vías del ferrocarril. Para alquilar bicicletas, una de las muchas tiendas es **Edinburgh Central Cycle Hire.** La **Scottish Cyclists Union** facilita información.

El folleto *Cycling in Scotland* puede obtenerse en las oficinas de turismo. Encontrará más detalles sobre recorridos ciclistas por Escocia en **Cyclists Touring Club** y en **Scottish Cycling Holidays.**

PESCA

AUNQUE ESCOCIA se asocia sobre todo con la pesca del salmón, también se suele practicar la pesca marina, la de agua dulce, la deportiva y la de trucha. La **Salmon and Trout Association** facilita información sobre pesca deportiva, cuya temporada va de mediados de febrero a finales de octubre. Para pescar es necesario un permiso; la **Scottish Federation for Coarse Angling** y la **Scottish Federation of Sea Anglers** facilitan la información necesaria. Para obtener información general, contacte con la **Scottish Anglers National Association.**

CAZA

LA TRADICIÓN DE LA CAZA deportiva tiene su origen a mediados del siglo XIX, cuando la reina Victoria y el príncipe Alberto se instalaron en Balmoral (Deeside). Desde entonces se puso de moda entre los aristócratas británicos pasar el otoño en Escocia, dedicados a la caza en grandes terrenos de las Highlands que fueron convertidos en cotos. Escocia ofrece la mejor caza deportiva de Europa; en sus bosques abundan los ciervos y los urogallos, así como las aves que pasan el invierno en los estuarios de los ríos.

Para obtener información sobre licencias de armas y cotos de caza, contacte con la **British Association for Shooting and Conservation.**

EXCURSIONES A CABALLO

EN ESCOCIA EXISTEN más de 60 centros ecuestres donde practicar la equitación a todos los niveles, con excursiones a las Highlands para los jinetes más avanzados. Algunos ofrecen alojamiento, clases y excursiones; otros organizan paseos a caballo por horas. La **Trekking and Riding Society of Scotland** posee la lista completa de todos los centros.

En el sur de Edimburgo, **Pentland Hills Icelandics** ofrece excursiones sobre los raros ponis de Icelandic. En Deeside se encuentra el **Glen Tanar Equestrian Centre.** Si visita las islas Occidentales vaya a **Uig Trekking,** en Skye.

Excursión a caballo por tierras escocesas

VELA

ESCOCIA ES UN terreno repleto de estuarios, islas y lagos marinos, y la mejor forma de explorarlos es en barco. Para hacerlo no es necesario ser un experto marino; algunas compañías ofrecen vacaciones

Barco de vela de madera en el Sound of Sleat, frente a la isla de Skye

supervisadas en el mar para novatos. También se puede alquilar un yate. Centros como el **Port Edgar Marina,** cerca de Edimburgo, o el **Scottish National Watersports Centre,** en Cumbrae (en el Firth of Clyde) ofrecen clases para principiantes, mientras que los marineros más avanzados pueden amarrar sus barcas en lugares de gran belleza en la costa oeste y en las islas.

DEPORTES ACUÁTICOS

UNO DE LOS mejores lugares para practicar surf es la bahía de Pease, en East Lothian, así como algunos puntos de la costa norte, como la bahía de Dunnet (junto a Thurso) y el extremo noroeste de Lewis. La mejor época se da entre septiembre y octubre. El windsurf también tiene muchos adeptos. La **Scottish Windsurfing Association**

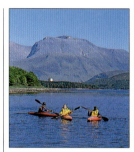

Piragüismo en Loch Eil, a la sombra del magnífico Ben Nevis

ofrece información sobre toda Escocia, aunque el mejor emplazamiento es la remota isla de Tiree, donde se celebra un festival anual de windsurf en octubre.

En los lagos y en las bahías resguardadas se pueden alquilar piraguas y kayacs. El **Scottish Water Ski Centre** le informará sobre dónde practicar esquí acuático.

INFORMACIÓN GENERAL

CICLISMO Y BICICLETAS DE MONTAÑA

Cyclists Touring Club
69 Meadrow, Godalming, Surrey GU7 3HS, Inglaterra.
(01483) 417217.

Edinburgh Central Cycle Hire
13 Lochrin Place, Edimburgo EH3 9QX.
(0131) 228 6333.

Forest Enterprise
21 Church St, Inverness IV1 1EL.
(01463) 232811.

Scottish Cycling Holidays
87 Perth St, Blairgowrie, Perthshire PH10 6DT.
(01250) 876100.

Scottish Cyclists Union
The Velodrome, Meadowbank Sports Centre, 139 London Road, Edimburgo EH7 6AD.
(0131) 652 0187.

PESCA

Salmon y Trout Association
The Lagg, Aberfeldy, Perthshire PH15 2EE.
(01887) 829238.

Scottish Anglers National Association
Caledonia House, South Gyle, Edimburgo EH12 9DQ.
(0131) 339 8808.

Scottish Federation for Coarse Angling
8 Longbraes Gardens, Kirkcaldy, Fife KY2 5YJ.
(01592) 642242.

Scottish Federation of Sea Anglers
Caledonia House, South Gyle, Edimburgo EH12 9DQ.
(0131) 317 7192.

CAZA

British Association for Shooting and Conservation (Scotland)
Trochry, Dunkeld, Perthshire PH8 0DY.
(01350) 723226.

EXCURSIONES A CABALLO

Glen Tanar Equestrian Centre
Glen Tanar Estate, Aboyne, Royal Deeside AB34 5EU.
(01339) 886448.

Pentland Hills Icelandics
Rodgersrigg Farm, Carlops, Midlothian EH26 9NG.
(01968) 661095.

Trekking and Riding Society of Scotland (TRSS)
Boreland, Fearnan, Aberfeldy, Perthshire PH15 2PG.
(01887) 830274.

Uig Trekking
Uig Hotel, Uig, isla de Skye IV51 9YE.
(01470) 542205.

VELA

Port Edgar Marina
South Queensferry, Edimburgo EH30 9SQ.
(0131) 331 3330.

Scottish National Watersports Centre
Cumbrae KA28 0HQ.
(01475) 530757.

DEPORTES ACUÁTICOS

Scottish Water Ski Centre
Town Loch, Townhill, Dunfermline KY12 0HT.
(01383) 620123.

Scottish Windsurfing Association
Caledonia House, South Gyle, Edimburgo EH12 9DQ.
(0131) 317 7388.

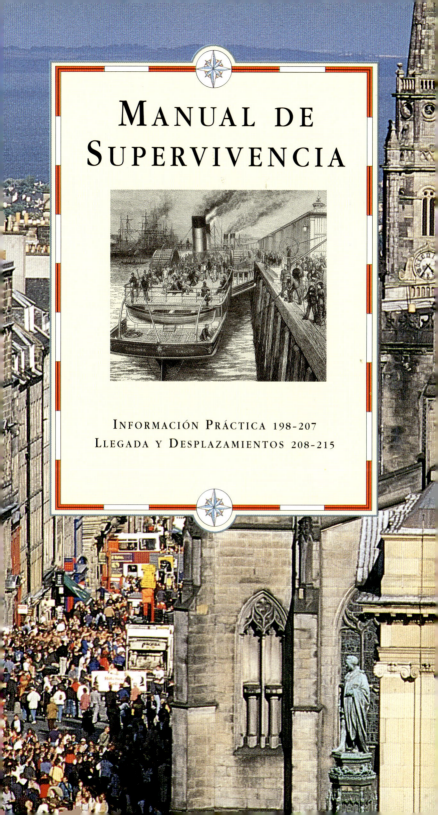

MANUAL DE SUPERVIVENCIA

INFORMACIÓN PRÁCTICA

ARA DISFRUTAR PLENAMENTE de Escocia conviene conocer algunos aspectos de su vida cotidiana. Las instalaciones y los servicios –ya buenos de por sí– siguen mejorando gracias al impulso del Scottish Tourist Board; no hay que olvidar que una parte importante de los ingresos de Escocia proviene del turismo. En este capítulo encontrará consejos sobre las mejores fechas para visitar Escocia, los requisitos para entrar en el país, los centros de

Logotipo del Scottish Tourist Board

información turística existentes, los problemas que puedan surgir y a quién debe dirigirse para solucionarlos. También se facilita información sobre bancos, comunicaciones y medios de transporte públicos o privados, incluyendo los transbordadores hacia las islas. El que la estancia en Escocia resulte barata o cara depende del cambio de divisas; con todo, si viene de Londres a Edimburgo, casi todo le resultará más barato en la capital escocesa.

Centro de información de Callander, en el corazón de las Trossachs

CUÁNDO IR

EL CLIMA DE ESCOCIA ES imprevisible (ver pp. 36-39). El tiempo cambia constantemente, a veces con diferencias muy grandes entre lugares bastante cercanos. Por ello, vaya donde vaya debe llevar siempre algo de ropa de verano y de abrigo; no olvide el paraguas.

Aunque Escocia recibe visitas durante todo el año, muchas atracciones abren sólo de Semana Santa a octubre. En los meses de julio y agosto y en las fiestas oficiales (ver p. 38) hay mucho turismo. En Navidad y Año Nuevo los hoteles suelen estar llenos, especialmente en Edimburgo durante la fiesta callejera de Hogmanay (ver p. 39). En primavera y en otoño el clima

es templado y no hay tanta gente. Sea cual sea la época del año, si piensa hacer una excursión a pie a lugares apartados o a la montaña infórmese sobre las predicciones climáticas. El mal tiempo puede sorprender a senderistas y montañeros; los servicios de rescate de montaña (MRS) suelen estar muy solicitados debido al imprevisible empeoramiento del tiempo. La televisión, la radio, los periódicos y el servicio telefónico del tiempo (ver p. 193) facilitan información meteorológica.

PÓLIZAS DE SEGUROS

ANTES DE COMENZAR el viaje puede resultar práctico contratar un seguro que cubra una posible cancelación o una reducción de la duración del viaje, el robo o pérdida de dinero y pertenencias y posibles gastos médicos (ver p. 202). Los ciudadanos de la Unión Europea, Australia y Nueva Zelanda tienen derecho a la asistencia médica del National Health Service (el sistema de Seguridad Social nacional) en virtud a un acuerdo con el Reino Unido sobre atención sanitaria. Los carnés internacionales de estudiante pueden llegar a cubrir algunos gastos, pero siempre conviene leer atentamente la letra pequeña.

Si va a conducir, es aconsejable contratar un seguro a todo riesgo; también debe llevar el documento de identidad en

Señal de rescate en montaña

regla. Los ciudadanos que no pertenezcan a la Unión Europea necesitan un carné de conducir internacional.

RESERVAS

EN TEMPORADA BAJA no suele haber problemas para reservar alojamiento o transporte sin mucha antelación. En temporada alta, sin embargo, debe hacer la reserva lo antes posible. Antes de viajar, infórmese en la British Tourist Authority (BTA) en España o en cualquier agencia de viajes.

ADUANAS E INMIGRACIÓN

PARA ENTRAR EN el Reino Unido los ciudadanos del de la Unión Europea (UE) sólo necesitan poseer el carné de identidad o el pasaporte en regla. Una vez en el interior del Reino Unido el visitante puede moverse libremente por Inglaterra, Escocia, Gales e Irlanda del Norte sin cruzar más fronteras.

En los aeropuertos y puertos del Reino Unido existen diferentes colas para entrar en el país: una para los ciudadanos de la UE y otras dos para los demás. Escocia pertenece a la UE, lo que significa que todo el que proceda de un país miembro de la Unión puede pasar por el pasillo azul sin someterse a ningún control, excepto los que se realizan

Tourist Information ℹ
Señal de oficina de turismo

◁ **La concurrida Royal Mile de Edimburgo, con el Firth of Forth en la lontananza** esporádicamente en busca de artículos ilegales, especialmente drogas.

Los viajeros que no pertenezcan a países de la UE y que no tengan nada que declarar deben pasar por el pasillo verde; si tienen algo que declarar o en caso de duda sobre las restricciones existentes deben hacerlo por el rojo. En el HM Customs and Excise de Londres hallará información sobre dichas restricciones. Recuerde: no debe pasar por la aduana ningún paquete o maleta de otro pasajero.

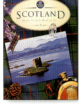

Folleto del STB

INFORMACIÓN TURÍSTICA

ESCOCIA CUENTA con dos oficinas del Scottish Tourist Board (STB), una en Edimburgo y otra en Inverness. Además, cada región cuenta con oficinas propias con información sobre alojamiento, distracciones y lugares turísticos en la zona. La delegación de la **British Tourist Authority (BTA)** en Madrid tiene un apartado especial dedicado a Escocia, con publicaciones en castellano. Solicite el mapa general de Gran Bretaña y el folleto generalista *Escocia, dónde ir, qué ver,* así como las ediciones dedicadas a Edimburgo y Glasgow. Si no vive en Madrid, puede pedirlos por teléfono, fax o carta.

VIAJEROS DISCAPACITADOS

LOS SERVICIOS e instalaciones para discapacitados van mejorando poco a poco; cada vez es mayor el número de edificios que cuentan con acceso para sillas de ruedas. En los encabezamientos de los lugares de interés de esta guía encontrará información al respecto. Los empleados de los ferrocarriles de ScotRail *(ver p. 211),* de los transbordadores y de los autocares prestan asistencia a pasajeros discapacitados si se les avisa con antelación.

Pregunte en su agencia de viajes por la tarjeta *Disabled Persons Railcard,* que da derecho a descuentos en los desplazamientos en tren a lo largo de todo el país.

Algunos operadores especializados como el **Holiday Care Service** ofrecen servicios a visitantes discapacitados; para obtener información llame al (01293) 774535. En **Hertz Rent A Car** cuentan con vehículos especiales sin coste adicional *(ver p. 215).* Si quiere utilizar los aparcamientos para discapacitados debe llevar una pegatina indicativa en el coche.

Para poder obtener información sobre instalaciones y facilidades orientadas a viajeros discapacitados puede contactar con **RADAR** en el teléfono (0171) 250 3222.

INFORMACIÓN GENERAL

OFICINAS DE TURISMO

(0131) 332 2433 (Edimburgo).
www.holiday.scotland.net

(020) 7930 8661 (Londres).

OFICINAS DE TURISMO REGIONALES

Aberdeen y Grampian
(01224) 632727.
www.agtb.org

Angus y Dundee
(01382) 527527.
www.angusanddundee.co.uk

Argyll, las islas, Loch Lomond, Stirling y Trossachs
(01369) 701000.

Ayrshire y Arran
(01292) 288688.
www.ayrshire-arran.com

Dumfries y Galloway
(01387) 245550.
www.galloway.co.uk

Edimburgo y Lothians
(0131) 473 3800.
www.edinburgh.org

Glasgow
(0141) 204 4400.

Highlands
(0990) 143070.
www.host.co.uk

Kingdom of Fife
(01334) 472021.
www.standrews.co.uk

Islas Orcadas
(01856) 872856.
www.orkney.com

Perthshire
(01738) 627958.
www.perthshire.co.uk

Scottish Borders
(01835) 863435.
www.scot-borders.co.uk

Islas Shetland
(01595) 693434.
www.shetland-tourism.co.uk

Islas Occidentales
(01851) 703088.
www.witb.co.uk

BRITISH TOURIST AUTHORITY

Torre de Madrid 6º-5º,
28008 Madrid.
91 541 13 96.
FAX 91 542 81 49.

El puerto de Tobermory, en la isla turística de Mull

Glamis Castle, uno de los castillos con tarifa de admisión

VIAJAR CON NIÑOS

En las fiestas oficiales y durante las vacaciones escolares (mediados de julio-agosto) la oferta para niños es más abundante. Muchos lugares ofrecen actividades infantiles en Navidad, sobre todo pantomimas. Existen precios especiales para niños y familias en transportes, teatros y otras distracciones.

Alójese en hoteles donde los niños sean bien recibidos (ver pp. 164-173) o en apartamentos. Muchos hoteles disponen de canguros o interfonos para bebés, y algunos ofrecen precios reducidos o alojamiento gratuito para los más pequeños.

Los restaurantes están cada vez mejor equipados para los niños: muchos disponen ya de sillas altas y menú infantil (ver pp. 174-183). Los pubs suelen admitir niños si van acompañados de un adulto. La edad legal para beber alcohol es de 18 años.

Exposiciones interactivas en el Museum of Childhood de Edimburgo

ENTRADAS

Las tarifas de admisión a los lugares de interés son muy variadas, desde una cantidad simbólica hasta entradas bastante caras. Suele haber tarifas especiales para grupos, personas mayores, niños y estudiantes. La entrada a la mayoría de iglesias, museos y galerías de arte es gratuita (a no ser que haya alguna exposición especial), pero se aceptan donativos. Algunos lugares son privados, pudiendo estar gestionados con fines comerciales o benéficos.

HORARIOS

Muchas tiendas abren sus puertas también los domingos, especialmente en el centro de las ciudades. De lunes a viernes el horario más extendido es de 9.30 a 17.30 excepto el jueves, que se cierra más tarde. Los museos y las galerías de arte suelen tener un horario reducido los domingos; en Glasgow muchas atracciones cierran los martes. En las fiestas oficiales, en el día de Navidad y en Año Nuevo casi todo está cerrado.

IVA Y DEVOLUCIONES

La mayor parte de los artículos y los servicios (excepto los alimentos, los libros y la ropa infantil) están gravados con un VAT (IVA) del 17,5%. Los no residentes pueden recuperar el IVA al salir del Reino Unido. En caso de artículos defectuosos, se admiten devoluciones siempre que se muestre el comprobante.

ESTUDIANTES

Los estudiantes con el carné ISIC (International Student Identity Card) gozan de descuentos en medios de transporte, instalaciones deportivas y espectáculos. El ISIC se puede conseguir en **STA Travel,** en el **National Union of Students** y también en España, en **Tive** o **Usit-Unlimited.**
Una forma económica de alojarse en zonas céntricas fuera del periodo lectivo son las

Carné internacional de estudiante

residencias universitarias. El carné de alberguista de la **International Youth Hostel Federation** proporciona alojamiento en uno de los numerosos albergues juveniles de Escocia; para ello se debe contactar con la **Scottish Youth Hostels Association.**

Oficina central del National Trust for Scotland, en Edimburgo

NATIONAL TRUST FOR SCOTLAND

Muchos edificios históricos, parques, jardines y extensas zonas de campo y de costa pertenecen al **National Trust for Scotland** (NTS), una organización creada para la conservación del patrimonio. Los precios de admisión son algo superiores; si desea visitar varias propiedades del NTS vale la pena hacerse socio por un año, lo que permite entrar gratis a todas ellas. Sin embargo, hay que tener en cuenta que muchos de estos lugares cierran en invierno.

Puesto de periódicos en Glasgow

PRENSA, RADIO Y TELEVISIÓN

EXISTEN DOS TIPOS de periódicos en Escocia: los serios, de gran formato, como *The Scotsman* de Edimburgo o *The Herald* de Glasgow; y los tabloides, llenos de chismes, como *The Sun* o *The Daily Record*. Las ediciones de fin de semana —como el *Scotland on Sunday*— son más caras que los diarios y llevan suplementos sobre arte, restaurantes, entretenimientos, viajes y críticas.

En las principales estaciones de metro y en algunas grandes librerías de las ciudades se pueden conseguir algunas revistas y periódicos extranjeros. En cualquier cibercafé podrá consultar *El País Digital* (Internet: www.elpais.es).

La BBC —con sus dos canales de televisión— produce algunos de los mejores programas del mundo, sin cortes publicitarios. Sus competidores son ITV, Channel 4 y Channel

Periódicos escoceses

5. La BBC posee algunas emisoras de radio, desde la popular Radio One a Radio Four, dirigida a oyentes de cultura media. Existen también numerosas emisoras escocesas.

ELECTRICIDAD

EN ESCOCIA la corriente eléctrica es de 220 voltios. Los enchufes tienen tres clavijas rectangulares y llevan fusibles de 3,5 y 13 amperios. Si desea utilizar sus propios aparatos eléctricos necesitará un adaptador. Casi todos los cuartos de baño de los hoteles tienen enchufes de dos clavijas.

TABACO Y ALCOHOL

YA SON MUCHOS los lugares públicos en Escocia donde está prohibido fumar, entre ellos transportes públicos, taxis, algunas estaciones de tren, teatros y cines. Los *pubs* son la excepción a esta tendencia antitabaco. Para informarse sobre los lugares donde se permite fumar contacte con la ASH (Action on Smoking and Health) en el (0171) 935 3519. Está prohibido beber alcohol en lugares públicos en la zona de Glasgow y en el valle del Clyde, excepto durante la fiesta de Hogmanay (31 de diciembre).

PESOS Y MEDIDAS

El sistema métrico es el oficial; sin embargo, el británico se sigue utilizando mucho, entre otras cosas para las distancias (en millas). La pinta y el galón británicos tienen un 20% más de capacidad que sus correspondientes estadounidenses.

De inglés a métrico
1 pulgada = 2,5 centímetros
1 pie = 30 centímetros
1 milla = 1,6 kilómetros
1 onza = 28 gramos
1 pinta = 0,6 litros
1 galón = 4,5 litros

De métrico a inglés
1 milímetro = 0,04 pulgadas
1 centímetro = 0,4 pulgadas
1 metro = 3 pies y 3 pulgadas
1 kilómetro = 0,6 millas
1 gramo = 0,04 onzas
1 kilogramo = 2,2 libras

LA HORA

DURANTE EL invierno Escocia se encuentra en el huso horario correspondiente al meridiano de Greenwich (Greenwich Mean Time o GMT). De mediados de marzo a finales de octubre los relojes se adelantan una hora, lo que significa que durante todo el año hay una hora menos que en España. Para obtener información horaria por teléfono marque el 123.

INFORMACIÓN GENERAL

National Trust for Scotland (NTS)
(0131) 226 5922.

ESTUDIANTES

Tive
91 543 74 12 (Madrid).

Usit-Unlimited
902 25 25 75 (reservas).

International Youth Hostel Federation
(01707) 332487.

National Union of Students
(0131) 221 1966.

Scottish Youth Hostels Association
(01786) 891400.

STA Travel
(0131) 226 7747.

EMBAJADA Y CONSULADOS ESPAÑOLES

Embajada de España
39 Chesham Place,
Londres, SW1X 8SB,
(0171) 235 5555.

Consulado en Edimburgo
63 North Castle St.,
Edimburgo, EH2 3LJ,
(0131) 220 1843.

Consulado en Londres
20 Draycott Place,
Londres, SW3 2RZ,
(0171) 581 5921.

Seguridad personal y salud

Cartel de farmacia

E S MUY POCO probable que su estancia se vea afectada por algún incidente violento, pero si se encuentra en dificultades no dude en llamar a la policía. Para cualquier urgencia o asistencia primaria puede confiar en la seguridad social británica, el National Health Service (NHS). Sin embargo, la oficina británica de turismo en España recomienda suscribir un seguro que cubra cualquier contingencia médica. La siguiente información le ayudará a disfrutar de una visita sin incidentes.

ASISTENCIA MÉDICA

S E RECOMIENDA a todos los viajeros –especialmente a los no pertenecientes a la Unión Europea– contratar un seguro médico que cubra cualquier urgencia, repatriación o asistencia especial; la oficina británica de turismo en España se suma a esta recomendación de carácter general. El servicio de urgencias de la seguridad social es gratuito, pero el tratamiento posterior puede resultar muy caro. Los visitantes pertenecientes a países miembros de la Unión Europea deben comprobar antes de emprender el viaje si su seguro cubre la asistencia médica.

Las compañías aseguradoras ofrecen una amplia gama de pólizas que cubren prácticamente todas las contingencias con que se puede topar el viajero. Para ello cuentan con amplias redes informáticas y con equipos telefónicos durante las 24 horas del día en el idioma del asegurado.

Los gastos de dentista están sólo parcialmente cubiertos por la seguridad social. Algunos hospitales disponen de servicio de urgencias dentales.

FARMACIAS

M UCHOS MEDICAMENTOS pueden ser adquiridos sin receta en las farmacias. Boots —con sucursales por toda Escocia— es la cadena más conocida. Sin embargo, otras medicinas sólo pueden adquirirse con receta. Si se van a necesitar medicamentos, lo mejor es llevarlos consigo o pedir al médico habitual el nombre genérico del fármaco. Si tiene derecho a la Seguridad

Farmacia tradicional en Leith, Edimburgo

Social de Escocia sólo tendrá que pagar una parte del precio. En caso contrario, ha de pagar el total del importe; no olvide pedir el recibo de compra para poder reclamar su pago a la compañía de seguros. Algunas farmacias están abiertas hasta medianoche. Las consultas médicas abren por la mañana y durante las primeras horas de la tarde. Las urgencias de los hospitales están de servicio las 24 horas del día.

LOS 'MIDGES'

L AS PICADURAS de *midge,* una clase de mosquito diminuto que se da en Escocia, constituyen una molestia casi inevitable. Amantes de los ambientes húmedos, son más abundantes en los lagos y en la costa. Se reproducen de abril a octubre, y son más virulentos en las primeras y en las últimas horas del día.

Aunque no hay manera de librarse de ellos, puede evitar que le piquen demasiado aplicándose una loción antiinsectos (como *Autan)* y procurando no sentarse en lugares iluminados al atardecer. Si le resultan insoportables, quizá merezca la pena comprar una mosquitera.

DELINCUENCIA Y CONSEJOS PRÁCTICOS

E SCOCIA NO es un lugar peligroso para los visitantes; resulta muy poco probable que su viaje se vea afectado por un incidente violento. De todas maneras, siempre es aconsejable tomar algunas medidas para evitar perder el equipaje o sufrir daños personales. Asegure sus pertenencias antes de viajar y cuide de ellas en todo momento. No las pierda de vista en lugares públicos y guarde o esconda los objetos

Mujer policía **Agente de policía** **Guardia de tráfico**

Coche patrulla de policía con banda amarilla y sirena azul

de valor, especialmente en los lugares con aglomeraciones. En el cine y en el teatro no conviene dejar el bolso en el suelo. No lleve demasiado dinero en metálico ni joyas; déjelos a salvo en el hotel. Los carteristas suelen frecuentar lugares concurridos como mercados, grandes tiendas o los transportes públicos en horas punta.

La manera más segura de llevar sumas importantes de dinero son los cheques de viaje (ver p. 205). También puede sacar pequeñas cantidades de dinero de los cajeros automáticos. Si viaja solo de noche, evite los edificios solitarios y poco iluminados, las calles poco frecuentadas y los aparcamientos.

MUJERES QUE VIAJAN SOLAS

EN ESCOCIA es normal que las mujeres viajen solas. Aunque no es especialmente peligroso, es aconsejable tomar algunas precauciones. Tenga cuidado en los lugares desiertos, sobre todo de noche. Evite utilizar el transporte público si sólo viaja otro pasajero o un grupo de jóvenes. Es mejor coger un taxi con licencia (ver p. 215) que caminar por una zona despoblada de noche, sobre todo si no la conoce. Está prohibido llevar consigo armas como cuchillos, pistolas, porras o cartuchos de gas, ni siquiera para autodefensa, pero están permitidas las alarmas personales.

POLICÍA

EL 'BOBBY', el ya tradicional policía británico con casco, cortés y servicial, sigue

Ambulancia

Coche de bomberos

realizando la ronda a pie en las zonas rurales y en el centro de las ciudades. Sin embargo, resultan más comunes los coches patrulla, distinguibles por la sirena y por las luces intermitentes. A diferencia de otros países, la policía no lleva armas. Si se pierde, pregunte a un agente; los guardias de tráfico le ayudarán con las direcciones.

En caso de emergencia, el número 999 (en servicio durante las 24 horas) le pondrá en contacto con la policía, los bomberos o la ambulancia. Puede llamar gratuitamente desde cualquier teléfono, pero sólo debe hacerlo en caso de verdadera emergencia. En las zonas costeras este número le pone también en contacto con la Royal National Lifeboat Institution (RNLI), el servicio británico de guardacostas voluntarios.

Logotipo de la Royal National Lifeboat Institution

OBJETOS PERDIDOS

SI TIENE la mala suerte de perder algo o de que le roben, diríjase a la comisaría de

policía más cercana y solicite un comprobante si quiere reclamar a su compañía de seguros. Las principales estaciones de tren y de autobús disponen de oficina de objetos perdidos. Casi todos los hoteles declinan cualquier responsabilidad sobre objetos que no hayan sido depositados en la caja fuerte.

Se aconseja hacer fotocopias de los principales documentos, del pasaporte y de la documentación de viaje. Si pierde el pasaporte, contacte con su embajada o consulado en Edimburgo o en Londres (ver p. 201).

Bancos y moneda

LOS GRANDES BANCOS suelen ofrecer los mejores tipos de cambio de divisas. Si tiene que utilizar cualquiera de las numerosas agencias de cambio privadas de los aeropuertos, estaciones de metro y zonas turísticas, compruebe la comisión y las cantidades cobradas antes de llevar a cabo la transacción. Los medios más seguros para llevar moneda propia son los cheques de viaje y las tarjetas de crédito.

Banco con servicio de cambio de divisas

AGENCIAS DE CAMBIO

AUNQUE LAS agencias de cambio suelen estar mejor situadas que los bancos y sus horarios son por lo general más amplios, los tipos de cambio que ofrecen sufren muchas variaciones y la comisiones suelen ser muy elevadas.

Exchange International, Thomas Cook y **American Express** son algunas de las agencias de cambio más prestigiosas. Exchange International sólo posee una sucursal en la estación de tren de Edimburgo; las otras dos tienen sucursales por toda Escocia.

BANCOS

LOS BANCOS suelen ofrecer mejores condiciones en el cambio de divisas. Todos los pueblos y ciudades importantes de Escocia tienen al menos una sucursal de uno de los siguientes bancos: Bank of Scotland, Royal Bank of Scotland, TSB Scotland, Girobank y Clydesdale.

La mayoría de los bancos disponen de cajeros automáticos en los que se puede sacar dinero con una tarjeta de crédito y un número de identificación personal (PIN). Algunos tienen instrucciones

claras en varios idiomas. Debe comprobar que su tarjeta de crédito es compatible con el cajero que utiliza; si no lo es pueden rechazarla o cobrarle una comisión.

También se puede obtener dinero llamando a su banco y pidiendo que envíe dinero al banco escocés más cercano. Los viajeros españoles también pueden obtener dinero en unos siete días gracias al servicio Eurogiro de Correos. En caso de urgencia, puede pedir fondos desde España a través de **Western Union.** El envío al banco u oficina de correos de Escocia se completa en apenas un cuarto de hora. Los horarios de los bancos pueden variar, pero el más común es de 9.30 a 15.30, de lunes a viernes.

TARJETAS DE CRÉDITO

EL USO de tarjetas de crédito está muy extendido, aunque algunas tiendas pequeñas, casas de huéspedes y cafés pueden no aceptarlas. La tarjeta VISA es la más utilizada, pero también se aceptan Mastercard, Access, Diners Club y American Express. Se puede sacar dinero con una tarjeta de crédito en cualquier banco que muestre el anagrama correspondiente.

EUROCHEQUES

LOS EUROCHEQUES pueden ser expedidos por una cantidad exacta de dinero y garantizados con una tarjeta Eurocheque. En el caso de que la cantidad sea superior al límite garantizado, existe la posibilidad de expedir más Eurocheques.

Bancos escoceses

Casi todos los principales bancos británicos, y especialmente los escoceses (Royal Bank of Scotland, Bank of Scotland y Clydesdale) poseen sucursales en la mayoría de los pueblos y ciudades. Casi todos ofrecen servicios de cambio de divisas, para lo que se solicita un documento de identificación. La comisión puede variar.

Logotipo del Royal Bank of Scotland

Logotipo del Clydesdale Bank

Logotipo del Bank of Scotland

Logotipo del National Westminster

MONEDA Y CHEQUES DE VIAJE

L A MONEDA BRITÁNICA es la libra esterlina (£), que se divide en 100 peniques (p). Aunque el Reino Unido renunció a integrarse en el primer grupo de países de la zona euro, no se descarta un futuro acceso, previo referéndum. Escocia emite sus propios billetes de banco, de curso legal en todo el Reino Unido (excepto el de una libra), aunque no siempre son aceptados en Inglaterra y Gales. Los billetes del Bank of England and Northern Ireland se pueden utilizar en Escocia. Los cheques de viaje son la forma más segura de llevar sumas importantes de dinero. Es aconsejable guardar los recibos separados de los cheques de viaje para poder cobrarlos en caso de robo o extravío. Algunos bancos facilitan cheques de viaje sin comisión, pero el tipo normal es del 1%. Es conveniente pedir cambio suficiente.

Billetes de 100 libras

Billetes
Existen billetes de 1, 5, 10, 20, 50 y 100 libras esterlinas. Los billetes pequeños suelen ser mejor aceptados que los grandes. Aunque Escocia posee un billete de 1 libra, la moneda inglesa de 1 libra y todos los billetes del Bank of England son de curso legal.

Billete de 10 libras

Billete de 20 libras

Billete de 1 libra

Billete de 5 libras

Monedas
Las monedas en circulación son de 1 y 2 libras y de 1, 2, 5, 10, 20 y 50 peniques. Todas estas monedas son comunes en todo el Reino Unido.

2 libras

1 libra

50 peniques

20 peniques

10 peniques

5 peniques

2 peniques

1 penique

Uso del teléfono

Cabina moderna de BT

Eﬁcaz. En las ciudades existen numerosos teléfonos públicos. Aunque son menos abundantes, en las zonas rurales se hallan estratégicamente situados en las paradas de autobuses y en las aldeas. Casi todos los edificios públicos y *pubs* disponen de teléfono de pago. British Telecom (BT) y otras compañías telefónicas ofrecen tarjetas económicas con un número de identificación personal (PIN); se pueden adquirir en puestos de prensa.

EL SERVICIO TELEFÓNICO en Escocia es barato y

GUÍAS DE TELÉFONOS

EN LAS Páginas Amarillas (Yellow Pages) figuran ordenados por categorías los negocios y servicios de una zona determinada. También existen guías como *The Thomson Local*, donde aparecen los números de teléfono particulares y comerciales locales. Ambas se hallan en casi todos los hoteles, oficinas de correos y bibliotecas. **Talking Pages** es un servicio telefónico de la BT que proporciona el número de cualquier tienda o servicio de la zona.

Logotipo de Yellow Pages   **Logotipo de Talking Pages**

TARIFAS

EL COSTE de una llamada depende de la hora, el lugar y la duración. Las tarifas más económicas se aplican de 18.00 a 8.00 de lunes a viernes y durante todo el fin de semana.

TELÉFONOS ÚTILES

BT y Cable & Wireless cuentan con varios servicios de conexión e información telefónica.

Emergencias
999.
Policía, bomberos, ambulancia, guardacostas y rescate de montaña.

Información
192.
Gratuito desde teléfonos públicos.

Información internacional
153.

Operador internacional
155.

Llamadas por operador
100.

Llamadas internacionales
00 y el prefijo de España 34. *Para otros países: Argentina 54, Chile 56, Colombia 57, México 52, Perú 51, Venezuela 58.*

Talking Pages
(0800) 600900.

USO DEL TELÉFONO DE TARJETA

USO DEL TELÉFONO DE MONEDAS

1 Levante el auricular y espere el tono marcar.

2 Inserte la tarjeta con el dibujo hacia arriba.

3 El visor indica cuántas unidades quedan. El cargo mínimo es una unidad.

4 Algunos teléfonos aceptan tarjeta de crédito; insértela horizontalmente, con la flecha (si la hay) por delante.

5 Marque el número y espere la conexión.

6 Cuando se agote el crédito de la tarjeta oirá un pitido. Para continuar hablando, pulse el botón para sacar la tarjeta e introduzca una nueva.

7 Si desea hacer otra llamada, no cuelgue y apriete el botón para continuar la comunicación.

Tarjeta de teléfono BT y logotipo de las tiendas donde se vende

1 Levante el auricular y espere el tono para marcar.

2 Introduzca las monedas. Se aceptan monedas de 10, 20 y 50 peniques y de 1 libra.

3 Marque el número y aguarde la conexión.

4 La pantalla indica el dinero introducido y el crédito que queda. Un pitido indica que hay que introducir más monedas para poder seguir hablando.

5 Si quiere realizar otra llamada, no cuelgue y apriete el botón para continuar la comunicación.

6 Cuando termine de hablar, cuelgue el auricular. Los teléfonos de monedas no devuelven cambio, por lo que conviene usar monedas de 10 o 20 peniques para llamadas de corta distancia.

Enviar una carta

Cartel de correos

ADEMÁS DE LAS OFICINAS de correos, que ofrecen todos los servicios existentes, existen pequeñas oficinas en puestos de prensa, tiendas de alimentación y centros de información, sobre todo en zonas aisladas y en pueblos muy pequeños, donde la oficina de correos es a veces también la única tienda. El horario suele ser de 9.00 a 17.30 de lunes a viernes y hasta las 12.30 los sábados. Los buzones de correos —siempre de color rojo— se encuentran repartidos por todas las ciudades, pueblos y aldeas de Escocia.

Oficina de correos rural

SERVICIOS POSTALES

LOS SELLOS postales se pueden adquirir en muchos establecimientos, incluso en supermercados y gasolineras. Los hoteles suelen tener un buzón en recepción. Para escribir a Escocia se debe poner el código postal; las cartas y las postales dentro del Reino

Correo aéreo de 1ª clase

Sello de 2ª clase   Sello de 1ª clase

Sellos con personajes de cuentos infantiles

Unido pueden llevar un franqueo de primera o de segunda clase. El correo de primera clase es más caro, pero puede tardar sólo un día (sin contar el domingo); el de segunda clase suele tardar uno o dos días más.

LISTA DE CORREOS

LAS OFICINAS postales de las grandes ciudades disponen de una lista de correos donde se pueden enviar las cartas para que sean recogidas por su destinatario en el plazo de un mes. En la dirección debe constar claramente el apellido, y la carta ha de estar dirigida a la *Poste Restante* (lista de correos) de la oficina postal. Para recoger su correo, el destinatario debe llevar el pasaporte u otro documento acreditativo. La oficina postal con lista de correos más céntrica de Edimburgo es la de St James Centre, EH1, cerca de la estación central de autobuses.

BUZONES DE CORREOS

YA TENGAN forma de torre o se encuentren empotrados en la pared, todos los buzones son de color rojo brillante. Algunos tienen dos ranuras, una para el correo de primera clase y al extranjero, y otra para el de segunda clase. Las iniciales de los buzones más antiguos son las del monarca de la época.

Las cartas se recogen varias veces al día de lunes a viernes, con menos frecuencia los sábados y raramente durante los domingos y las fiestas oficiales. El horario de recogida está indicado en el buzón.

Buzón de correos empotrado en un muro de piedra

ENVÍOS AL EXTRANJERO

EL CORREO europeo es transportado vía aérea, mientras que las cartas y los paquetes dirigidos fuera de Europa pueden ir por tierra o por mar; su precio depende del peso.

El correo aéreo es siempre de primera clase, y el precio no varía sea cual sea su destino. Suele tardar de tres a cuatro días para las ciudades españolas y entre cuatro y siete días para otros destinos. Correos también ofrece en casi todas las oficinas principales un servicio de entrega urgente llamado **Parcelforce International,** con precios comparables a los de muchas empresas privadas como **DHL, Crossflight** o **Expressair.**

Buzón de correos

Crossflight
(01753) 776000.

DHL
(0345) 100300.

Expressair
(020) 8897 6568.

Parcelforce International
(0800) 224466.

CORREO ELECTRÓNICO

CON INTERNET, el correo electrónico se ha convertido en un medio de comunicación barato y popular. Muchas ciudades escocesas cuentan con cafés para internautas.

LLEGADA Y DESPLAZAMIENTOS

AL SER EL Reino Unido un importante eje de comunicaciones, viajar a Escocia no entraña ningún problema. Hay vuelos desde España a Edimburgo con una escala, generalmente en Londres. A la capital británica también se puede viajar en autocar o en el tren Eurostar desde París, a través del Eurotúnel. Viajar a lo largo y ancho de Escocia es bastante sencillo; hay vuelos nacionales entre las ciudades y a las islas,

Avión de British Airways en pleno vuelo

punto de destino también de los transbordadores. En las zonas urbanas existe una red de carreteras muy extensa; alquilar un coche puede ser la mejor manera de viajar, sobre todo por la posibilidad de conducir con el volante a la derecha. Aunque el servicio ferroviario entre ciudades escocesas no es muy amplio, existen trenes en varias partes del país. La forma más económica de viajar es en autocar.

Facturación en el aeropuerto de Glasgow

VUELOS INTERNACIONALES

LOS PRINCIPALES aeropuertos de Escocia se encuentran en Edimburgo y en Glasgow. También hay aeropuertos internacionales en Dundee, Prestwick, Aberdeen, Inverness y Sumburgh, en las Shetland.

Los vuelos desde España a Escocia exigen realizar una escala en Londres o en Birmingham. **Iberia** y **British Airways** mantienen una suerte de puente aéreo a Londres desde Madrid y

Barcelona. **Spanair** y **Air Europa** tienen varios vuelos semanales a Londres desde Madrid. Por último, **Easyjet, GO** y **Debonair** operan conexiones a la capital británica desde varias ciudades españolas.

El vuelo directo y sin escalas entre Madrid y Londres dura 2 horas y 50 minutos; desde Barcelona, unas 2 horas y 35 minutos.

Una alternativa económica estriba en volar hasta Londres y desde allí reservar plaza en un vuelo económico a Escocia, cuyo billete de ida puede costar sólo 29 libras.

Los aeropuertos de Glasgow, Edimburgo, Aberdeen y Prestwick disponen de instalaciones modernas, servicios de banco durante 24 horas, tiendas, cafés, hoteles y restaurantes. En el de Edimburgo se están llevando a cabo importantes mejoras, por lo que puede haber algunas molestias hasta que finalicen las obras, a lo largo del año 2000.

go™

Logotipo del vuelo económico de British Airways

VIAJAR POR EL REINO UNIDO DESDE ESCOCIA

DESDE ESCOCIA se puede volar al resto del Reino Unido desde todos los aeropuertos internacionales importantes. British Airways tiene vuelos rápidos hasta el aeropuerto londinense de Heathrow. **Easyjet, Ryanair** y **KLM UK** conectan Escocia con los aeropuertos ingleses de Luton, Stansted y London City. También hay vuelos directos a otras ciudades —entre ellas

Pasajeros en la terminal de llegadas internacionales

AEROPUERTO	INFORMACIÓN	DISTANCIA AL CENTRO	PRECIO DEL TAXI AL CENTRO	TRANSPORTE PÚBLICO AL CENTRO
Aberdeen	(01224) 722331	11 km	10–12 libras	Autobús: 30 min Taxi: 20 min
Edimburgo	(0131) 333 1000	13 km	12–15 libras	Autobús: 25 min Taxi: 20 min
Glasgow	(0141) 887 1111	13 km	12–15 libras	Autobús: 25 min Taxi: 20 min
Prestwick	(01292) 479822	47 km	30–40 libras	Tren: 45 min Taxi: 40 min

La elegante y moderna terminal del aeropuerto de Glasgow

Manchester, Newcastle upon Tyne, Leeds, Birmingham, Belfast y Cardiff—, pero a veces su precio no compensa el tiempo ahorrado.

↑ Domestic departures
International departures
ℹ Airport information
Toilets

Señal indicativa en el interior de un aeropuerto

← ⊘ HM Customs enquiries

Departamento de información de la aduana

VIAJAR EN AVIÓN POR ESCOCIA

AUNQUE debido al tamaño de Escocia suelen resultar muy cortos, los vuelos interiores son muy caros comparados con medios de transporte como el tren, el autocar o el coche. Las conexiones entre las Highlands y la Escocia central son buenas, al igual que los viajes desde tierra firme hasta las islas de Escocia. Las filiales de British Airways **British Regional Airlines** y **Loganair** ofrecen vuelos regulares desde las principales ciudades hasta las islas Occidentales, las Orcadas y las Shetland.

TRANSPORTE DESDE EL AEROPUERTO

LOS PRINCIPALES aeropuertos de Escocia se encuentran localizados en los alrededores de Glasgow, Edimburgo y Aberdeen. Por lo general, todos tienen buenas conexiones al centro. Aunque resulta bastante caro, el servicio puerta a puerta que ofrece el taxi es lo más práctico. Los autobuses y autocares al centro son más baratos, pero suelen ir muy lentos en las horas punta y en las aglomeraciones; lo mismo ocurre con los taxis. **National Express** y **Scottish Citylink** (ver p. 211) operan autocares directos desde los principales aeropuertos.

Prestwick tiene su propio servicio de tren, y desde el aeropuerto de Glasgow sale un autocar al centro cada media hora.

TARIFAS

LOS VUELOS son más caros de junio a septiembre y más baratos entre noviembre y abril, exceptuando las Navidades. Si se desea viajar en estos meses, conviene reservar con antelación.

Las tarifas de Apex (Advance Purchase Excursion) son las más ventajosas, pero están sujetas a restricciones en los días de ida y vuelta y en las devoluciones y hay que reservar con un mes de antelación. Los vuelos chárter son aún más baratos, pero ofrecen menos flexibilidad.

También puede informarse sobre las frecuentes promociones llamando directamente a las compañías aéreas. Los operadores de paquetes (vuelo y hotel) que se anuncian en periódicos y revistas de viajes ofrecen en ocasiones ofertas

Oficina de alquiler de coches en el aeropuerto de Glasgow

ventajosas. Los estudiantes menores de 26 años y las personas mayores pueden optar a un descuento; el billete para niños y bebés siempre es más barato.

Si va a adquirir un billete con descuento, hágalo siempre con un operador fiable y confirme su plaza con la compañía aérea. Los paquetes pueden resultar baratos incluso para los que prefieran viajar por su cuenta. Las compañías aéreas y los operadores pueden conseguir alguna solución que se ajuste a sus deseos, a veces con alquiler de coche y billete de tren incluido, lo que suele resultar más barato que buscar el transporte por su cuenta al llegar. Los viajeros que vuelen desde aeropuertos británicos deben pagar un pequeño impuesto de salida.

INFORMACIÓN GENERAL

COMPAÑÍAS AÉREAS

Iberia
📞 902 400 500 (España).
📞 (0171) 830 00 11 (Reino Unido).

British Airways
📞 902 111 333 (España).
📞 (0345) 222111 (Reino Unido).

Air Europa
📞 902 401 501 (España).

Debonair
📞 902 14 62 00 (España).

EasyJet
📞 902 29 99 92 (España).

GO
📞 901 333 500 (España).

Spanair
📞 902 13 14 15 (España).

Air France
📞 (0181) 742 6600.

British Midland
📞 (0345) 554554.

British Regional Airlines
📞 (01624) 826000.

KLM UK
📞 (0990) 074074.

Loganair
📞 (0141) 848 7594.

Ryanair
📞 (0541) 569569.

Viajar en tren y en autocar

Scotrail es una red privatizada de trenes que cubre casi todo el país con seguridad y eficacia. Un servicio rápido une Edimburgo y Glasgow en media hora y parte de estas ciudades hacia muchos lugares de Escocia y gran parte de Inglaterra. El viaje a Londres tarda unas cuatro horas desde Edimburgo y unas cinco desde Glasgow. Aunque son más lentos que el tren, los autocares de Escocia ofrecen un buen servicio. Ambos medios de transporte están muy solicitados durante los fines de semana, por lo que conviene reservar con bastante antelación.

El *Flying Scotsman*, uno de los numerosos trenes rápidos InterCity

ALGUNOS CONSEJOS

Los trenes más rápidos y cómodos son los InterCity, que efectúan pocas paradas y suelen ir completos. Es aconsejable reservar con antelación, sobre todo si viaja durante la tarde del viernes o del domingo.

El trayecto desde Edimburgo hasta Glasgow dura unos 50 minutos. Durante el domingo y las fiestas oficiales los trenes son menos numerosos. Resulta difícil encontrar mozos en las estaciones británicas, pero por lo general suele haber carritos disponibles. Si tiene alguna discapacidad y necesita ayuda, informe a la compañía ferroviaria antes de emprender el viaje.

El nuevo *Virgin Superfast* en la estación de Waverley, en Edimburgo

BILLETES DE TREN

En cualquier punto de venta de Renfe se pueden comprar los billetes de trenes británicos de largo recorrido. No compre su billete sin informarse antes sobre las ofertas especiales y las tarifas económicas. Existen cuatro tipos de tarifas reducidas para adultos. Los billetes de Apex y SuperApex tienen validez en algunos trenes InterCity. Los primeros deben adquirirse con 14 días de antelación; los segundos con una semana como mínimo. Los Savers sirven para los fines de semana y para la mayoría de los trenes que no salen en hora punta de lunes a viernes. Los SuperApex no se pueden emplear los viernes ni en horas punta en los trenes hacia, desde o por Londres.

El billete de ida y vuelta resulta más barato que dos individuales.

ABONOS DE TREN

Si se va a utilizar mucho el tren conviene adquirir un abono. Puede encontrarlos en agencias como **Rail Europe,** que cuenta con oficinas en Madrid.

Existen distintos tipos de abonos. El Freedom of Scotland permite viajar por Escocia du-

rante un periodo determinado. Con el Highland Rover se puede acceder a las líneas de las Highlands occidentales y de Inverness-Kyle. La tarjeta Festival Cities Rover sirve para viajar desde Queen Street (en Glasgow) hasta Edimburgo durante tres días a lo largo del festival de agosto. Los abonos también se pueden emplear en algunos autocares y transbordadores y en el metro de Glasgow (*ver p.* 96).

Los jóvenes de 16 a 25 años con la tarjeta Young Person's Railcard pagan dos tercios del viaje. Las tarjetas Senior Railcard (para personas mayores) y Disabled Railcard (para discapacitados) descuentan un tercio del billete. Los niños de 5 a 15 años pagan aún menos; también hay precios reducidos para familias.

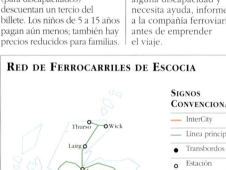

Folleto del tren de vapor

RED DE FERROCARRILES DE ESCOCIA

SIGNOS CONVENCIONALES

──	InterCity
──	Línea principal
●	Transbordos
○	Estación

Thurso
Wick
Lairg
Kyle of Lochalsh
Mallaig
Inverness
Inverurie
Aberdeen
Fort William
Rannoch
Carnoustie
Oban
Perth
Dundee
Stirling
Edimburgo
Glasgow
Dunbar
Kilmarnock
Troon
Dumfries
Stranraer
Newcastle
Carlisle
Durham

TRENES TURÍSTICOS

Cuando a mediados del siglo XX el transporte por carretera sustituyó al tren en las zonas rurales se recuperaron muchos tramos pintorescos que hoy pueden ser recorridos en viejos trenes de vapor remodelados. Las oficinas de turismo y los puntos de venta de billetes de tren facilitan información sobre recorridos y tarifas. Entre estas líneas turísticas destacan el Jacobite Steam Train, que va desde Fort William a Mallaig atravesando un espectacular viaducto en Glenfinnan, y el Strathspey Steam Railway, desde Aviemore a Boat of Garten.

El Jacobite Steam Train en su pintoresco recorrido hacia Mallaig

AUTOCARES INTERNACIONALES

Aunque viajar en autocar resulta más barato si se compara con otros medios de transporte, no es ésta la manera más cómoda de cruzar Europa. Sin embargo, puede ser una solución muy práctica para aquéllos que viajan sin prisas y que desean ir haciendo paradas. El billete suele cubrir todas las partes del recorrido, incluido el transbordador o el Eurotúnel.

RED NACIONAL DE AUTOBUSES

Las dos grandes empresas de autocares escocesas son **Scottish Citylink** y **National Express,** que sólo viaja a las principales ciudades y a otros puntos de Gran Bretaña. Para asegurar una plaza contacte en España con **Julià Vía Eurolines.**

Los estudiantes y menores de 25 años obtienen descuentos con un abono de autocar. Los mayores de 50 años y los niños entre 5 y 15 años también pueden optar a descuentos; los menores de 5 años no pagan.

El Tourist Trail es ideal para los que deseen viajar durante un periodo determinado de tiempo; este abono permite acceder a todos los autocares de National Express en Escocia y en el resto de Gran Bretaña. El abono se puede adquirir en las oficinas de viajes en autocar, en los aeropuertos británicos y en las estaciones de autobuses de Buchanan (Glasgow) y St Andrew Square (Edimburgo). El Scottish Explorer Pass —disponible en las oficinas de Scottish Cityline y en el aeropuerto de Glasgow— permite viajar únicamente por Escocia.

EXCURSIONES EN AUTOCAR

Existen excursiones en autocar a lugares muy diversos para todos los gustos. Su duración varía entre algunas horas en una ciudad a varios días a lo largo del país.

Frames organiza una excursión de seis días que sale de Londres y pasa por St Andrews y Loch Ness. También ofrece excursiones por Edimburgo, las Highlands y la isla de Skye.

Scotline Tours, con base en Edimburgo, y **Timberbush Tours** realizan viajes de medio día o de un día. **Prestige Tours** y **Rabbies's Trail Burners** organizan viajes de tres días o más.

Infórmese sobre los autobuses locales y los viajes organizados en su hotel o en la oficina de turismo. Algunos pueblos y ciudades importantes ofrecen paseos en autobús descubierto. El **Trossach Trundler** (un autobús de los años 50) realiza excursiones por las Trossachs en verano. En las zonas rurales más apartadas donde no llega el transporte público se puede realizar un viaje muy interesante a bordo del Postbus (autobús-correo) de **Royal Mail.**

El Trossach Trundler parte de Callander cuatro veces al día

Autobús descubierto en la Royal Mile de Edimburgo

INFORMACIÓN GENERAL

INFORMACIÓN FERROVIARIA

Renfe
91 328 90 20 (Madrid).
93 490 11 22 (Barcelona).

Información para discapacitados
(0345) 443366.

Objetos perdidos
(0141) 335 3276 (Glasgow).

Información de National Rail
(0345) 484950.

Rail Europe
(0990) 848848 (Reino Unido)
91 5478442 (España).

ScotRail Telesales
(0345) 550033 (reservas).

INFORMACIÓN SOBRE AUTOBUSES

Julià Vía Eurolines
902 40 40 50 (reservas).

Frames
(020) 7837 3111.

National Express
(0990) 808080.

Prestige Tours
(0141) 886 1000.

Rabbie's Trail Burners
(0131) 226 3133.

Royal Mail
(0131) 228 7407.

Scotline Tours
(0131) 557 0162.

Scottish Citylink
(0990) 505050.

Timberbush Tours
(0131) 555 4075.

Trossach Trundler
(01877) 330969.

Viajar en transbordador

S I VIAJA A ESCOCIA deberá cruzar el Canal de la Mancha en transbordador, sobre las lanzaderas del Eurotúnel o en el tren Eurostar. Otra posibilidad consiste en atravesar el mar del Norte hasta el suroeste de Gran Bretaña en transbordador desde Santander o Bilbao. El tren que atraviesa el Eurotúnel sin paradas parte desde París y Bruselas. Los precios entre los transbordadores y el Eurotúnel son muy competitivos. Viajar en transbordador a las islas frente a la costa de Escocia es una forma económica y agradable de visitarlas.

P&O Scottish Ferries
Logotipo de P&O Scottish Ferries

Transbordador de la ruta Oban-Lochboisdale en South Uist

VIAJES DIRECTOS A ESCOCIA

L A EMPRESA **P&O Scottish Ferries** ofrece un servicio semanal de transbordadores a Escocia. Funciona desde junio hasta agosto desde el puerto noruego de Bergen en dirección a Aberdeen, pasando por Lerwick, en Shetland. Los precios del trayecto dependen de la fecha, la hora y de la duración de la estancia. También existe una línea rápida que cuesta más que el servicio normal.

Desde Irlanda del Norte hay dos rutas: **Seacat** y **Stena Line** navegan frecuentemente de Belfast a Stranraer; **P&O**

European Ferries realiza varios viajes diarios entre Larne y Cairnryan, al norte de Stranraer.

VIAJAR A INGLATERRA

U NA RED DE transbordadores cruza regularmente el mar del Norte y el canal de la Mancha hasta varios puertos británicos. **P&O European Ferries** tiene una línea regular entre Bilbao y Portsmouth, mientras que **Brittany Ferries** llega a Plymouth desde Santander; a partir del 16 de noviembre los puertos de arribada son Poole o Portsmouth.

Otra posibilidad para viajar a Escocia desde el continente a través de Inglaterra es el **Eurotúnel,** que une una Gran Bretaña con Francia. Los pasajeros que viajan en autocar o en coche suben al tren del Eurotúnel y permanecen en su vehículo durante los 35 minutos que dura el trayecto de Calais a Folkstone. Reserve en España para asegurar así el

pasaje; en temporada alta puede haber días en los que todos los convoyes estén completos.

El estupendo tren **Eurostar** ofrece servicios frecuentes desde París, Bruselas y Londres.

DESPLAZAMIENTOS A LAS ISLAS ESCOCESAS

E SCOCIA TIENE casi 800 islas diseminadas por toda la costa. El transbordador es el medio de transporte ideal para disfrutar de los escarpados paisajes de las islas, que pueden dividirse en dos grandes grupos: las Hébridas, situadas en la costa oeste, y las Orcadas y las Shetland, en el noreste.

Caledonian Mac-Brayne posee una flota de 30 barcos que unen 23 de las islas Occidentales entre sí y con tierra firme. Los destinos incluyen Arran, Islay, Mull, Barra, Lewis, Skye, Raasay, Coll, Tiree y Eigg. El horario de verano rige de Semana Santa a mediados de octubre, con un servicio reducido durante el resto del año. Muchos trayectos se realizan dos o tres veces al día, otros sólo una; llame para comprobar con antelación la frecuencia de los viajes. Los billetes pueden ser de un solo viaje, de ida y vuelta y de cinco días. Además, existen dos billetes para viajes especiales. El Hopscotch se puede utilizar en 15 trayectos en el plazo de un mes, y el Island Rover le ofrece la posibilidad de elegir su propio itinerario entre las islas durante 8 o 15 consecutivos desde el primer día de viaje. Aunque es válido en los transbordadores de Caledonian MacBrayne, este billete no asegura la plaza en un transbordador determinado. Es

Horario del transbordador

Pasajeros en la cubierta zarpando de Tobermory, en la isla de Mull

Transbordador de Caledonian MacBrayne zarpando de Mallaig

aconsejable hacer reserva para los vehículos. P&O Scottish Ferries cubre el servicio de las islas del noreste, las Orcadas y las Shetland. La ruta principal hacia las Orcadas desde tierra firme es la que va diariamente de Scrabster (cerca de Thurso) a Stromness, aunque no funciona los domingos de noviembre a marzo. La ruta principal hacia Shetland sale de lunes a viernes desde Aberdeen, con horarios variables entre enero y marzo. En verano, **John o'Groats**

Ferries realiza el trayecto (45 min) hasta Burwick, en South Ronaldsay, la isla más meridional de las Orcadas. También hay excursiones diarias a Orkney desde John o'Groats. Se recomienda reservar.

CRUCEROS

PARA DISFRUTAR plácidamente de las islas escocesas no hay nada como un crucero. Caledonian MacBrayne ofrece uno de una noche y otros que zarpan desde diversos lugares en la costa oeste al atardecer, sin desembarcos y con una cena de tres platos.

También se puede realizar un crucero por algunos de los lagos y ríos de Escocia. **Caledonian Discovery** ofrece cruceros de siete días por el canal Caledonian desde Fort William a Inverness, con paradas diarias para realizar actividades al aire libre que incluyen piragüismo, windsurf, senderismo y ciclismo. El viaje incluye comida y alojamiento a bordo.

El *Fingal of Caledonia* de Caledonian Discovery, en el Loch Ness

TRANSBORDADOR CON VEHÍCULO	℘ INFORMACIÓN	DÍAS	ÚLTIMA FACTURACIÓN	DURACIÓN
Aberdeen–Lerwick (Shetland)	(01224) 589111	lu-vi	1 h.	14 h.
Ardrossan–Brodick (Arran)	(01294) 463470	diario	30 m.	55 m.
Kennacraig–Port Ellen (Islay)	(01880) 730253	diario	45 m.	2 h., 10 m.
Kilchoan–Tobermory (Mull)	(01688) 302017	lu-do	ninguno	35 m.
Mallaig–Armadale (Skye)	(01687) 462403	diario	30 m.	30 m.
Oban–Castlebay (Barra)	(01631) 566688	lu, mi, sá	45 m.	5 h., 15 m.
Oban–Craignure (Mull)	(01631) 566688	diario	30 m.	40 m.
Scrabster–Stromness (Orkney)	(01224) 589111	diario	1 h.	1 h., 45 m.
Uig (Skye)–Tarbert (Harris)	(01470) 542219	lu-sá	30 m.	1 h., 45 m.
Ullapool–Stornoway (Lewis)	(01854) 612358	lu-sá	45 m.	2 h., 45 m.

Viajar en coche

EN ESCOCIA y en el resto del Reino Unido se circula por la izquierda. Las distancias se miden e indican en millas. En el sur y entre Glasgow y Edimburgo la red de autopistas sin peaje permite realizar grandes trayectos en poco tiempo. El tráfico puede provocar retrasos en las grandes ciudades y colapsar las carreteras que van hacia las Highlands durante los fines de semana. Resulta agradable conducir por los impresionantes parajes de las zonas rurales y por las zonas más remotas, cuyas carreteras son bastante buenas.

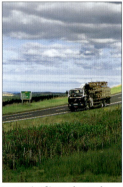

La autovía A68 une el norte de Inglaterra con Escocia

DOCUMENTACIÓN

PARA CONDUCIR en Escocia debe estar en posesión del carné de conducir en regla. También debe llevar la documentación del coche que acredite que es suyo o el contrato de alquiler, así como los documentos del seguro.

Señal de autopista

CARRETERAS

EN LAS ciudades, las horas de mayor densidad de tráfico en días laborables van de las 8.00 a las 9.30 y de las 17.00 a las 18.30. Radio Scotland y otras emisoras locales emiten regularmente información sobre el estado de las carreteras. También se puede informar en **AA Road Watch.** Se puede ahorrar mucho tiempo si sabe qué carreteras debe evitar.

Fuera de las ciudades, un buen mapa de carreteras es esencial. Los de AA o RAC son fáciles de usar, pero para viajar por zonas más alejadas son mejores los de cartografía militar. En estas zonas hay a menudo carreteras de un solo carril con algunos tramos muy estrechos; conviene conducir con especial cuidado.

Las autopistas se indican en los mapas con una M seguida de un número. Las carreteras principales, a menudo de dos carriles, se indican con una A. Las secundarias, que suelen estar menos congestionadas que las principales, se distinguen con una B. En las Highlands hay pocas carreteras.

Los conductores discapacitados pueden informarse en la **AA Disability Helpline.**

SEÑALES DE TRÁFICO

LAS SEÑALES de tráfico están homologadas con las del resto de Europa. Los signos indicativos de dirección son azules para las autopistas, verdes para las carreteras principales (A) y blancas para las secundarias (B). En las Highlands y las islas, las señales de tráfico están en inglés y en gaélico. Las señales marrones con un cardo azul informan sobre atracciones turísticas y lugares de interés. Los signos de precaución suelen ser triángulos en rojo y blanco, con símbolos fáciles de interpretar. Preste atención a los paneles informativos electrónicos de las autopistas.

Casi todos los pasos a nivel de los trenes tienen barreras electrónicas. Una luz roja intermitente indica que se acerca un tren.

Prohibido aparcar

Velocidad máxima (en millas)

Dirección prohibida

Prohibido girar a la derecha

Paso a nivel con barrera

Ceda el paso

Sentido único

Pendiente pronunciada

NORMAS DE CIRCULACIÓN

LA VELOCIDAD máxima permitida es de 50-65 km/h en zonas urbanas y de 110 km/h en autopistas y carreteras con dos carriles; en otras carreteras hay que fijarse en los límites de velocidad, que se indican en millas. El uso del cinturón es obligatorio. Las multas por conducir en estado de ebriedad son muy elevadas.

APARCAMIENTO

LOS APARCAMIENTOS de monedas funcionan durante las horas laborables, de 8.00 a 18.30 de lunes a sábado. En algunas ciudades existe un sistema que permite aparcar fuera de la ciudad y desde allí ir en autobús al centro. En otras ciudades hay que comprar un disco en la oficina de turismo o en quioscos donde se ha de indicar la hora de llegada. Muchas ciudades tienen aparcamiento con parquímetros. Está prohibido aparcar en doble línea amarilla; por las tardes y

Parquímetro

los fines de semana se puede aparcar sobre línea amarilla simple, pero conviene comprobar las señales de tráfico por si hubiera algún cambio. En caso de duda, deje su coche en un aparcamiento. Fuera de las zonas urbanas y turísticas no hay problemas de aparcamiento. La letra P indica aparcamiento permitido.

En Edimburgo, lo mejor es no coger el vehículo: a determinadas zonas no se puede acceder en coche, y a casi todos los lugares de interés se puede ir a pie. Otra posibilidad es coger un taxi. Los taxis con licencia que están libres deben llevar la señal *For Hire*. Los minitaxis deben llevar una tarjeta que identifique al conductor. Si no lleva taxímetro, pregunte el precio antes de subir.

Taxi de Glasgow

CARBURANTE

L OS MEJORES precios son generalmente los de los grandes hipermercados. Existen tres tipos de carburante: gasóleo, gasolina súper y gasolina sin plomo (la manguera correspondiente es de color verde), utilizada por los coches más modernos. El gasóleo y la gasolina sin plomo son más baratos que la súper. Casi todas las gasolineras son de autoservicio; las instrucciones están claramente indicadas en el surtidor.

ASISTENCIA EN CARRETERA

L AS PRINCIPALES organizaciones automovilísticas británicas, la **AA** (Automobile Association) y la **RAC** (Royal Automobile Club) tienen un servicio de averías durante 24 horas. Ambas prestan asistencia a miembros de organizaciones automovilísticas internacionales; compruebe antes de viajar si su compañía está asociada.

Logotipos de RAC y AA

Tráfico denso en la autovía M8, en las afueras de Glasgow

Puede contactar con estas dos organizaciones desde los teléfonos SOS de las autopistas. Casi todas las agencias de alquiler de coches tienen su propia cobertura, que incluye la pertenencia a la AA o a la RAC. Puede solicitar el servicio de averías sin ser miembro, pero resulta muy caro. Siga las instrucciones indicadas en su póliza de seguros o en el contrato de alquiler. Si sufre un accidente con daños personales o desperfectos en su vehículo, llame inmediatamente a la policía.

ALQUILER DE COCHES

A UNQUE alquilar un coche suele ser caro, los precios de **Hire for Lower** son muy competitivos. Otras agencias son **Arnold Clark, Budget, Hertz Rent A Car, Europcar** y **National Car Rental.** Muchas exigen un número de tarjeta de crédito o un depósito importante, así como el carné de conducir y el pasaporte. Las edades mínima y máxima son 21 y 70 años. Hay agencias en los aeropuertos, en las estaciones de tren y en el centro.

MOTORAIL

S I VA DESDE Londres a Escocia y no quiere conducir, el tren nocturno **Motorail** transporta su coche desde Londres (en los aeropuertos de Gatwick y Heathrow) hasta Edimburgo, Glasgow o Inverness. Mientras, usted puede viajar en avión o en tren.

INFORMACIÓN GENERAL

ASISTENCIA EN CARRETERA

AA
☎ (0800) 887766.

RAC
☎ (0800) 828282.

ALQUILER DE COCHES

Arnold Clark
☎ (0800) 838245.

Avis
☎ 902 135531 (España).
www.avis.com

Budget
☎ (0800) 181181.

Europcar/ British Car Rental
☎ (0345) 222525.
☎ 901 102020 (España).
www.europcar.com

Hertz Rent A Car
☎ 901 101001 (España).
www.hertz.com

Hire for Lower
☎ (020) 7491 1111.

National Car Rental
☎ (0990) 365365.
www.nationalcar-europe.com

INFORMACIÓN GENERAL

AA Road Watch
☎ (0336) 401110.

AA Disability Helpline
☎ (0800) 262050.

Motorail
☎ (0990) 133714.

Índice general

Las páginas que aparecen en **negrita** se refieren a las entradas principales

Agradecimientos

EL PAÍS-AGUILAR Y DORLING KINDERSLEY quieren dar las gracias a las personas que con su ayuda han contribuido a la elaboración de este libro.

DISEÑO Y ASISTENCIA EDITORIAL
Special thanks to Hilary Bird, Claire Folkard, Alrica Green, Carolyn Hewitson, Jessica Hughes, Donnie Hutton, Marie Ingledew, Elly King, Sue Megginson, Clare Pierotti, the Scottish Tourist Board (especially Vineet Lal), Pamela Shiels and Stewart Wild.

FOTOGRAFIA ADICIONAL
Joe Cornish, Andy Crawford, Philip Dowell, Chris Dyer, Andreas Einsiedel, Peter Gathercole, Steve Gorton, Paul Harris, Dave King, Cyril Laubscher, Brian D. Morgan, Ian O'Leary, Stephen Oliver, Tim Ridley, Kim Sayer, Karl Shore, Clive Streeter, Mathew Ward, Stephen Whitehorne.

REFERENCIAS FOTOGRÁFICAS E ILUSTRACIONES
Aerographica: Patricia & Angus Macdonald; London Aerial Photo Library.

PERMISOS FOTOGRÁFICOS
City of Edinburgh Council Heritage and Arts Marketing/ People's Story Museum; Royal Botanic Garden, Edinburgh; House for an Art Lover, Glasgow; Glasgow School of Art; Glasgow Botanic Gardens.

CRÉDITOS FOTOGRÁFICOS
a=arriba; ai=arriba izquierda; ac=arriba centro; ad=arriba derecha; cis=centro izquierda superior; ca=centro arriba; cds=centro derecha superior; ci=centro izquierda; c=centro; cd=centro derecha; cii=centro izquierda inferior; cin=centro inferior; cdi=centro derecha inferior; abi=abajo izquierda; abc=abajo centro; abd=abajo derecha; abis=abajo izquierda superior; abcs=abajo centro superior; abds=abajo derecha superior; abiin=abajo izquierda inferior; abcin=abajo centro inferior; abdin=abajo derecha inferior; d=detalle.

EL PAÍS-AGUILAR Y DORLING KINDERSLEY quieren agradecer a las siguientes personas, empresas y archivos fotográficos su amabilidad por permitirnos reproducir sus fotografías.

ABERDEEN TOURIST BOARD: 51cds; ABERDEEN UNIVERSITY LIBRARY: Colección George Washington Wilson 161a; ACTION PLUS: 12a; AEROGRAPHICA: Patricia y Angus Macdonald 14a, 15ai, 16cds; ALLSPORT: Craig Prentis 36ab; T & R ANNAN & SON (D): 101abd.

BRIDGEMAN ART LIBRARY, Londres/Nueva York: 25a, 146ab, 147ab (d); City of Edinburgh Museums & Galleries 26abi; Fine Art Society, Londres 101 ciab; Robert Fleming Holding Limited. Londres 43c; National Gallery of Scotland, Edimburgo 40; National Museet, Copenhage 42c; Colección de Andrew McIntosh Patrick, RU 101ciab; Smith Art Gallery and Museum, Stirling 120ab; South African National Gallery, Ciudad del Cabo 101cds; Biblioteca del Trinity College, Dublín 42a; BRITISH AIRWAYS: 208a.

LAURIE CAMPBELL: 160ciab/abi, 127ab, 157a; BRUCE COLEMAN: 158abd, 159abi/abcd/abd; Peter Evans 140ai; Gordon Langsbury 141a; Hans Reinhard 116ai; Dr. Frieder Sauer 152a; COLECCIONES: Michael St. Maur Sheil 159cd; DOUG CORRANCE: 10, 21abd, 27ab, 28c, 28abc, 29abd, 32abi, 38a, 52, 90a, 108ci/cd, 110, 133ab, 139a, 144abb, 146a, 147a, 186c, 187cs/cab/ab, 190abd, 192ci, 194ad/ab, 198c, 212ab; ERIC CRICHTON PHOTOS: 21ci/cd; CROWN COPYRIGHT: Historic Scotland 60ad/c, 212c; Ordnance Survey/Photo, Scotland in Focus 192ai.

EDINBURGH FESTIVAL FRINGE SOCIETY: Andy Manzie, Royal Blind School, Edimburgo 36a; EMPICS: 109d; ET ARCHIVE: Bibliothèque Nationale, París 6-7; MARY EVANS PICTURE LIBRARY: 7 (recuadro), 24a/c/ab, 44c, 45cd, 86abi, 88c, 123ab, 153abd, 163 (recuadro), 197(recuadro).

LOUIS FLOOD: 26abd.

GARDEN PICTURE LIBRARY: John Glover 20ad; MUSEOS DE GLASGOW: Art Gallery & Museum, Kelvingrove 102a, 134ab, 150ab; Burell Collection 104-105 (excepto 104ai); Saint Mungo Museum of Religious Life and Art 99ab; Museum of Transport 22abd, 23abi, 102c; RONALD GRANT ARCHIVE: 25c,; V.K. GUY LTD: Mike Guy 16cis, 34ci, 133a, 3 (recuadro); Paul Guy 2-3; Vic Guy 118-119.

ROBERT HARDING PICTURE LIBRARY: 130a, 193ab; Van der Hars 142a; Michael Jenner 160c; Julia K. Thorne 18abi; Adina Tovy 18abd; Andy Williams 126; Adam Woolfitt 140ad; DENNIS HARDLEY: 34cd, 35a/cab, 156ab, 161ab, 199ab; GORDON HENDERSON: 17cds, 34a, 35cs/ab, 148c, 157ab, 158a/ci, 159a, 160ab, 213a; HOUSE OF LORDS RECORD OFFICE: Reproducido con permiso del administrador del registro 45a; COLECCIÓN HULTON GETTY: 23cds, 46a, 92ai, 117abd, 149c; (c) HUNTERIAN ART GALLERY, UNIVERSIDAD DE GLASGOW: 103ai; Colección Mackintosh 94, 101cdab; HUTCHISON LIBRARY: Bernard Gerard 13a.

ANDREW LAWSON: 20abi, 21ai/ad, 156a.

MUSEUM OF CHILDHOOD, Edimburgo: 58ab.

NATIONAL GALLERIES OF SCOTLAND: Scottish National Gallery of Modern Art. Estudio para Les Constructeurs: *El equipo descansando* de Fernand Leger 1950 (ce) ADAGP, París y DACS, Londres, 1990 69a; NATURAL HISTORY PHOTOGRAPHIC AGENCY: Bryan & Cherry Alexander 37ad; Laurie Campbell 11a, 17abis, 36c; Manfred Danegger 17abd/ads; Scottish National Portrait Gallery 63a; NATIONAL MUSEUMS OF SCOTLAND: 62ab; NATIONAL PORTRAIT GALLERY, Londres: 64ab; NATIONAL TRUST FOR SCOTLAND: 50ab, 56ab, 92ad, 93ai/ad/abd, 124ab, 125c, 200cd; Lindsey Robertson 93abi; Glyn Satterley 100abd; NATURE PHOTOGRAPHERS: William Paton 158abi; Paul Sterry 159abci; NATWEST: 204abd; NETWORK PHOTOGRAPHERS: Laurie Sparham 12ab.

ORTAK JEWELLERY, Edimburgo: 74cs, 106a.

PA NEWS: 29a/abi; Chris Bacon 39c; Roslin Institute 23abcd; (c) 1996 POLYGRAM FILMED ENTERTAINMENT: 25ab; POWERSTOCK/ZEFA: 18c.

REX FEATURES: J. Sutton Hibbert 47x; ROYAL BOTANIC GARDEN, Edimburgo: 21abi; ROYAL COLLECTION (c) 1999, SU MAJESTAD LA REINA ISABEL II: 23ac; ROYAL PHOTOGRAPHIC SOCIETY: 23ai.

SCIENCE PHOTO LIBRARY: M-SAT Ltd 8; SCIENCE & SOCIETY PICTURE LIBRARY: Science Museum 23cdi; ALASTAIR SCOTT: 15ab, 17cis, 29cab, 191ab, 195i; SCOTTISH HIGHLAND PHOTO LIBRARY: 17ac, 135a; PHIL SHELDON GOLF PICTURE LIBRARY: 188ad; James Shuttleworth: 211c; STILL MOVING PICTURE COMPANY: Gordon Allison 28abd; Marcus Brooke 15ad; Wade Cooper 47a; Doug Corrance 28a, 81ab, 130ab, 185ci, 190ce, 194c; Peter Davenport 16abd; Distant Images 89a; Derek Lairs 41c; Robert Lees 39ab, 186a, 191a; Paisley Museum 89ab; Ken Paterson 65a; David Robertson 20di, 149ab; Glyn Satterley 187a; Colin Scott 29ci; Scottish Tourist Board 28abi, 140abd, 141c, 184c, 185a; Paul Tomkins/STB 160a, 184ab, 186ab; Stephen J. Whitehorne 117a; Harvey Wood 139ab.

TRON THEATRE: Keith Hunter 108cd.

CHARLIE WAITE: 131a; DAVID WARD: 134a; STEPHEN J. WHITEHORNE: 1, 17ai, 29ads, 34ab, 37c, 62ai, 63c, 66ab, 83, 111ab, 115a, 132a, 148ab, 161c, 175c, 184a, 192ab, 193a, 195d, 205a, 207di, 213c.

Guarda de portada: DOUG CORRANCE: ci, abd; ROBERT HARDING PICTURE LIBRARY: Andy Williams ai; DENNIS HARDLEY: abi; HUNTERIAN ART GALLERY, UNIVERSIDAD DE GLASGOW: Colección Mackintosh ad.

Cubierta: todas las fotografías especiales de Joe Cornish; Steve Gorton, Paul Harris, Clive Streeter, Stephen J. Whitehorne, excepto DOUG CORRANCE: ai, abi, ai (contraportada), lomo abajo; DENIS HARDLEY: a; STILL MOVING PICTURE CO: Scottish Tourist Board abd (contraportada), Stephen J. Whitehorne cis.

Glosario de términos gaélicos

EL GAÉLICO ES UNA LENGUA CELTA que se sigue hablando como segundo idioma en las Highlands y en las islas Occidentales de Escocia. Unas 80.000 personas hablan esta lengua en toda Escocia. En la última década, el gaélico ha experimentado cierta recuperación gracias a los esfuerzos de las autoridades educativas y de los medios de comunicación. Sin embargo, el conocimiento del gaélico de la mayoría de los escoceses se limita a nombres de lugares como *glen* (valle), *loch* (lago), *eilean* (isla) o *kyle* (estrecho), todos ellos de uso común. Aunque el inglés continúa siendo la lengua principal de Escocia, las particularidades educativas, religiosas, políticas y judiciales de Escocia han dado lugar a un rico vocabulario que refleja la cultura autóctona; muchos otros términos forman parte del lenguaje coloquial. El inglés de Escocia se divide en cuatro grupos. El Central Scots se habla en el Central Belt y el suroeste; el West Central Scots –un subdialecto del primero– es la variedad más extendida al ser utilizado en el área metropolitana de Glasgow, un radio de 32 km donde vive un cuarto de la población escocesa. El Southern Scots se habla en el este de Dumfries y Galloway y en los Borders; el Northern Scots en el noreste, y el Island Scots es propio de las Orcadas y de las Shetland.

PRONUNCIACIÓN DE LOS VOCABLOS GAÉLICOS

Letras	Ejemplo	Pronunciación
ao	craobh	se pronuncia de forma similar a la **u**
bh	dubh	la h es muda excepto en posición inicial de palabra, en cuyo caso se pronuncia como la **v**
ch	deich	se pronuncia como la **j**
cn	cnoc	se pronuncia **cr**, como en cráter
ea	leabhar	sonido parecido a una **e** corta, como en perro, o a una **a** corta, como en carro
eu	sgeul	**ei**, como en rey, o parecido a **ía**, como en sandía
gh	taigh-òsda	son mudas excepto en posición inicial de palabra, en cuyo caso se pronuncian como una **e** corta, como en perro
ia	fiadh	parecido a **ía**, como en sandía
io	tiocaid	sonido parecido a una **i** larga o a la **u**
rt	ceart	como la **sh** inglesa, seguida de **t**
th	theab	letras mudas excepto en posición inicial de palabra, en cuyo caso se pronuncian como la **h** aspirada
ua	uaine	sonido parecido a una **u**, seguida de una **a**

NOMBRES DE LUGARES

ben	montaña
bothy	casa de campo
brae	colina
brig	puente
burn	arroyo
cairn	montículo de piedras para señalar un lugar
close	bloque de apartamentos con puerta y escalera comunes
craig	cumbre escarpada
croft	minifundio en las Highlands
dubh	negro
eilean	isla
firth	estuarios
gate/gait	calle (en nombres propios)
glen	valle
howff	lugar de reunión, normalmente un *pub*
kirk	iglesia presbiteriana
kyle	estrechamiento de un río
links	campo de gol junto al mar
loaning	campo
loch	lago
moss	páramo
Munro	montaña de más de 900 m de altura
strath	valle/llanura junto a un río
wynd	camino, vereda
yett	puerta, entrada

COMIDA Y BEBIDA

Arbroath smokie	merlán ahumado y salado posteriormente
breid	pan
clapshot	puré de patatas y nabos
clootie dumpling	pastel de frutas
Cullen skink	sopa de merlán ahumado
dram	licor de whisky
haggis	embutido hervido elaborado con harina de avena, sebo, asadura de cordero y especias
Irn-Bru	refresco
neeps	nabos
oatcake	galleta de avena salada
porridge	desayuno caliente a base de avena, leche y agua
shortie	*shortbread*, galletas secas hechas con harina, leche y mucha mantequilla
tattie	patata
tattie scone	tortita de patatas

TÉRMINOS CULTURALES

Burns Night	el 25 de enero se celebra el nacimiento del poeta Robert Burns con una comida a base de *haggis*
Caledonia	Escocia
ceilidh	fiesta nocturna informal con bailes y cantos escoceses
clan	grupo familiar extenso con el mismo apellido
first foot	la primera persona que entra en una casa después de medianoche
Highland dress	traje tradicional de las Highlands que incluye el *kilt*
Hogmanay	Nochevieja
kilt	tradicional falda a cuadros escocesa
Ne'erday	Año Nuevo
pibroch	un tipo de música de gaita
skean-dhu	pequeña espada que se coloca por fuera del calcetín derecho en el traje tradicional de las Highlands
sporran	zurrón de cuero que se coloca en la parte delantera del *kilt*
tartan	tela de lana a cuadros, con colores distintivos para cada clan

EXPRESIONES COLOQUIALES

auld	viejo
auld lang syne	hace muchísimo tiempo
Auld Reekie	Edimburgo
aye	sí
bairn	niño
barrie	excelente
blether	charla
bonnie	bonito
braw	excelente
dreich	lluvioso
fae	desde
fitba	fútbol
hen	nombre usado coloquialmente para dirigirse a las mujeres
ken	saber; tener conocimiento
lassie	joven/niña
lumber	novio/novia
Nessie	monstruo legendario del lago Ness
Old Firm	el Celtic y el Glasgow Rangers, los dos principales equipos de fútbol de Glasgow
wean	niño
wee	pequeño

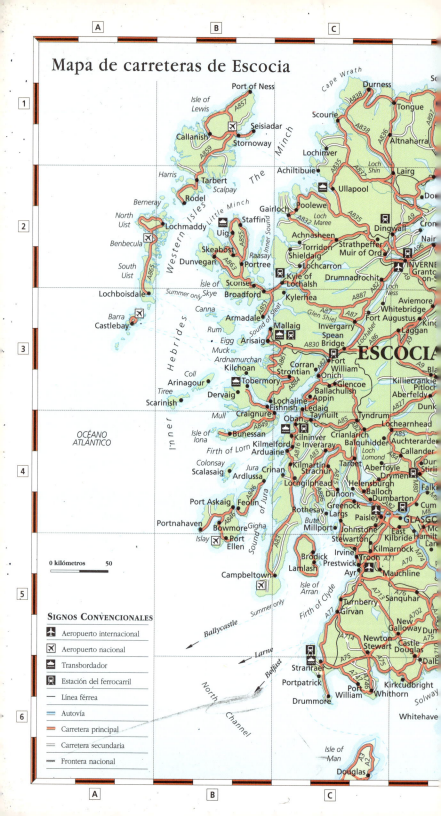